普通高等教育“十二五”规划教材

高等院校电子商务系列规划教材

电子商务安全

（第二版）

曾子明　主编

科学出版社

北　京

内 容 简 介

本书根据电子商务专业的特点，比较系统地介绍了电子商务安全基本理论、技术、管理及电子商务安全的应用。全书共包括三个部分：第一部分主要介绍电子商务安全的基本概念和理论，包括电子商务安全的体系结构、网络安全技术、现代密码技术与应用等；第二部分主要介绍电子商务的认证技术、电子支付与安全支付协议、电子商务安全管理等内容；第三部分介绍了电子商务安全应用及案例、移动电子商务安全等内容，从安全领域的热点和前沿知识引导读者跟踪学科发展的新方向。全书强调系统性、前沿性，取材新颖、科学，内容丰富、实用，图文并茂，可读性强。

本书适合作为高等院校电子商务、信息安全、信息管理、计算机应用和金融等专业的本科生、研究生的教学用书，也可作为电子商务安全技术培训教材，还可供从事电子商务安全系统研究、设计、开发的工程技术人员和管理人员参考。

图书在版编目（CIP）数据

电子商务安全/曾子明主编. —2版. —北京：科学出版社，2013

（普通高等教育“十二五”规划教材·高等院校电子商务系列规划教材）

ISBN 978-7-03-038402-7

Ⅰ. ①电…　Ⅱ.①曾…　Ⅲ. ①电子商务-安全技术-高等学校-教材

Ⅳ. ①F713.36

中国版本图书馆 CIP 数据核字（2013）第 196862 号

责任编辑：李　娜　朱大益/责任校对：柏连海

责任印制：吕春珉/封面设计：子时文化

科学出版社 出版

北京东黄城根北街 16 号

邮政编码：100717

http://www.sciencep.com

新科印刷有限公司印刷

科学出版社发行　各地新华书店经销

*

2008 年 9 月第　一　版　开本：787×1092 1/16

2013 年 8 月第　二　版　印张：14 1/2

2021 年 12 月第十一次印刷　字数：325 000

定价：40.00 元

（如有印装质量问题，我社负责调换〈新科〉）

销售部电话 010-62134988　编辑部电话 010-62138978-2018（HF02）

第二版前言

电子商务是在国际化、社会化、开放化和个性化的 Internet 环境中运作的，它的应用可能会出现各种商业信息的泄漏、客户的银行账户信息被盗、金融欺诈、无法预料的法律与公共关系及商业恢复成本，以及缺乏可信性而导致的商业丢失等各种安全与信任问题。因此，要在 Internet 这样开放的网络平台上成功地进行电子交易，必须有效解决交易网络平台的安全问题，同时提供对整个电子交易过程的保护。因此，电子商务环境下如何确保电子交易的信息安全是目前困扰和影响电子商务发展的一个重要问题，已经成为电子商务有序发展的瓶颈。

我国电子商务产业的发展，需要大批掌握电子商务安全与管理知识的人才。因此，电子商务安全已经成为计算机专业、电子商务专业、经济管理专业及其他相关专业的重要课程。同时，电子商务安全也已成为普及率较高的知识和应用技术，成为从事电子商务应用与信息系统研究、应用的专业人员所必须了解和掌握的重要知识。

本书第二版依然保留第一版的主要内容和特色，着重强调如何实现电子支付过程中的安全性。与第一版相比，第二版对部分章节内容进行了调整和优化，内容和层次安排更加严谨，读者通过学习可以对电子商务的安全体系结构在整体上有更加清晰的认识。例如，将“电子支付系统”内容合并到“电子商务交易的安全协议”中，以电子支付为安全研究的情境，重点论述电子支付过程中的安全协议设计与实现；将“公开密钥基础设施”内容合并到“电子商务的安全认证机制”中，使得电子商务安全认证这部分内容的层次更加清晰和严谨。同时，增加了电子商务安全管理内容，科学、合理地论述了安全技术和安全管理两者之间的关系，从而形成一个更为完整的安全知识体系。此外，也增加和修订了一些电子商务安全领域的新内容，如计算机木马及防治、PGP 软件、网上招投标系统安全案例、移动电子商务安全等知识。因此，本书不仅力求内容广泛新颖、取材丰富实用，同时也力求内容阐述深入浅出、结构合理清晰，增强可读性和实践性。

第二版的整体结构共分为三个部分。

第一部分包括第 1 至 3 章，介绍了电子商务安全的基本概念和理论。其中，第 1 章为概述，首先介绍电子商务面临的安全威胁、安全需求及相应的安全体系结构，并讨论电子商务安全实现的保障；第 2 章从电子商务网络安全层次介绍防火墙、虚拟专用网、网络入侵检测、计算机病毒防治及计算机木马防治技术；第 3 章从电子交易安全层面介绍数据加密技术及其应用，并以 PGP 软件为例介绍数据加密技术的实际应用。

第二部分包括第 4 至 6 章，介绍电子商务的安全认证机制、电子支付与安全支付协议、电子商务安全管理等内容。其中，第 4 章介绍电子商务的认证机制，包括数字证书、数字认证机构及公开密钥基础设施的信任模型、标准和应用等；第 5 章首先介绍了电子支付系统，并以电子支付为安全情境，重点探讨了电子支付的两种安全支付协议，即安全套接层协议和安全电子交易协议，并对这两种安全支付协议进行详细的研究和比较；

第 6 章介绍电子商务系统相应的安全管理方法和安全评估标准，明确电子商务安全管理的意义。

第三部分包括第 7 至 8 章，介绍电子商务安全应用、移动电子商务安全的相关内容。其中，第 7 章引入案例教学法，通过网上银行系统、网上证券交易系统、网上报税系统、网上招投标系统等不同的实际安全案例的讨论和分析，使读者进一步加深对电子商务安全问题的认识；第 8 章介绍移动电子商务安全，包括移动电子商务安全的体系结构、移动电子商务与手机病毒、移动电子商务安全协议和标准、基于无线公开密钥基础设施的安全技术实现及移动支付系统安全。这部分内容注重理论联系实际，突出电子商务安全的实际应用和研究热点。

在本书编写过程中，编者参考了众多著作，在此对相关作者表示衷心的感谢。同时，感谢我的父母和妻子，他们一直默默地为本书的编写付出了许多不为人知的努力。

限于编者的学术水平，书中疏漏之处在所难免，不足之处敬请读者批评指正。

第一版前言

随着 Internet 和信息技术的发展和普及，电子商务已逐步进入人们的日常生活。目前，网络银行和网络商场的出现，正悄悄地改变着人们的购物方式、消费方式和生活观念，方便了人们的日常生活，真正实现了“随时随地、足不出户”的消费方式。

虽然电子商务的观念逐渐深入人心，但电子商务是在国际化、社会化、开放化和个性化的 Internet 环境中运作的，它的应用可能会出现各种商业信息的泄漏、客户的银行账户信息被盗、金融欺诈，以及缺乏可信性而导致的商业机密丢失等各种安全与信任问题。因此，要在 Internet 这样开放的网络平台上成功地进行电子交易，必须有效解决交易网络平台的安全问题，以及提供对电子支付过程的保护。因此，电子商务环境下的安全与支付是目前困扰和影响电子商务推广的两个重要问题。

本书较为深入和完整地阐述了电子商务安全与支付的基本理论和相关技术。全书的整体结构共分为三个部分。

第一部分包括第一至四章，介绍了电子商务安全与支付的基本概念和理论。其中，第一章为概述，主要介绍电子商务的安全威胁、安全技术、安全体系结构等；第二章从网络安全层次介绍防火墙、虚拟专用网、网络入侵检测和计算机病毒防治技术；第三章从电子交易安全层次介绍数据加密技术及其应用；第四章主要介绍了电子支付和网上银行系统。

第二部分包括第五至八章，介绍电子商务的认证技术、公开密钥基础设施、电子商务交易的安全协议等内容。其中，第五章介绍电子商务的认证机制，包括数字证书和认证机构两大内容，并重点对国内认证中心的发展进行实例介绍；第六章对公开密钥基础设施进行介绍，包括公开密钥基础设施的互操作信任模型、认证管理协议、不可否认机制、体系的发展等内容；第七章对安全电子交易协议和安全套接层协议这两种安全支付协议进行详细的研究和比较；第八章引入案例教学法，通过网上银行系统、网上证券交易系统、网上报税系统这三个实际安全案例的讨论和分析，使读者进一步加深对电子商务安全问题的认识。

第三部分即第九章，介绍了移动电子商务安全和移动支付，包括移动商务安全的基本内容、移动商务安全相关技术，以及移动支付及其安全解决方案。本章从电子商务安全领域的热点和前沿知识出发，引导读者跟踪学科发展的新方向。

本书具有以下两个特点：

1）实用性强。本书以技术为主线，突出实际应用，既传授基础理论知识又引导应用技能的提高，通过精品教材提高学生的相应素质。体现素质教育的思想，这是作者在编写教材的过程中特别注重的地方。

2）层次结构清晰。本书层次结构分为三个部分，第一部分为基础部分，涉及电子商务安全和支付基础理论知识；第二部分为核心部分，包括电子商务安全认证机制、公开密钥基础设施、电子商务的安全协议、电子商务安全案例及分析；第三部分则从安全领域研究的新动态介绍移动商务和移动支付安全。读者可以根据自身情况，选读其中的章节内容。全书层次分明，可读性强，适应不同层次读者的需要。

本书在编写过程中参考了众多著作，在此对这些著作的作者表示衷心的感谢。同时，武汉大学电子商务系系主任张李义教授和全体同事对本书编写给予了许多有益的建议和指导，在此深表谢意！

由于编者水平有限，且电子商务安全理论与技术处在快速发展之中，本书的不足之处在所难免，真诚希望广大读者批评指正，以便再版时修订。

目　录

第 1 章　电子商务安全概述

电子商务作为一种全新的贸易活动，为政府的管理、企业的经营和人们的工作、生活提供了简单、快捷的服务和低廉的交易成本。但是，电子商务给我们的生活带来方便的同时，也带来了不少安全隐患，特别是在线交易和支付过程中的安全风险。因此，可以认为：影响电子商务广泛应用的一个首要问题就是安全问题。

1.1　电子商务基础

1.1.1　电子商务的定义和特征

1. 电子商务的定义

电子商务源于英文 electronic commerce（或 electronic business，EB），简写为 EC。顾名思义，电子商务的内容包含两个方面，一是电子方式，二是商贸活动。通俗地说，电子商务就是在计算机网络（主要指 Internet）的平台上，按照一定标准开展的商务活动。

电子商务的定义有多种，各国政府、学者和企业界人士根据自己所处的地位和对电子商务的参与程度，给出了不同的表述方法。

1）世界贸易组织（World Trade Organization，WTO）在其《电子商务》专题报告中，对电子商务的定义是：电子商务是通过电信网络进行的生产、营销、销售和流通活动，它不仅指基于因特网（Internet）上的交易活动，而且指所有利用电子信息技术（information technology，IT）来解决问题、降低成本、增加价值和创造商业和贸易机会的商业活动，包括通过网络实现从原材料查询、采购、产品展示、订购到出品、储运、电子支付等一系列的贸易活动。

2）经济合作与发展组织（Organisation for Economic Co-operation and Development，OECD）对电子商务的定义是：电子商务是发生在开放网络上的包含企业之间（business to business）、企业与消费者之间（business to customer）的商业交易。

3）国际标准化组织（International Organization for Standardization，ISO）及国际电工委员会（International Electrical Commission，IEC）关于 EB 谅解备忘录对 EB 的定义是：电子商务（EB）是企业之间、企业与消费者之间信息内容与需求交换的一种通用术语。

4）美国政府在《全球电子商务纲要》中指出：电子商务是通过 Internet 进行的各项商务活动，包括广告、交易、支付、服务等活动，全球电子商务将会涉及世界各国。

5）加拿大电子商务协会给出电子商务更为严格的定义：电子商务是通过数字通信进行商品和服务买卖及资金转账，它还包括公司间和公司内利用电子邮件、电子数据交换（electronic data exchange，EDI）、文件传输、传真、电视会议、远程计算机联网所能实现的全部功能（如市场营销、金融结算、销售、商务谈判）。

6）IBM 公司给出的电子商务定义是：电子商务是在计算机网络环境下的商业化应用，不仅仅是硬件和软件的结合，而是在因特网（Internet）、企业内部网（Intranet）、企业外部网（Extranet）下进行的业务活动，其定义公式可以表示为：电子商务＝IT＋Web＋Business。

7）美国通用电气（General Electric，GE）公司对电子商务的定义是：电子商务是通过电子方式进行商业交易，分为企业与企业之间的电子商务、企业与消费者之间的电子商务。企业与企业间的电子商务以 EDI 为核心技术，以增值网（value added netword，VAN）和因特网（Internet）为主要手段，实现企业间业务流程的电子化，配合企业内部的电子化生产管理系统，提高企业从生产、库存到流通（包括物质和资金）各个环节的效率。企业与消费者之间的电子商务以 Internet 为主要服务提供手段，实现公众消费及相关付款方式的电子化。

综上所述，电子商务的定义可以从“广义”和“狭义”两个角度加以理解。广义的电子商务定义为：电子工具在商务活动中的应用。这些电子工具无论是初级的还是高级的，均涵盖其中，如电话、电报、Internet 等；商务活动是从泛商品的需求活动到泛商品的合理、合法的供给，除去典型的生产过程后的所有活动。其中的泛商品指实物与非实物、商品与商品化的生产要素等。狭义的电子商务定义为：在技术、经济高度发达的现代社会里，由掌握现代信息技术与商务理论及实务活动规则的人，系统化地运用网络手段和使用各类电子工具，高效率、低成本、安全、方便地从事以泛商品交换为中心的各种经济事务活动。一般认为，狭义电子商务是指基于互联网环境下的商品交易及以商品交易相关的商务活动；广义电子商务是指一切利用电子手段进行的商业活动，如电话购物、电视购物、POS（point of sale，销售终端）联机销售等。

2. 电子商务的特征

电子商务作为一种新型的应用，它的特征包括普遍性、方便性、整体性、安全性和协调性。

1）普遍性：电子商务作为一种新型的交易方式，将生产企业、流通企业、消费者和政府带入了一个网络经济、数字化生存的新天地。

2）方便性：在电子商务环境中，人们不再受到地域的限制，客户能通过非常便捷的方式完成过去较为繁杂的商务活动，如通过网络银行能够全天候地存取资金账户、查询资金进出等，同时可以使得企业对客户的服务质量大大提高。

3）整体性：电子商务能够规范事务处理的工作流程，将人工操作和电子信息处理集成为一个不可分割的整体，这样不仅能提高人力和物力的利用率，也可以提高系统运行的严密性。

4）安全性：在电子商务中，安全性是一个至关重要的问题，也是制约电子商务能否持续发展的重要因素。它要求系统能够提供一整套相关的安全解决方案，如加密机制、数字签名机制、存取控制、防火墙、安全管理等，既包括安全技术，也包括安全管理和相应的法律规范，这与传统的商务活动有着很大的不同。

5）协调性：商务活动本身是一种协调过程，它需要客户与公司内部、生产商、批发商、零售商间的协调。在电子商务环境下，更需要银行、金融机构、配送中心、网络通信部门等多个部门间的通力协作。电子商务的全过程往往是一气呵成的。

1.1.2　电子商务的交易模式

电子商务交易是指在网络平台上直接进行的在线交易（trade online），利用数字化技术将企业与企业、企业与消费者或消费者之间有机连接起来，实现从浏览、洽谈、签约、付款到交货等全部或部分业务的自动化处理。目前，按照电子商务中参与交易的对象，可以把电子商务的交易模式分为以下几种类型。

1）企业对企业（business to business）模式，简写为B2B模式，指企业与企业之间通过网络进行产品或服务的经营活动。例如，企业通过Internet与供应商联系订货、接收发票和付款。企业之间也可以通过网络来实现协同作用、资源管理及信息共享，以推动分销商、经销商和中心企业之间供应链的重组，提高业务的有效性并降低成本。基于该模式的电子商务活动，从未来的发展来看，仍将是电子商务的主流。

2）企业对消费者（business to customer）模式，简写为B2C模式，是企业通过Internet为消费者提供产品或服务的经营活动。随着网上商店的出现，产生了这种电子商务模式。这种模式既包括网上购物，也包括针对个人的网上银行等服务型的业务。例如，在Internet上已出现许多大型的网络商店，向消费者直接提供从图书、服装、食品到计算机、汽车等众多商品和服务。网上交易通常只涉及信用卡或其他电子货币。这种模式直接针对消费者，开创了一个崭新的庞大市场，其发展势头被普遍看好。

3）消费者对消费者（customer to customer）模式，简写为C2C模式，指网络服务提供商利用计算机和网络技术，提供有偿或无偿使用的电子商务平台和交易程序，允许交易双方（主要为个人用户）在其平台上独立开展以竞价、议价为主的在线交易模式。C2C模式能够体现Internet的优势，在不同地域、不同时间，数量巨大的买方和同等数量的卖方通过一个平台找到合适的对象进行交易。同传统的市场相比，它不受时间和空间的限制，交易方式灵活，因而节约了大量的交易成本。

4）政府对企业（government to business）模式，简写为G2B模式，指政府组织与企业间的各项电子商务活动。例如，政府将采购的细节在Internet上公布，通过网上竞价方式进行招标，企业也要通过电子商务的方式进行投标。政府在推动电子商务发展方面起到了重要的作用，企业可以通过Internet办理缴税和投标等各项业务。

1.1.3　电子商务的交易流程

商务交易流程对于电子商务系统是十分重要的，它是指具体从事一个商贸交易过程中的实际操作步骤和处理流程。商品流通过程是以物流（商品的实物流动）为物质基础，信息流（商品相关信息的流动）贯穿始终，引导资金流（货币流动）正向流动的动态过程。电子商务的交易流程基于传统商务流程，但与传统商务流程有所不同。它是建立在Internet基础上，涉及商家、消费者、银行或金融机构、企业、政府机构、认证机构等多个方面。由于参与电子商务中的各方在物理上是互不了解的，因此整个过程并不是物理世界交易流程的完全照搬。

一般来说，电子商务的交易流程大致可以分为以下三个环节。

（1）交易前的准备

这一环节主要是指买卖双方和参与交易各方在签约前的准备活动。买方根据自己的需求，随时上网查询自己所需要的商品信息和商家，通过市场查询，确定自己的购货计划（包括确定购买商品的种类、数量、规格、价格、购物地点和交易方式等）。卖方则利用 Internet 和各种贸易网络发布商品广告，积极上网推出自己商品的信息资源，寻找贸易伙伴和交易机会，扩大贸易范围和商品所占市场份额。在电子商务系统中，贸易信息的交流是通过买卖双方的网址和主页来完成的，这种信息的沟通方式，无论从效率还是从实践上，都是传统交易方式无法比拟的。

（2）交易协商和签订合同

这一环节主要指买卖双方对所有交易细节进行协商，并将双方协商的结果以文件的形式确定下来，即以书面文件形式和电子文件形式签订贸易合同。电子商务的特点是可以签订电子商务贸易合同，交易双方可以利用现代电子通信设备和通信方法，经过认真谈判和磋商后，将双方在交易中的权利和所承担的义务，以及对所购买商品的种类、数量、价格、交货地点、交货期、交货方式和运输方式、违约和索赔等合同条款，全部以电子交易合同作出全面详细的规定。合同双方可以利用 EDI 进行签约。也可以通过数字签名等方式进行签约。

（3）结算付款和索赔

买卖双方"签订"电子合同后，交易涉及的有关各方（如中介方、银行或金融机构、信用卡公司等）将参与到交易过程中。买卖双方要利用与电子商务有关的各方进行各种电子票据和电子单证的交换，直到办理完可以将所购商品从卖方按合同规定开始向买方发货的一切手续为止。其间最重要的是电子支付环节。

传统的以现金和支票为基础的付款方式在网络环境下有了很大的改变。改变的结果是，原来的支票支付方式被电子支票方式所取代；原来的现金支付方式被信用卡和电子现金所取代。电子商务中的电子支付系统能够完成资金的支付、清算，出具相应的交易单据，以及发货、到货管理等，直到买方收到自己所购的商品。这类系统由于涉及银行、运输等部门，因此运行机制的复杂程度和系统开发的难度会大大增加。另外，索赔过程是在买卖双方交易过程中出现违约时，需要进行违约处理的工作，由受损方向违约方索赔。

由此可见，该环节是整个电子商务交易流程最重要也是实现难度最大的一个环节，电子支付的完善是电子商务真正实现的基础，目前只有少数发达国家建立了较为完善的电子支付体系。

1.2 电子商务面临的安全威胁

1.2.1 电子商务中安全威胁的类型

1. 电子商务交易过程中的安全威胁

目前，电子商务发展面临的主要问题之一是如何保障电子交易过程中的安全性。交易的安全是网上贸易的基础和保障，也是电子商务技术的难点。围绕电子商务安全的防护技术已经成为目前电子商务研究的重点之一。在电子交易过程中，消费者和商家面临的安全威胁通常有以下几个方面，如图 1-1 所示。

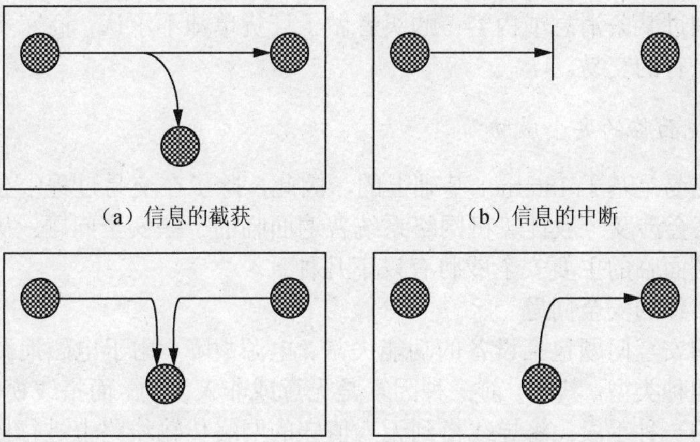

（a）信息的截获　（b）信息的中断

（c）信息的篡改　（d）信息的伪造

图 1-1　电子交易过程中安全威胁的类型

（1）信息的截获

在电子商务中，信息流和资金流以数据的形式在 Internet 中传输。在传输过程中，如果没有采用加密措施或加密强度不够，攻击者可能通过 Internet 在电磁波范围内安装截获装置或在数据报通过的网关和路由器上截获数据，获取传输的机密信息，或通过对信息流量、通信频率和长度等参数的分析，推测出有用的信息，如消费者的银行账号、密码，以及企业的商业机密等。

（2）信息的中断

这是针对可用性信息进行的攻击。在中断过程中，信息资源变得易损失或不可用。网络故障、操作错误、应用程序错误及计算机病毒等恶意攻击都能导致电子交易不能正常进行。

（3）信息的篡改

当攻击者熟悉了网络信息格式后，通过各种技术和手段对网络传输的信息进行中途修改并发往目的地，从而破坏信息的完整性。例如，改变信息流的次序；更改信息的内容，如购买商品的出货地址；删除某个消息或消息的某些部分；在消息中插入一些信息，让接收方不懂或接收错误的信息等。

（4）信息的伪造

当攻击者掌握了网络信息数据规律或解密了商务信息以后，可以伪装成合法用户或发送伪造的信息来欺骗其他用户，主要有以下两种方式。

一种是伪造电子邮件。例如，虚开网站和电子商店，给用户发电子邮件，收订货单；伪造大量用户，发电子邮件，穷尽商家服务器的资源，使合法用户不能正常访问网络资源，使有严格时间要求的服务不能及时得到响应等。

另外一种是假冒他人身份。例如，伪装成他人身份，进行非授权信息资源的访问或者骗取对方的信任；冒充网络控制程序，套取和修改使用权限、保密字、密钥等信息；接管合法用户，欺骗系统，占用合法用户的资源。

（5）交易抵赖

交易抵赖包括多个方面，如发送方事后否认曾经发送过某条消息或内容；接收方事后否认曾经收到过某条消息或内容；购买者做了订货单却不承认；商家卖出的商品因价格差而不承认原有的交易。

2. 网络系统面临的安全威胁

由于电子交易是基于 Internet 基础上的，因此，除了在交易过程中会面临上述一些安全威胁外，还会涉及一般计算机网络系统普遍面临的一些安全问题。从网络安全角度考察，网络系统面临的主要安全威胁有以下几种。

（1）物理实体的安全问题

物理实体的安全问题包括设备的功能失常、电源故障、由于电磁泄漏引起的信息失密和搭线窃听四种类型。其中，前三种因素是无意或非人为的。而搭线窃听则是人为的，是非法者常用的一种手段，将导线搭到无人值守的网络传输线路上进行监听，通过解调和正确的协议分析就可以完全掌握通信的全部内容。

（2）自然灾害的威胁

计算机网络设备大多是一种易碎品，不能受重压或强烈的震动，更不能受强力冲击。所以，各种自然灾害、风暴、泥石流、建筑物破坏、火灾、水灾、空气污染等对计算机网络系统都构成了极大的威胁。

（3）黑客的恶意攻击

所谓黑客，现在一般泛指计算机信息系统的非法入侵者。黑客的攻击手段和方法多种多样，一般可以分为以下两种：一种是主动攻击，它以各种方式有选择地破坏信息的有效性和完整性；另一种是被动攻击，它是在不影响网络正常工作的情况下，进行截获、窃取、破译以获得重要机密信息。

（4）软件的漏洞和“后门”

在计算机网络安全领域，软件的漏洞是指软件系统上的缺陷，这种缺陷导致非法用户未经授权而获得访问系统的权限或提高其访问权限。随着计算机系统越来越复杂，开发一个大型的电子商务应用软件时，要想进行全面彻底的测试已经变得越来越不可能了。一个实际的电子商务系统，总会留下某些缺陷和漏洞。而“后门”是软件设计者为了进行非授权访问而在程序中故意设置的万能访问口令，这些口令无论是被攻破，还是只掌握在设计者手中，都对使用者的系统安全构成严重的威胁。

从以上分析可以得出，软件的漏洞和“后门”虽然都会对系统的安全造成威胁，但它们存在着明显的区别：漏洞是不可避免的，而“后门”是完全可以避免的；漏洞是难以预知的，而“后门”是人为故意设置的。

（5）网络协议的安全漏洞

众所周知，电子商务系统是基于 Internet 平台上的信息系统，通过 Internet 基础设施向电子商务应用提供各种网络服务。而网络服务是通过各种协议来实现的。目前，Internet 采用的是 TCP/IP（transmission control protocol/Internet protocol，传输控制协议/因特网互联协议）协议簇，如 TCP、FTP（file transfer protocol，文件传输协议）和 HTTP（hypertext transfer protocol，超文本传输协议）等，在安全方面都存在着一定的缺陷。当今许多黑客攻击就是利用了这些协议的安全漏洞才得逞的。事实上，网络协议的安全漏洞是当前 Internet 面临的一个重要安全问题。

（6）计算机病毒的攻击

由于 Internet 的开放性，计算机病毒在网络上的传播比以前快了许多，而且 Internet

的发展和普及又促进了病毒制造者之间的交流，使新病毒及其变种层出不穷，杀伤力也大有提高，这些都给个人和企业带来了许多不便和经济损失。

1.2.2　电子商务消费者面临的安全威胁

在电子商务活动中，消费者面临的威胁有以下几种。

1）虚假订单。一个假冒者可能会以客户的名字来订购商品，而且有可能收到商品，而此时客户却被要求付款或返还商品。

2）付款后不能收到商品。在客户付款后，销售商中的内部人员不将订单和款项转发给执行部门，因而使客户不能收到商品。

3）机密性丧失。客户有可能将秘密的个人数据或自己的身份数据［如 PIN（personal identification number，个人识别码）、口令等］发送给冒充销售商的机构，这些信息也可能会在传递过程中被窃听。

4）拒绝服务。攻击者可能向销售商的服务器发送大量的虚假订单来挤占其资源，从而使合法用户不能得到正常的服务。

5）电子货币丢失。可能是由物理破坏或者被偷窃导致，这通常会给用户带来不可挽回的损失。

1.2.3　电子商务商家面临的安全威胁

除普通的安全威胁外，电子商务服务器通常还面临如下一些特殊的安全威胁。

1）系统中心安全性被破坏。入侵者假冒成合法用户来改变用户数据（如商家送达地址）、解除用户订单或生成虚拟订单等。

2）竞争者威胁。恶意竞争者以他人的名义来订购商品，从而了解有关商品的递送状况和货物的库存情况。

3）商业机密安全。客户资料被竞争者获悉。

4）假冒威胁。不诚实的人建立与销售者服务器名字相同的另一个 Web 服务器来假冒销售者；虚拟订单；获取他人的机密数据。例如，某人想要了解另一人在销售商处的信誉时，他以另一人的名字向销售商订购昂贵的商品，然后观察销售商的行动。假如销售商认可该订单，则说明被观察者的信誉度高；否则，则说明被观察者的信誉度不高。

5）信用威胁。买方提交订单后却不付款。

1.3　电子商务系统的安全体系结构

电子商务的一个重要技术特征是利用信息技术来传输和处理商业信息。既然电子商务系统是建立在计算机系统之上的商务系统，我们从逻辑上可以将整个体系结构分为底层的物理网络安全和上层的电子交易安全这两个方面。网络服务层提供物理网络的安全保障；而加密技术层、安全认证层、交易协议层和电子商务应用系统层提供电子交易安全保障。计算机网络安全包括计算机网络设备安全、计算机网络系统安全、数据库安全等，其特征是针对计算机网络本身可能存在的安全问题，实施网络安全增强方案，以保证计算机网络自身的安全性为目标。电子交易安全则紧紧围绕传统商务在互联网上应用时产生的各种安全问题，在计算机网络安全的基础上，保障以电子交易和电子支付为核心的电子商务过程的顺利进行。

因此，计算机网络安全和电子交易安全是密不可分的。一个是保障底层的物理系统，是电子交易安全的基础，为人们进行网上商务活动提供了安全的虚拟场所；另一个是保障上层业务逻辑的安全，即保证网上交易活动的顺利进行。这两方面的安全措施相辅相成，缺一不可，共同为安全电子商务活动的开展保驾护航。

电子商务的安全体系结构是保证电子商务中数据安全的一个完整的逻辑结构，同时也为交易过程的安全提供了基本保障。电子商务的安全体系结构如图 1-2 所示。

电子商务安全系统结构由网络服务层、加密技术层、安全认证层、交易协议层和电子商务应用系统层五个层次组成。从图（1-2）中可以看出，下层是上层的基础，为上层提供了技术支持；上层是下层的扩展与递进。各层之间相互依赖，相互关联，构成统一整体。

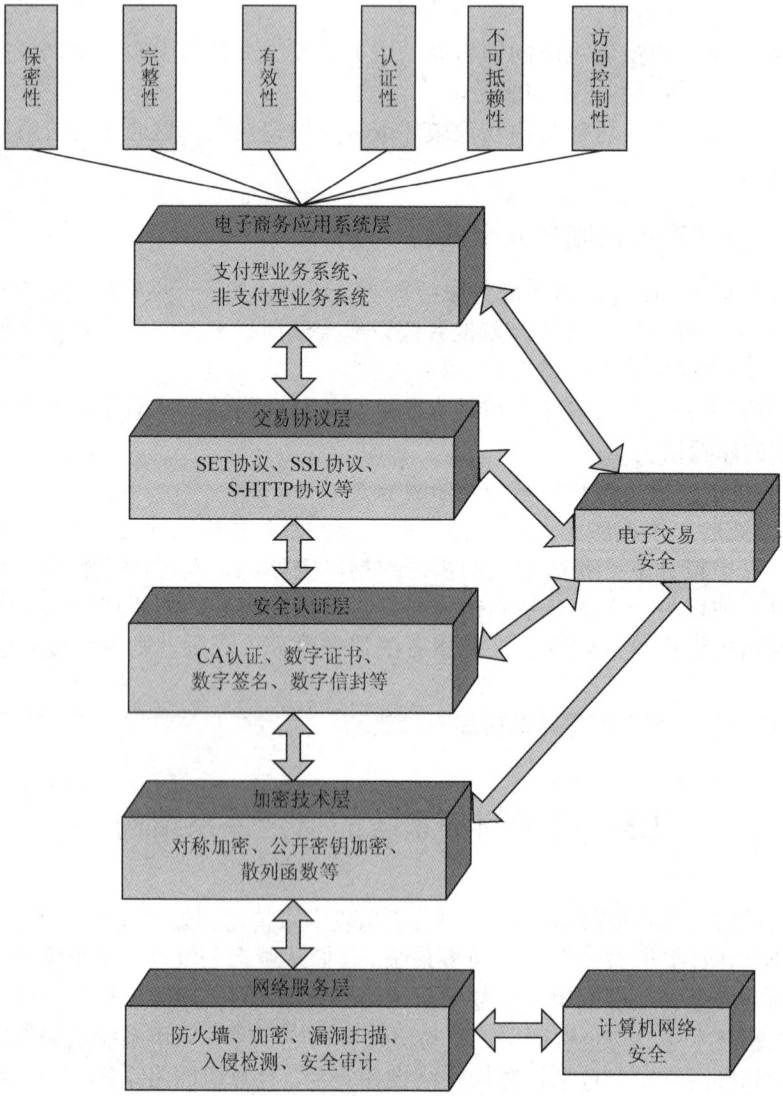

图 1-2　电子商务的安全体系结构

1.3.1　计算机网络系统的安全性

电子商务系统是通过网络实现的，需要利用 Internet 的基础设施和标准，因此构成电子商务安全系统结构的底层是网络服务层。网络服务层是各种电子商务应用系统的基础，它提供信息传输功能、用户接入方式和安全通信服务，并保证网络运行安全。网络服务层是电子商务应用系统的网络服务平台。

另外，网络服务层也提供计算机网络系统的安全。首先，它保障了计算机网络中的物理实体的安全。那么，计算机网络系统中究竟有哪些实体呢？简单地说，采用某种方式把若干台计算机连接起来就形成了计算机网络。Internet 就是连接全球计算机的一个巨大的网络。因此，计算机网络系统中的实体也就是各种各样的计算机和连接它们的通信设备。网络中的计算机有些是提供 Internet 应用服务的，称为服务器，如 Web 服务器、FTP 服务器和邮件服务器等；还有一些计算机是通过某些软件（如浏览器）来访问这些服务的，统称为客户机。通信连接设备主要有路由器、交换机和集线器等。要保障计算机网络系统中实体的安全，实际上就是要保障这些计算机和它们之间的通信连接设备的安全。

除了实体安全之外，数据安全也非常重要。我们知道，电子交易同传统的商务交易不同，在电子交易过程中物流与信息流和资金流发生了分离。那么，安全的电子交易系统必须保障分离出来的信息流和资金流的安全。计算机网络设备是电子商务活动中信息流和资金流存储和移动的载体，各种信息流和资金流在计算机网络环境中的具体表现就是数据。因此，实现了网络系统中的数据安全，信息流和资金流也就有了安全保障。在计算机网络系统中，数据的安全一方面是存储安全，另一方面也包括数据在网络传输过程中的安全，即通信安全。

此外，要实现网络系统层次的安全，需要针对计算机网络本身可能存在的安全问题，实施相应的网络安全技术。计算机网络安全采用的主要安全技术有防火墙技术、加密技术、漏洞扫描技术、虚拟专用网（virtual private network，VPN）技术、入侵检测技术、反病毒技术和安全审计技术等，用以保证网络自身的安全。

1.3.2　电子交易的安全性

电子交易是针对传统商务在 Internet 上运行时产生的各种安全问题而设计的一套安全技术，目的是在计算机网络系统安全的基础上确保电子交易过程的顺利进行，即实现电子交易的保密性、完整性、有效性、认证性、不可抵赖性和访问控制性。这 6 种类型的安全要素，如图 1-3 所示。下面对这些安全要素逐一说明。

（1）保密性

电子商务作为贸易的一种手段，其信息直接代表着个人、企业或者国家的商业机密。与传统的纸张贸易不同，电子商务是建立在较为开放的网络环境上的，维护商业机密是电子商务得以全面推广应用的重要条件。因此，要对敏感重要的商业信息进行加密，即使别人截获或窃取了数据，也无法识别信息的真实内容，这样就可以使商业机密信息难以被泄露。

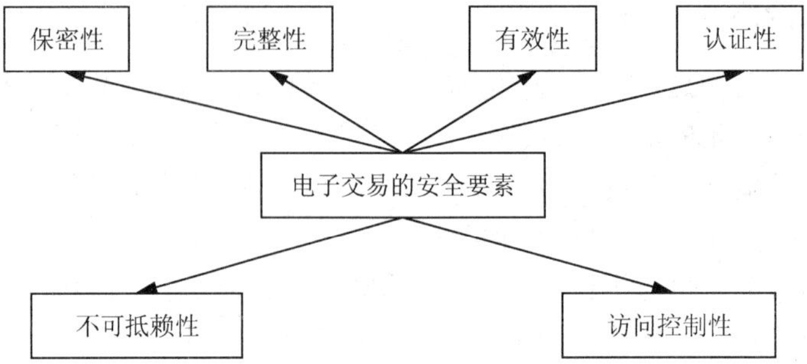

图 1-3　电子交易的安全要素

（2）完整性

商务数据的完整性是指保护数据不被未授权者修改、建立、嵌入、删除、重复传送或由于其他原因使原始数据被篡改。在存储时，要防止非法者对数据进行篡改及破坏。在传输过程中，接收方应通过某种安全鉴别机制验证所收到的信息是否被篡改。通过验证，如果收到的信息与发送的信息完全一致，则说明在传输过程中信息没有遭到破坏，即信息具有完整性。加密的信息在传输过程中，虽能保证其保密性，但并不能保证不被修改。

（3）有效性

电子商务以电子形式取代了纸张，那么如何保证这种无纸贸易的有效性，是开展电子商务的前提。因此，要对网络故障、操作错误、应用程序错误、系统软件错误及计算机病毒所产生的潜在威胁加以控制和预防，保证交易数据在确定的时刻、确定的地点是有效的。

（4）认证性

认证性是指网络两端的使用者在沟通之前互相确认对方的身份。在传统的交易中，交易双方往往是面对面进行活动的，这样很容易确认彼此的身份。而在网上交易时，情况就大不一样了，因为网上交易的双方可能素昧平生，相隔千里，并且在整个交易过程中都可能不见一面。因此，电子商务活动要在虚拟的网络环境中开展，必须有相关的认证机制来约束网上交易各方的行为，使网上交易不因为环境的虚拟而变得不可把握。通过对身份的认证，使得参与网上交易的各方都有真实的身份，从而使得网上的一切交易变得有凭有据。

（5）不可抵赖性

电子交易的不可抵赖性是指信息的发送方不能否认已发送的信息，接收方也不能否认已收到的信息，这是一种法律有效性要求。不可抵赖性主要用于保护交易过程中某方用户对付来自其他合法用户的威胁，如发送方对自己所发送消息的否认，接收用户对自己已收消息的否认等，而不是对付来自未知的攻击者。在传统的商务贸易中，贸易双方通过交易合同、契约或贸易单据等书面文件上的手写签名或印章来鉴别贸易伙伴，确定合同、契约、单据的可靠性并预防抵赖行为的发生，即“白纸黑字”。在无纸的电子商务方式下，当然也需要实现交易的不可抵赖性，但解决起来比传统商务更困难，需要采用新的技术，如数字签名等。

（6）访问控制性

访问控制性是指在交易过程中限制和控制通信链路对商务信息资源的访问，用于保护电子商务系统中的信息资源不被未经授权人或以未授权方式接入、使用、修改、破坏或植入非法程序等。

简而言之，要实现电子交易过程的安全，以上几个最基本的安全要素必须实现。也就是说，数据和信息的隐私必须得到保护，交易者的身份必须得到认证，并且具有可认证性，对未被授权的信息访问应用进行控制或拒绝。

1.4　电子商务中的电子支付

基于 Internet 的电子商务，需要为数以万计的购买者提供支付服务。因此，在电子商务活动中，电子支付是必不可少的组成部分。所谓电子支付，是指电子交易的当事人，包括消费者、商家和金融机构以商业电子化设备和各类交易卡为媒介，以计算机和通信技术为手段，以二进制 0、1 为存储形式，通过计算机网络系统进行的货币支付或资金流转。随着 Internet 的日益普及，目前已开发出了很多网上支付系统，这些系统的实质都是要把传统的支付方式转化为电子形式。与传统的支付方式相比，电子支付具有以下特征。

1）电子支付是在开放的网络系统中（指 Internet），采用先进的数字流转技术来完成信息传输，并采用数字化的方式进行款项支付；而传统的支付方式则是通过现金的流转、票据的转让和银行的汇兑等物理实体来完成款项的支付。

2）电子支付的工作环境是基于一个开放的系统平台（Internet）；而传统支付则是在较为封闭的系统中运转。

3）电子支付对软、硬件设施都有很高的要求，一般要求有联网的计算机、相关的软件及其他一些配套设施；而传统的交易支付方式对设施没有特殊的要求。

4）电子支付具有方便、快捷、高效、经济的优势，交易方只要拥有一台联网的 PC（personal computer，个人计算机），便可足不出户，在很短的时间内完成整个支付过程。支付费用仅相当于传统支付方式的几十分之一甚至几百分之一。

电子支付系统主要包括电子信用卡（E-credit）系统、电子支票（E-check）系统、电子现金（E-cash）系统和微支付（micro payments）系统等。VISA 集团早在 1996 年亚特兰大奥运会期间，就发行了 30 万张智能卡。芬兰银行也于 1997 年 5 月在欧洲进行网络购物付款的试验。目前，在全球使用的电子货币系统大约有数百种，模式多种多样。在我国，受到电子商务发展的有力推动，中国电子网上支付的市场规模发展迅速。根据上海艾瑞市场咨询有限公司（以下简称“艾瑞咨询”）发布的《2012 年中国网上支付研究报告》显示，从 2007 年开始，中国电子支付产业进入爆炸性成长期，至 2012 年整体市场交易规模达 36 589 亿元，比 2011 年增长 66%。统计进一步显示：从互联网支付细分应用行业交易规模结构来看，网络购物对电子支付贡献最大，占比为 41.5%；其次为航空客票，占比为 15.3%；电信缴费、电商 B2B、网络游戏占比分别为 6.2%、3.9%和 3%；创新行业应用贡献比例持续扩大。艾瑞咨询分析认为，传统企业对于电子商务的认识正在逐步加深，对传统业务进行电子商务转型的意愿明显。因此，传统企业的电子商务转型将成为第三方电子支付的又一个重要市场机遇。

未来的电子支付必然涉及与金融领域相关的银行、证券、保险、邮电、医疗、文体娱乐和教育等众多行业，所以市场潜力极大。而随着计算机和通信技术的发展，未来将通过 Internet 构造快捷灵活的电子支付系统。实施电子货币、提供安全的中介服务和金融卡加密都是目前的技术热点。

1.5　电子商务安全的保障

1.5.1　电子商务安全的技术保障

1. 电子商务安全所需的技术

电子商务安全是信息安全的上层应用，它包括的技术种类比较广泛，这里简单介绍一下网络安全技术、加密技术、PKI（public key infrastructure，公开密钥基础设施）和数字认证技术这三种基本的安全技术。

（1）网络安全技术

计算机网络安全是电子商务安全的基础，一个完整的电子商务系统应建立在安全的网络基础设施之上。网络安全涉及的方面比较多，如操作系统安全、防火墙技术、VPN 和入侵检测、漏洞检测技术等。

防火墙将内部网络与 Internet 或者其他外部网络互相隔离、限制网络互访，用来保护内部网络。设置防火墙的目的是为了在内部网和外部网之间设立一条安全通道，根据安全策略对网络数据进行过滤，只有被安全策略明确授权的信息流才被允许通过，从而对各种攻击提供有效的防范。

VPN 也是保证网络安全的技术之一，它通常被定义为通过一个公共网络（通常是 Internet）建立一个临时的、安全的连接，是一条穿过不安全的公共网络的安全、稳定的隧道，可以被看作对企业内部网的扩展。VPN 可以帮助远程用户、公司分支机构、商业伙伴及供应商与公司的内部网建立可信的安全连接，并保证数据的安全传输。通过将数据流转移到低成本的 IP 网络上，一个企业的 VPN 解决方案将大幅度地减少用户花费在 VPN 和专用网络上的费用。因此，VPN 具有节省成本、提供远程访问、扩展性强等优点，是今后企业网络发展的趋势。

（2）加密技术

加密技术是保证电子商务信息安全的重要手段，许多密码算法现已成为网络安全和商务信息安全的基础。基本的加密技术有两种：对称密钥加密和非对称密钥加密，用于实现电子商务中数据的保密性、完整性和不可抵赖性服务。

对称密钥加密又称秘密密钥加密（secret key encryption，SKE）或单钥加密，即信息的发送方和接收方用相同的密钥去加密和解密数据。最著名的对称密钥加密标准是数据加密标准（data encryption standard，DES）。DES 是一种使用 56 位密钥来操作 64 位数据块的快速加密算法，由 IBM 公司提出，可同时对大量数据进行快速加密。美国政府早在 1977 年就将其颁布为联邦信息处理标准，至今已在银行业和其他一些领域使用了 30 多年。DES 算法曾经进行过广泛的分析和测试，被认为是一种非常安全的系统。

非对称密钥加密又称公开密钥加密（public key encryption）或双钥加密。它需要使用一对密钥来分别完成加密和解密操作，一个公开发布，称为公开密钥（public key）；另一个由用户自己秘密保存，称为私有密钥（secret key）。信息发送者用公开密钥去加密，而信息接收者则用私有密钥去解密。通过数学的手段保证加密过程是一个不可逆过程，即用公开密钥加密的信息只能用与该公开密钥配对的私有密钥才能解密。另外，公开密钥加密技术解决了密钥的发布和管理问题，是目前商业密码的核心。使用公开密钥技术，进行数据通信的双方安全地确认对方身份和公开密钥，提供通信的可鉴别性。由此，公开密钥体制的建设是开展电子商务的前提。非对称加密算法主要有RSA算法、DSA（digital signature algorithm，数字签名算法）、PGP（Pretty Good Privacy）、ECC（elliptic curve cryptography，椭圆曲线加密）算法等。

（3）PKI和数字认证技术

PKI是一种遵循既定标准的利用公开密钥密码技术为电子商务的开展提供一套安全基础平台的技术和规范，能够为电子商务、电子政务、网上银行、网上证券等提供一整套安全基础平台。

PKI的核心元素是数字证书，其核心执行者是认证机构。有关数字证书服务的应用实施是广泛开展电子商务的基本前提，电子商务的普及和深入离不开数字证书技术和认证机构的发展。

数字认证技术对于实现交易的电子化，以及保障交易的进行起到了重要作用。采用认证技术可以直接满足身份认证、信息完整性、不可抵赖性等安全需求，并通过减少在组织内部、组织之间及个人之间广泛流通的交易数据被窃取、泄漏或伪造，从而实现电子交易的安全。这样使得交易各方所需的共同信任和依赖成为可能。

目前，在电子商务中广泛使用的数字认证技术包括数字签名、数字摘要、数字证书、CA（certificate Authority，认证中心）安全认证体系，以及其他一些身份认证技术和报文认证技术等。

2. 电子商务安全的技术标准

在安全技术基础上，电子商务安全还建立相关的安全技术标准，包括安全超文本传输协议（safe hyper text transfer protocol，S-HTTP）、安全套接层 （secure socket layer，SSL）协议和安全电子交易（secure electronic transaction SET）协议等。

（1）S-HTTP

传统的HTTP是浏览器（browser）和Web服务器之间的传输协议。S-HTTP（安全的超文本传输协议）对HTTP扩充了安全特性、增加了报文的安全性，它是基于SSL技术的。该协议向Web的应用提供完整性、可鉴别性、不可抵赖性和保密性等安全措施。

（2）SSL协议

SSL协议是由Netscape公司研究制定的安全协议。该协议为基于TCP/IP的客户机/服务器应用程序提供了客户端和服务器的鉴别、数据完整性及信息机密性等安全措施。该协议已成为事实上的工业标准，在Internet上广泛用于处理财务上敏感的信息。在信息卡交易方面，商家可以通过SSL协议在Web上实现对信用卡订单的加密，由于SSL协议适合各类主流浏览器及Web服务器，因此使用起来很方便。

（3）SET 协议

SET 协议为基于信用卡的电子化交易应用提供了安全措施的实现规则，它是由 VISA 和 MasterCard 两大信息卡公司发起，会同 IBM、Microsoft 等信息产业巨头于 1997 年正式制定发布的用于 Internet 事务安全处理的技术标准。SET 协议是目前已经标准化且被业界广泛接受的一种国际网络信用卡付款机制，它包括 SET 的交易流程、程序设计规格与 SET 协议的完整描述三部分。

1.5.2　电子商务安全的管理保障

在电子商务安全方面，人们往往从技术方面出发，而往往忽略了安全管理。事实上，安全管理同样重要。制定和实施良好的安全策略比安全技术更有效、更持久。技术的发展非常快，而且实施系统侵害的手段和方法也在不断变化，因而制定良好的安全策略就显得尤其重要。大多数企业在安全方面犯的最大错误就是没能建立良好的策略和实施步骤，也没有保证这些策略的执行。例如，企业安装完防火墙，往往就不再考虑安全问题。但是安全问题是不断变化的，当系统安全体系结构发生变化时，就应该升级和重新配置安全设施。这样才能有效地利用现有的安全体系保证电子商务系统的安全运转。而大多数企业往往不够重视电子商务系统安全策略的制定，把系统安全问题简单归因于技术方面，这是一个误区。制定电子商务行业和企业安全方面的规章制度是电子商务健康发展必不可少的保证，我国目前在这一方面还比较落后。近几年来，有关电子商务方面的违约、违法的事件时有发生，这对电子商务的发展是非常不利的，因而研究与制定相关的法律法规，采取相应的法律保障措施是电子商务系统健康发展的一个必不可少的条件。

本 章 小 结

本章首先介绍了电子商务的基本概念，包括电子商务的定义、基本特征和交易模式；在此基础上介绍了电子商务所面临的安全威胁及相应的安全体系结构，包括计算机网络系统的安全和电子交易过程中的安全；并讨论了电子支付，指出实现电子支付过程的安全是电子商务系统安全问题的核心；最后讨论了电子商务安全得以实现的保障，即电子商务安全的技术保障和管理保障。

本 章 习 题

1. 简述电子商务安全需求的组成内容。
2. 电子商务系统安全常用的技术有哪些？
3. 简述电子交易过程中需要实现的安全要素。
4. 如何看待电子商务安全技术与安全管理之间的关系？

第 2 章 电子商务网络安全

电子商务是在 Internet 上实现的，电子商务系统的安全依赖于 Internet 系统的安全。本章将把信息安全原理和技术运用到 Internet 环境中，介绍如何从网络安全的角度来构建一个安全的 Internet 环境。相关安全技术包括防火墙技术、VPN 技术、网络入侵检测系统、计算机病毒和木马的防治技术，它们针对 Internet 的不同应用提供相应的安全策略，从不同的方面确保 Internet 的安全。

2.1 网络安全现状与电子商务

电子商务作为一项新兴的产业，通过大幅度降低交易成本，增加贸易机会，简化贸易流程，提高贸易效率，改善物流系统，推动着企业和国民经济结构的全面调整和整合。同时网络潜伏着巨大的信息安全问题，它不仅关系着参与活动方的利益，而且关系着电子商务活动的成败，关乎着国家利益和国家安全。

当前电子商务所面临的网络安全现状不容乐观。由于 Internet 系统的开放性，以及现有网络协议和软件系统固有的安全缺陷，特别是 Internet 使用和管理上的无政府状态，使任何一种网络系统都不可避免地、或多或少地存在一定的安全隐患和风险，使人们在享受网络所带来方便和效益的同时，也面临着网络安全方面的巨大挑战。网络安全是指网络系统的硬件、软件及其系统中的数据受到保护，不受偶然的或者恶意的因素影响而遭到破坏、更改、泄漏，系统能连续、可靠、正常地运行，网络服务不中断。网络安全从本质上讲就是网络上信息的安全，包括静态信息的存储安全和信息的传输安全。

相关统计显示，目前已发现的黑客攻击案件，从病毒到网络欺诈，手段层出不穷；从传统互联网到移动互联网，攻击范围愈加广泛；从普通 Windows 操作系统到 64 位操作系统再到苹果 Mac 操作系统，已经全面受到黑客的攻击。个人隐私信息及企业商业机密正在面临前所未有的巨大危机，企业网络信息安全保卫战迫在眉睫。其中，银行、证券等金融机构是黑客攻击的重点。针对金融领域的黑客犯罪案件，涉案金额已高达数亿元，针对其他行业的黑客犯罪案件也时有发生。

下面从不同方面介绍几个例子说明 Internet 存在的网络安全问题，以便分析其潜在的安全隐患和漏洞，从而做到有的放矢地运用相关安全技术从网络安全层面上加以控制和管理。

（1）蠕虫爆发

2011 年 9 月 6 日，趋势科技全球防病毒研发暨技术支持中心（TrendLabs）监测发现，一种名为 Morto 的蠕虫病毒在全球爆发，并已于近日“潜入”中国地区。该病毒主要利用 Windows 的远程桌面协议（remote desktop protocol）进行传播，被感染的计算机将会以一种非常特别的方式进行拒绝服务（denial of service，DoS）攻击，同时扫描本地网络中允许远程桌面连接的计算机，再尝试以暴力破解的方式获取系统管理员账号，从而对受害计算机进行远程控制，具备较强的攻击力和破坏力。Morto 病毒主要感染 Windows 工作站和服务器。该病毒通过内置的密码本，会使用一系列常见的密码尝试暴力破解管理员密码。当成功登录后，该病毒将自身复制到新机中，终止与本地安全应用相关的进程，并继续其传播尝试。

（2）网络瘫痪

2006 年 7 月 12 日下午北京发生大面积互联网故障事件，故障最早发生于下午 2 时 35 分，部分 ADSL（asymmetric digital subscriber line，非对称数字用户线路）用户向北京网通客服及媒体投诉网络出现故障，网页不能打开。至下午 3 时 30 分左右，北京互联网中断故障大部分被排除，上网服务恢复正常，至 4 时，北京网通故障排查小组对外表示全部恢复正常。据统计，北京是全国网民数量最多的城市，全市网络用户已超过 300 万人，其中仅 ADSL 用户就达到近 200 万人。北京网通就表示此次中断目前只涉及北京地区，受到这次事故影响的用户包括 ADSL 用户及 LAN（local area network，局域网）用户，故障的发生原因是网络服务器出现故障，属于设备故障。

（3）网络仿冒

2004 年 12 月 8 日，中国银行发现，有一个网址为“www.bank-off-china.com”的网站以一个字母“f”之差，仿冒中国银行官方网站“www.bank-of-china.com”，企图盗窃用户银行账号和密码。同样的事情也发生在中国工商银行身上。欺诈网站以“www.1cbc.com.cn”为网址，而真正的中国工商银行网站的网址为“www.icbc.com.cn”，“1”和“i”仅一字之差。

网页仿冒这类攻击在国际上通称为 phishing，在我国也称为网络钓鱼。它通常是通过仿冒正规的网站来诱骗用户提供各种个人信息，如银行账户和口令等。据国家互联网应急中心 2012 年统计，针对我国境内网站的钓鱼页面有 22 308 个，涉及 IP 地址 2576 个，从钓鱼站点使用域名的顶级域名分布来看，以.com 最多，占 36.5%，其次是.tk 和.cc，分别占 20.6%和 9.5%；接收到网络钓鱼类事件举报 9463 起，较 2011 年增长 73.3%，约占总接收事件数量的一半（49.5%）。这些钓鱼网站中，仿冒中国工商银行等网上银行的约占 54.8%，仿冒中央电视台、腾讯、淘宝等进行虚假抽奖或中奖活动、虚假新奇特或低价物品销售活动的约占 44.7%。钓鱼网站的主要目的是欺骗用户的银行账号、密码等网上交易所需信息。2012 年，仅国家互联网应急中心监测发现被黑客骗钱的用户银行卡信息就达 1.8 万条，这些信息的失窃很可能会给相关用户带来巨额财产损失。另外，除骗取用户经济利益外，一些钓鱼页面还会套取用户的个人身份、地址和电话等信息，导致用户个人信息泄漏。

（4）网银木马

2006 年，国家计算机病毒应急处理中心通过对互联网的监测发现某证券网站上提供的多款证券交易软件的安装程序中捆绑了木马程序。用户在该证券网站上下载这些安装程序后，运行程序的同时会下载网银木马 TrojSpy_Banker.ZQ，并且威胁某银行网上银行用户的账号密码安全。该木马为前些时候发现的网银木马 TrojSpy_Banker.YY 的新变种，它会监视受感染计算机系统中 IE 正在访问的网页，如果发现用户正在登录某银行个人网上银行页面，就会弹出伪造的登录对话框，诱骗用户输入登录密码和支付密码，通过邮件将窃取到的信息发送出去。这些木马软件给许多企业和个人用户在经济上带来了严重的损失。

（5）"僵尸网络"

"僵尸网络"也称为 BotNet。Bot 是 robot 的简写，通常是指可以自动地执行预定义的功能，可以被预定义的命令控制，具有一定人工智能的程序。它可以通过溢出漏洞攻击、蠕虫邮件、网络共享、口令猜测、P2P 软件等途径进入用户主机。一旦用户主机被植入 Bot，就主动和 Internet 上的一台或多台控制节点取得联系，自动接收并执行黑客通过这些控制节点发送的控制命令，这些受害主机和控制服务器就组成了 BotNet。

2004 年我国发现了一个大型"僵尸网络"，涉及我国境内近 10 万台计算机，这严重影响了网络安全。2006 年，"僵尸网络"开始扎根于中国的宽带网络中，影响着中国 1/5 的台式计算机系统，威胁着政府、金融机构及其他行业的计算机安全。这不是危言耸听。据全球著名反病毒软件商赛门铁克公司 2006 年发布的《第 10 期互联网安全威胁报告》显示，根据 2006 年上半年监测的数据，中国拥有的"僵尸网络"计算机数目最多，全世界共有 470 万台，而中国就占到了近 20%。由于"僵尸网络"特有的"隐蔽"特性，对传统的防病毒软件业提出了挑战。随着我国在诸如"僵尸网络"等内容安全方面威胁的不断加剧，也给与其相关的安全市场带来了巨大的发展机会，众多安全厂商纷纷加大了在内容防护、Web 过滤和身份管理等方面的投入。

（6）网页篡改

在网站被攻击的各类情形中，网站页面被篡改给网站运营单位带来的影响尤其恶劣，影响面最广。据国家互联网应急中心 2013 年 2 月的最新统计，我国境内被篡改网站的数量为 8373 个，境内被篡改网站数量按地区分布排名前三位的分别是北京市、上海市、浙江省。按网站类型统计，被篡改数量最多的是 COM 域名类网站，其多为商业类网站；值得注意的是，被篡改的 GOV 域名类网站有 686 个，占境内被篡改网站的比例为 8.2%。由此看来，黑客和不法分子对网站的网页内容的篡改是时常发生的。

通过以上安全案例的介绍，可以将 Internet 安全问题分为病毒感染、黑客攻击、网络仿冒和网络故障四种类型。其中，蠕虫爆发、网银木马属于病毒感染；"僵尸网络"、网页篡改属于黑客攻击；而网络瘫痪则属于网络故障。造成所有这些安全问题的根本原因在于 Internet 网络系统中存在着各种安全漏洞，通过相应的安全技术和管理方法来解决这些问题刻不容缓。

因此，Internet 安全是电子商务的基础。为了保证电子交易能顺利进行，首先要求电子商务平台要稳定可靠、不中断地提供服务。任何系统的中断，如硬件软件错误、网络故障、错误操作、计算机病毒都可能导致电子商务系统不能正常工作，从而使交易数据在确定时刻和地点的有效性得不到保证。在保证网络安全上，防火墙、VPN、入侵检测系统、计算机病毒和木马的防范技术等都是经常采用的技术。

2.2 防火墙技术

2.2.1 防火墙概述

防火墙（firewall）是网络安全的第一道屏障，保障网络安全的第一个措施往往是安装和应用防火墙。那么，到底什么是防火墙呢？

防火墙最原始的含义是：设计一种建筑以防止发生火灾，使火势不至于从一个房间蔓延到另外一个房间。后来，这种称呼延伸到网络安全领域中，特别是近年来飞速发展的 Internet 之中。所以，防火墙有时也被称为 Internet 防火墙。

防火墙是设置在被保护网络（本地网络）和外界网络（主要是 Internet）之间的一道防御系统，以防止发生不可预测的、潜在破坏性的侵入。它可通过监测、限制、更改跨越防火墙的数据流，尽可能地对外部屏蔽网络内部的信息、结构和运行状态，以此用来保护内部网络中的信息、资源等不受来自外部网络中非法用户的侵犯。它控制内部网络与外部网络间的所有数据流，只让确认为合法的数据流通过，保证只有被授权的用户可以访问网络，并且保证其中的资源和有价值的数据不会流出网络。因此，防火墙被放在两个网络之间，并具有以下特征。

1）所有从内部到外部或从外部到内部的通信都必须经过它。

2）只有有内部访问策略授权的通信才被允许通过。

3）系统本身具有高可靠性。

简而言之，防火墙是保护可信网络，防止黑客通过非可信网络入侵的一种设备。通过它可以隔离风险区域（Internet 或有一定风险的网络）与安全区域（局域网或企业内部网）的连接，同时不会妨碍安全区域对风险区域的访问。网络防火墙的结构如图 2-1 所示。

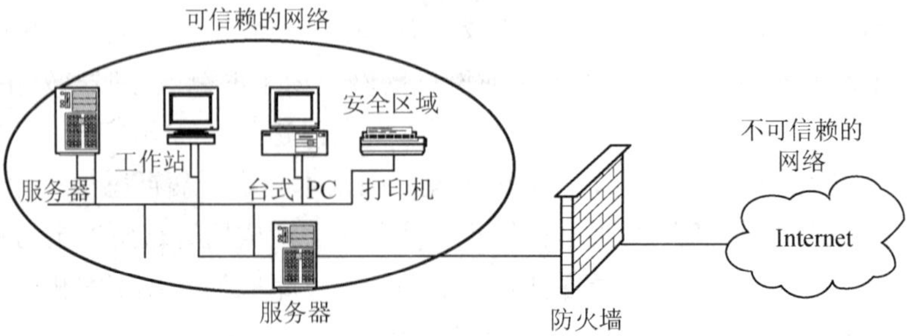

图 2-1 网络防火墙的结构

根据不同的需要，防火墙的功能有较大的差异，但是一般都包含以下 3 种基本功能。

（1）过滤不安全的服务和非法用户

所有进出内部网络的信息都必须通过防火墙，防火墙成为一个检查点，禁止未授权的用户访问受保护的网络。

（2）控制对特殊站点的访问

防火墙可以允许受保护网络中的一部分主机被外部网访问，而另一部分则被保护起来。例如，受保护网中的电子邮件、FTP、WWW（world wide web，环球信息网）服务器等可被外部网访问，而其他访问则被禁止。

（3）作为网络安全的集中监视点

防火墙可以记录所有通过它的访问，并提供统计数据，提供预警和审计等功能。

由于防火墙假设了网络边界和服务，因此适合于相对独立的网络，如 Intranet 等种类相对集中的网络。Internet 上的 Web 网站中，超过 1/3 的站点都是有某种防火墙保护的，任何关键性的服务器，都应该放在防火墙之后。

通过以上的讨论，我们可以认识到在相关 Web 站点安装防火墙的必要性，其可以归纳为以下两点。

1）通过防火墙设置的安全策略控制信息流出入，防止不可预料的潜在的入侵破坏。

2）尽可能地对外界屏蔽以保护网络的信息和结构，确保可信任的内部网络的安全。

2.2.2 防火墙的类型

认识了防火墙以后，可以对当前市场上的防火墙进行分类。从不同的角度有不同的分类方法。现在，我们从技术方面对防火墙进行分类，一般可以分为两种基本类型：分组过滤型防火墙、应用代理型防火墙。

（1）分组过滤型防火墙

分组过滤（packet filtering）型防火墙也称为包过滤型防火墙，是目前防火墙最常用的技术。分组过滤型防火墙作用在协议组的网络层和传输层，根据分组包头源地址、目的地址和端口号、协议类型等标志确定是否允许数据包通过，只有满足过滤逻辑的数据包才被转发到相应的目的地的出口端，其余的数据包则从数据流中丢弃。在这里，进行选择的依据是系统内设置的过滤逻辑，称为访问控制表（access control table）。

分组过滤型防火墙的实现原理如图 2-2 所示。

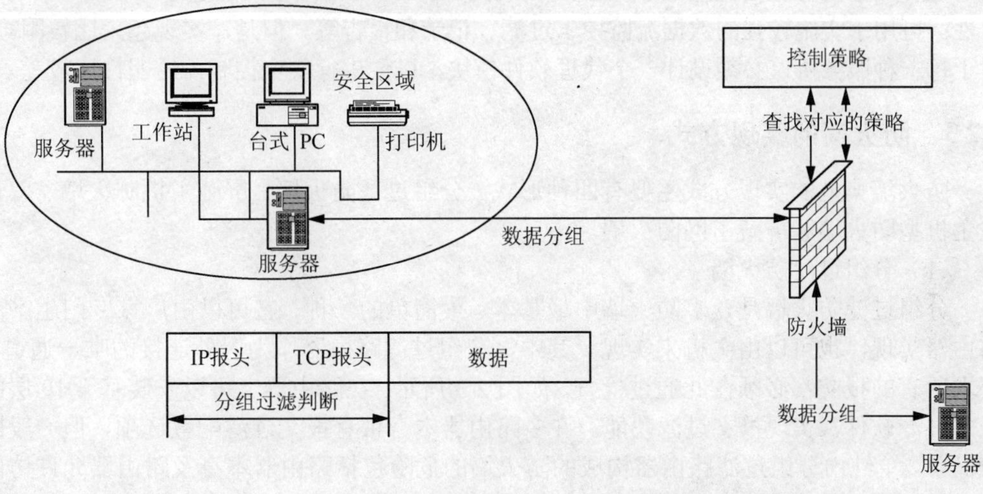

图 2-2　分组过滤型防火墙的实现原理

在防火墙技术的发展过程中，分组过滤技术出现了两种不同版本，即第一代静态分组过滤型防火墙和第二代动态分组过滤型防火墙。

1）第一代静态分组过滤型防火墙。这类防火墙几乎是与路由器同时产生的，它是根据定义好的过滤规则审查每个数据分组，以便确定其是否与某一条分组过滤规则匹配。过滤规则基于数据分组的报头信息进行制定。报头信息中包括 IP 源地址、IP 目标地址、传输协议［TCP、UDP（user datagram protocol，用户数据报协议）、（Internet control message protocol，Internet 控制报文协议）ICMP 等］、TCP/UDP 目标端口、ICMP 消息类型等。

2）第二代动态分组过滤型防火墙。动态分组过滤比静态分组过滤更进一步，它可以维护一份连接表来监视通信会话的状态，而不是简单地依靠对包头信息的过滤规则。这种技术后来发展成为分组状态检测（state inspection）技术。采用这种技术的防火墙，对通过其建立的每一个连接都进行跟踪，并且根据需要可动态地在过滤规则中增加或更新条目。

由于分组过滤路由器费用少，逻辑简单，易于安装和使用，网络性能和透明性较好，因此通常安装在路由器上。路由器是内部网络与 Internet 连接必不可少的设备，因此在原有网络上增加这样的防火墙几乎不需要任何额外的费用，适合安全性要求较低的小型电子商务系统。

但是，分组过滤型防火墙也有其不足之处，主要表现在：分组过滤配置起来比较复杂，对 IP 欺骗式攻击比较敏感，并且没有用户的使用记录，这样就不能从访问记录中发现黑客的攻击记录。而攻击一个单纯的分组过滤型防火墙对黑客来说是比较容易的，他们在这一方面已经积累了大量的经验。

（2）应用代理型防火墙

应用代理（application proxy）型防火墙是处理代表内部客户的外部服务器的程序，工作在应用层，因此也称代理服务器防火墙。其特点是完全“阻隔”了网络通信流，通过对每种应用服务编制专门的代理程序，实现监视和控制应用层通信流的作用。人们常使用代理服务器进行信息过滤，以防止网络之间出现直接的传输。外部网络与内部网络之间要想建立连接，首先必须通过代理服务器的中间转换，内部网络只接收代理服务器提出的服务要求，拒绝外部网络的直接请求。

这种类型的防火墙优点在于，可以将被保护的网络内部结构屏蔽起来，增强网络的安全性；可用于实施较强的数据流监控、过滤、记录和报告等。但是，实现起来比较困难，对于每一种服务协议必须设计一个代理软件模块，以便进行安全控制，透明性比较差。

2.2.3 防火墙的实现方式

防火墙典型的实现方式主要有四种形式：分组过滤防火墙、屏蔽主机防火墙、双宿主主机型防火墙和屏蔽子网防火墙。

（1）分组过滤防火墙

分组过滤防火墙是众多防火墙中最基本、最简单的一种，它可以由厂家专门生产的路由器实现，也可以由主机来实现。其中，分组过滤路由器作为内外连接的唯一通道，要求所有的报文都必须在此通过检查，如图 2-3 所示。在路由器上可以安装基于 IP 层的报文过滤软件，实现报文过滤功能。许多路由器本身带有报文过滤配置选项，但一般比较简单。单纯由分组过滤路由器构成的防火墙的危险包括路由器本身及路由器允许访问的主机。分组过滤路由器的缺点是一旦被攻击后很难发现，而且不能识别不同的用户。该防火墙不能隐藏内部网络的信息，不具备监视和日志记录功能。

显然，这种常用的分组过滤防火墙是不安全的。它采取的安全措施属于“除了禁止运行的，其余都被允许”这种极端类型。

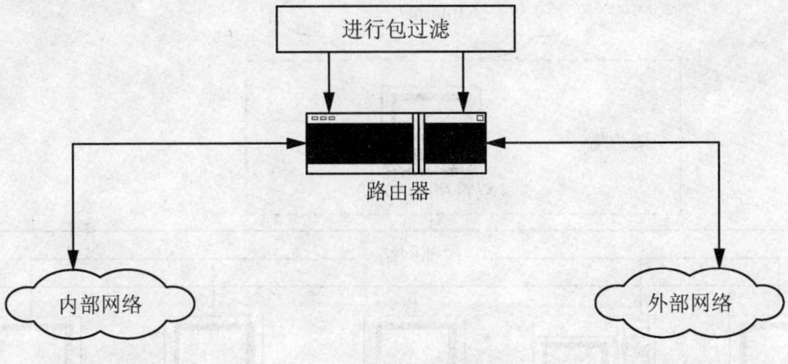

图 2-3　分组过滤防火墙

（2）屏蔽主机防火墙

屏蔽主机防火墙由分组过滤路由器和堡垒主机组成，如图 2-4 所示。屏蔽主机防火墙实现了网络层安全（分组过滤）和应用层安全（代理服务）。入侵者在攻击内部网络之前，必须首先渗透两种不同的安全系统，所以它所提供的安全等级比分组过滤防火墙要高。

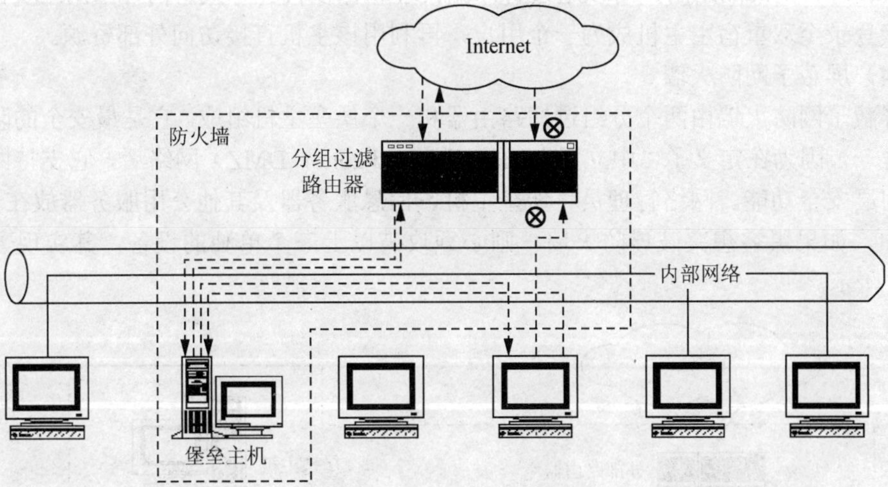

图 2-4　屏蔽主机防火墙

这种防火墙系统将堡垒主机配置在内部网络上，而分组过滤路由器则放置在内部网络和 Internet 之间。将过滤规则配置在路由器上，使得外部系统只能访问堡垒主机，而发给内部网络中其他主机的信息全部被阻塞。堡垒主机成为从外部网络唯一可以直接访问的主机，这样就确保了内部网络不受未经授权的外部用户的攻击。另外，由于内部主机与堡垒主机处于同一网络，所有内部网络中的主机是采取直接访问 Internet，还是使用堡垒主机上代理服务的方式来访问 Internet，需要由相关的安全策略来决定。通过在路由器配置过滤规则，使得 Internet 只接受来自堡垒主机的内部分组，就可以强制内部用户使用代理服务。

（3）双宿主主机型防火墙

双宿主主机型防火墙是指以一台双重宿主主机作为防火墙系统的主体，执行分离外部网络与内部网络的任务。一个典型的双宿主主机型防火墙结构如图 2-5 所示。

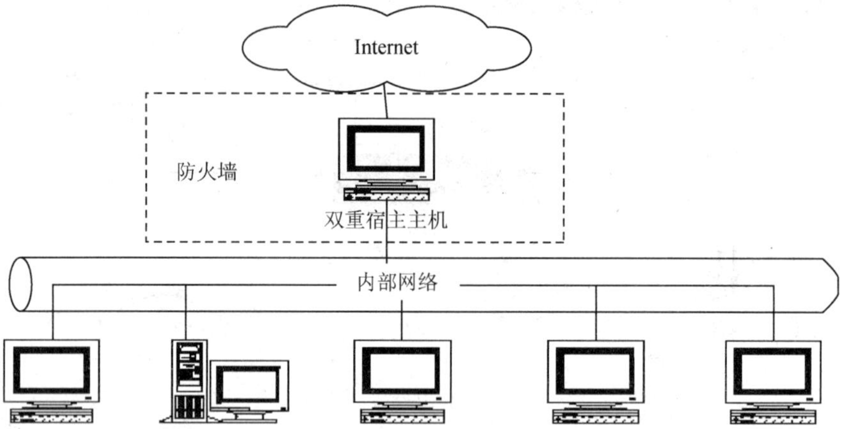

图 2-5　双宿主主机型防火墙

在双宿主主机系统中，任何路由功能是被禁止的，如 2.2.2 小节介绍的分组过滤技术也是不允许在双重宿主主机上实现的。双重宿主主机唯一可以采用的防火墙技术就是应用层代理，内部网络用户可以通过客户端代理软件以代理方式访问外部网络资源，或者直接登录至双重宿主主机成为一个用户，再利用该主机直接访问外部资源。

（4）屏蔽子网防火墙

屏蔽子网防火墙由两个分组过滤路由器和一个堡垒主机组成。它是最安全的防火墙系统之一，因为在定义了“中立区”（demilitarized zone，DMZ）网络后，它支持网络层和应用层安全功能。网络管理员将堡垒主机、信息服务器及其他公用服务器放在 DMZ 网络中。如果黑客想突破该防火墙，则必须攻破以上三个单独的设备，其实现方式如图 2-6 所示。

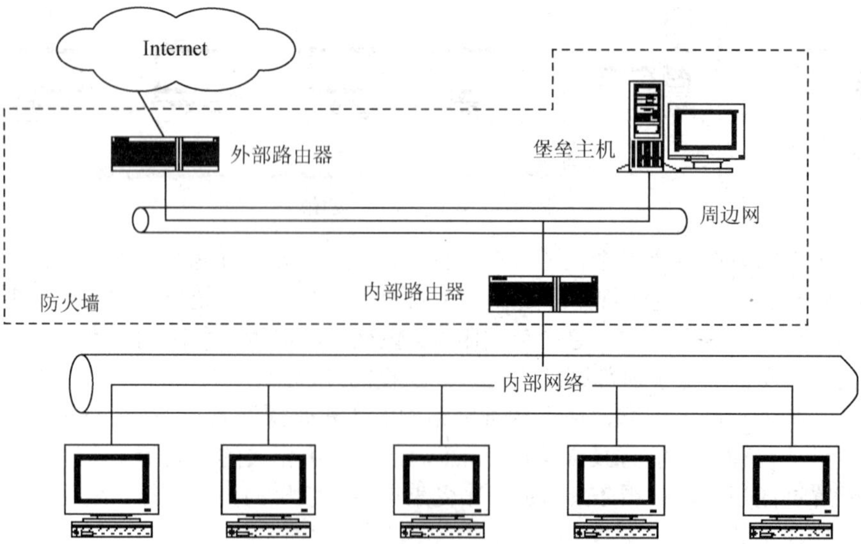

图 2-6　屏蔽子网防火墙

事实上，将堡垒主机和过滤路由器结合起来还可以组建出许多的防火墙类型。在实际应用中，可以根据企业的实际需要来确定企业网络所需的安全级别，以及制定合理的访问控制策略，然后根据控制策略来选择合适的防火墙实现方式。

2.2.4　防火墙过滤规则案例

这里以 WinRoute 软件为例，介绍一个简单的防火墙过滤规则的创建和设置例子。WinRoute 目前应用比较广泛，既可以作为一个服务器的防火墙系统，也可以作为一个代理服务器软件。

案例

用 WinRoute 禁止 FTP 访问

假设某公司的 FTP 服务器存储有相关的公司资料文件，服务器 IP 地址为“172.18.25.109”，现在出于保密需要，不希望 Internet 公共网络上其他用户通过 FTP 方式下载该公司 FTP 服务器上的文件信息，那么应该如何实现呢？

我们知道 FTP 服务采用的协议是应用层的 FTP，而 FTP 是基于 TCP 的，并且占用 TCP 的地址为 21 的端口（即熟知端口）。因此，首先创建防火墙的过滤规则，如表 2-1 所示。

表 2-1　禁止 FTP 访问的过滤规则表

组序号	动作	源 IP	目的 IP	源端口	目标端口	协议类型
1	禁止	*	172.18.25.109	*	21	TCP

该过滤规则表示：任何源主机进程通过防火墙，企图访问 IP 地址为“172.18.25.109”目标主机（即内网 FTP 服务器）上端口为 21 的目标进程，如果基于 TCP，则所有分组数据都将被禁止访问。

利用 WinRoute 建立访问规则，如图 2-7 所示。

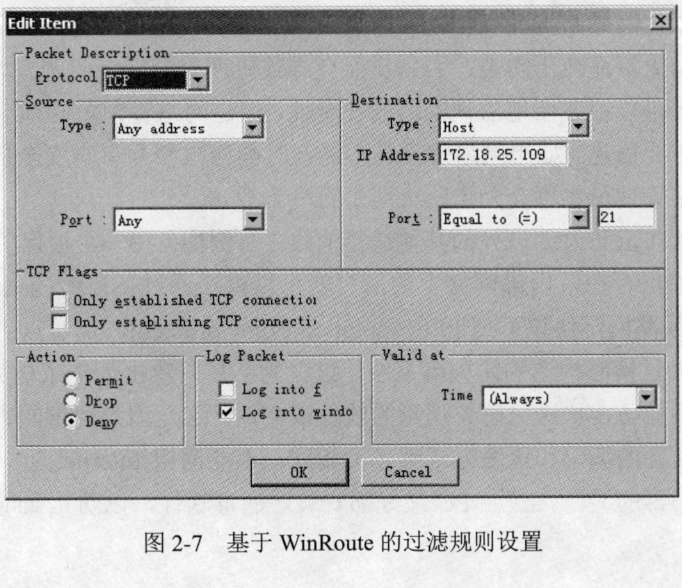

图 2-7　基于 WinRoute 的过滤规则设置

设置访问规则以后，再访问主机“172.18.25.109”的 FTP 服务，将遭到拒绝，如图 2-8 所示。

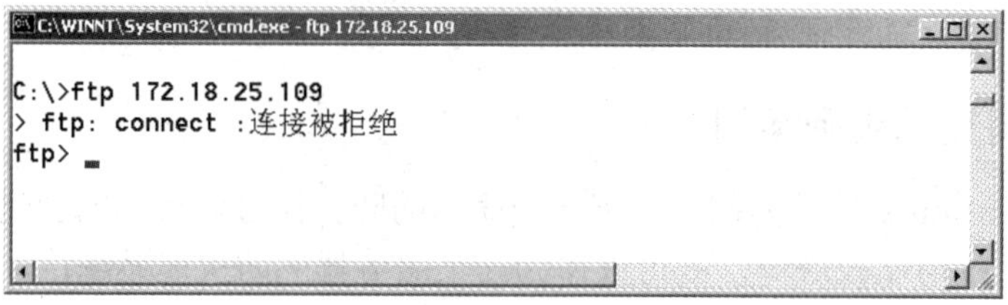

图 2-8　FTP 访问遭到拒绝

由于违反了访问规则，该访问拒绝会在该 FTP 服务器的安全日志中被记录下来，如图 2-9 所示。

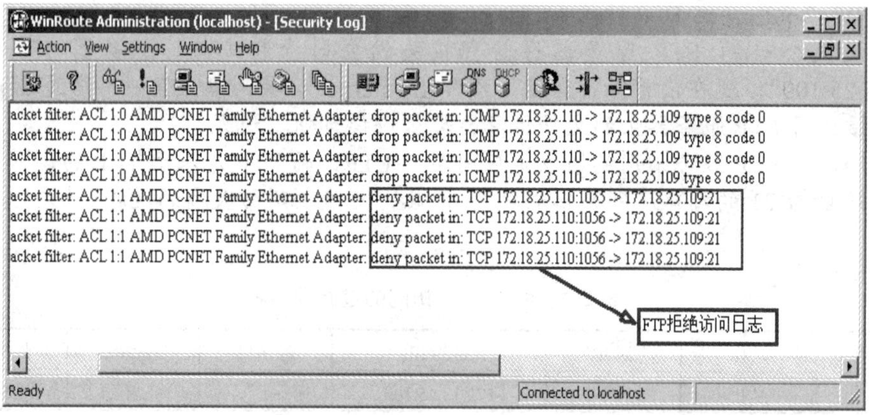

图 2-9　Web 服务器的安全日志

2.2.5　防火墙的局限性

综上所述，作为网络安全的一个重要手段，防火墙是不可或缺的。但是，日常的管理、维护，如根据网络结构的变化而及时调整防火墙的安全策略等，却是更加重要的。不能因为有了防火墙而疏于防范，否则反而会导致更严重的安全问题。

虽然防火墙可以很方便地监视网络的安全性，但是网络管理员必须审查并记录所有通过防火墙的重要信息。如果网络管理员不能及时响应报警并审查安全日志，防火墙就形同虚设，网络管理员也不会知道防火墙是否受到攻击。

防火墙无法防范防火墙以外的其他途径的攻击。例如，在一个被保护的网络上有一个没有限制的拨出存在，内部网络上的用户就可以直接通过 SLIP（serial line Internet protocol，串行线路网际协议）或 PPP（point to point protocol，点对点协议）连接进入 Internet，从而绕过精心构造的防火墙系统，这就为从后门攻击创造了极大的可能性。

防火墙也不能防止传送已感染病毒的软件或文件。这是因为病毒的类型太多，操作系统及二进制文件的编码和压缩方式都各不相同，不能期望 Internet 防火墙能够逐一扫描每个可能有病毒的文件。企业 PC 最好都安装防病毒软件，以防止病毒入侵企业内部的网络系统。

Internet 防火墙也不能防止数据驱动式攻击。当有些从表面看来无害的数据被邮寄或复制到 Internet 主机上并被执行发起攻击时，就会发生数据驱动攻击。防火墙无法防止这类攻击。

2.3　VPN

2.3.1　VPN 概述

VPN 是指在公共网络中建立一个专用网络，并且数据通过建立的虚拟安全通道在公共网络中传播。构建在公共网络服务平台上的专用网能够为用户提供一个虚拟的网络，通过附加的安全隧道、用户认证和访问控制等技术，实现与专用网络类似的安全性能，从而实现对重要信息的安全传输。

VPN 可以帮助远程用户、公司分支机构、商业伙伴及供应商同公司的内部网建立可信任的安全连接，并保证数据的安全传输。通过将数据流转移到低成本的 IP 网络上，一个企业的 VPN 解决方案将大幅度地减少用户花费在专用网络连接上的费用。同时，这将简化网络的设计和管理，并加速新的用户和网络间的连接速度。

VPN 可用于不断增加的移动用户的全球 Internet 接入，以实现安全连接；可用于实现企业网站之间安全通信的虚拟专用线路，用于经济有效地连接到商业伙伴和用户的安全外联网、VPN。企业级的 VPN 解决方案使得这一切更加易于管理，更加经济。

VPN 提供以下三种功能。

1）加密数据：以保证通过 Internet 公共网络传输的信息安全，即使被他人截获也不会泄漏。

2）信息认证和身份认证：保证信息的完整性、合法性，并能鉴别用户的身份。

3）提供访问控制：确保不同的用户具有不同的访问权限，以实现对信息的授权访问。

2.3.2　VPN 的访问方式

VPN 的访问方式分为三种类型：远程访问 VPN（Access VPN）、企业内联 VPN（Intranet VPN）和企业外联 VPN（Extranet VPN）。这三种类型的 VPN 分别与传统的远程访问网络、企业内联网（Intranet）及企业网和相关合作伙伴的企业网所构成的 Extranet 相对应。

（1）Access VPN

对于出差流动员工、远程办公人员和远程小型办公室，Access VPN 通过公共网络与企业的 Intranet 和 Extranet 建立专用的网络连接，以使远端用户能及时地访问数据信息。与使用专线拨打长途电话连接企业的网络连接服务器不同，VPN 用户首先拨通本地 ISP（Internet service provider，Internet 服务供应商）的调制解调器，然后 VPN 软件利用与本地 ISP 建立的连接，在拨号用户和企业 VPN 服务器之间创建一个跨越 Internet 或其他公共网络的 VPN，如图 2-10 所示。

图 2-10　Access VPN

（2）Intranet VPN

Intranet VPN 通过公共网络进行企业各个分布点互联，是传统的专线网或其他企业间的扩展或替代方式。Intranet VPN 可将内部网延伸到远端办公室，客户不需要购买专门的隧道软件，由 ISP 的服务器建立隧道并验证，客户可以通过加密数据和认证手段实现端到端的全面安全性。内部网最常见的隧道协议有 L2TP（layer two protocol，第二层隧道协议）、L2F（level two forwarding protocol，第二层转发协议）和 PPTP（point to point tunneling protocol，点对点隧道协议）。

因此，Intranet VPN 是企业的总部与分支机构之间通过公共网络构筑的虚拟网，这是一种网络到网络以对等的方式连接起来所组成的 VPN，如图 2-11 所示。Intranet VPN 这种应用模式在保证安全时，需要做的不仅是要防范外部入侵者对企业内联网的攻击，还要保护在 Internet 上传送的敏感数据。

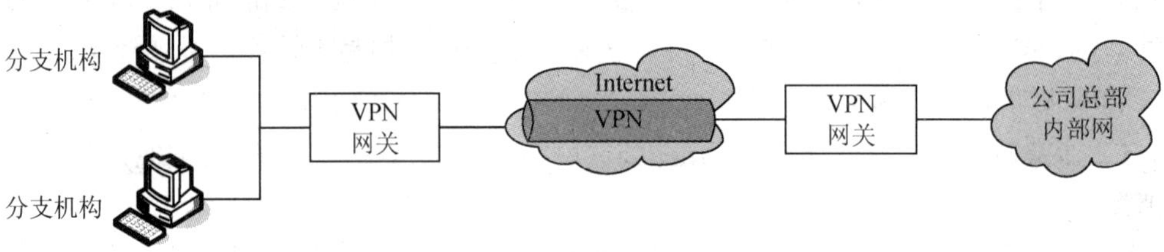

图 2-11　Intranet VPN

（3）Extranet VPN

Extranet VPN 是 Intranet VPN 的一个扩展，它是指具有共同利益的组织或合作伙伴可以通过 VPN 技术构建 VPN，从而实现内联网的网络资源和外部特定网络资源的相互共享。Extranet VPN 是一种网络到网络以不对等的方式连接起来所组成的 VPN（主要在安全策略上有所不同），它要求一个开放的基于标准的解决方案，以便解决企业与各种合作伙伴和客户网络的协同工作问题。Extranet VPN 的访问方式如图 2-12 所示。

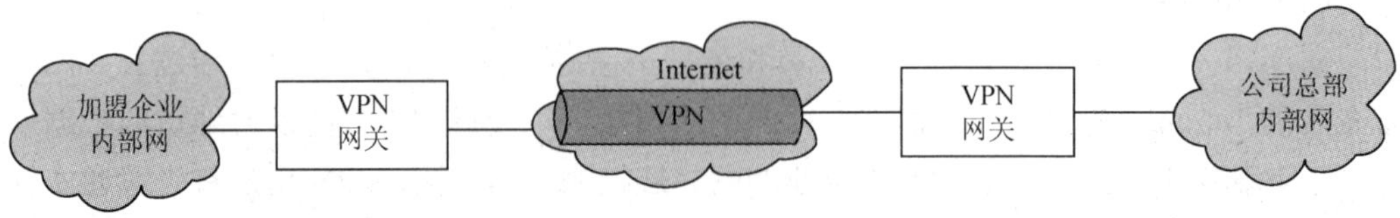

图 2-12　Extranet VPN

2.3.3　VPN 的技术和特点

1. 隧道技术

隧道技术是 VPN 的基本技术，它可以将某种协议的数据包重新封装为新的数据包，其中新的数据包头提供了路由信息，可以使得封装的负载数据能够通过 Internet 公共网络传递到目的地；在到达目的地后，数据包被解封并还原为原始数据包。重新封装的数据包在公共网络传递时所经过的逻辑路径被称为隧道。因此，企业内部网络的数据包可以利用隧道在公共网络上传输。而这种功能是利用网络隧道协议来实现的。

根据 ISO 制定的开放系统互联（open system interconnection，OSI）参考模型分类，当前主要有以下三种类型的隧道协议。

1）第二层的隧道协议：第二层隧道协议工作于 OSI 参考模型中的数据链路层，如 PPTP、L2F、L2TP。L2TP 结合了 L2F 和 PPTP 的优点，它利用了两类消息：控制消息和数据消息。控制消息可用于隧道的建立、维护和清除，数据消息可用于封装 PPP 帧以使它能够在隧道中进行传输。

2）第三层隧道协议。第三层隧道协议对应于 OSI 模型的网络层，使用数据包作为数据交换单位，如 IPSec （IP security protocol suite，IP 安全协议组）。IPSec 隧道协议是将 IP 数据包封装在附加的 IP 数据包头中，通过 IP 网络（如 Internet）传送。

3）介于第二层和第三层之间隧道协议，如 MPLS（multi-protocol label switching，多协议标签交换）隧道协议。

2. 加密和认证技术

仅使用隧道技术，而没有使用加密和认证技术的 VPN 并没有多大的意义，它没有安全功能，达不到使用隧道的目的。加密和认证技术正好弥补这方面的不足，可以使 VPN 实用化。加密是利用密码技术对数据进行加密后再进行封装，以确保数据在“隧道”中是安全的。认证技术是利用密码技术对所发送的数据进行操作，保证数据在传输过程中不被非法改动；认证技术还能提供数据来源的认证，并能够提供通信凭证，防止抵赖行为的发生，这一点对电子商务非常重要。

3. VPN 的工作原理

以下基于 VPN 的相关技术来探讨 VPN 的工作原理。

首先，隧道的建立是构建 VPN 的基础。隧道的建立有两种方式：客户发起方式（client-initiated）和客户透明方式（client-transparent）。对于客户发起方式，隧道一般是由用户端计算机主动请求创建的。对于客户透明方式，隧道不是由用户发起的，而是由支持 VPN 的设备请求创建的。隧道一旦建立，数据就可以通过隧道发送。图 2-13 显示了 VPN 的工作原理。

图 2-13 中，发送进程通过内部网络发送明文到 VPN 服务器，VPN 服务器就根据安全策略对整个数据包进行加密并生成数字签名；然后 VPN 服务器为数据包加上新的数据包头，其中包括目标 VPN 服务器需要的安全信息和一些初始化参数。VPN 设备对加密的数据包进行重新封装后，将封装后的数据包通过隧道发送。当数据包到达目标 VPN

服务器时，目标服务器负责解包、核对数字签名，并进行解密处理，最后将明文通过内部网转发到目的地。

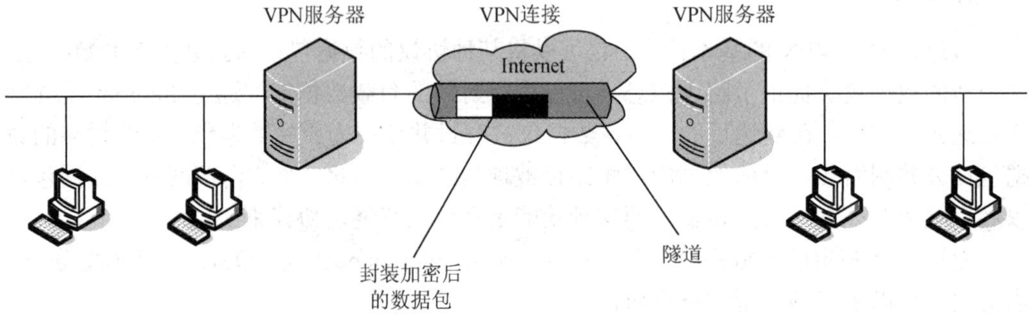

图 2-13　VPN 的工作原理

4. VPN 的特点

从用户的角度上看，VPN 技术具有以下几个特点。

（1）节省资金

利用现有互联网络发达的网络架构组建企业内部专用网络，从而节省了大量的投资成本及后续的运营维护成本。

（2）信息的安全性

在 VPN 应用中，通过远程用户认证及隧道数据加密等技术保证了通过公共网络传输机密数据的安全性，因而数据的私有性和完整性得以保障。

（3）易扩展性

用户可以利用 VPN 技术方便地重构企业专用网络，实现异地业务人员的远程接入，而不必改变现有的应用程序、网络架构及用户计算环境。

（4）方便管理

VPN 将大量的网络管理工作放到 ISP 一端来统一实现，从而减轻了企业内部网络管理的负担。同时，VPN 也提供信息传输、路由等方面的智能性及其与其他网络设备相独立的特性，也便于用户进行网络管理。

2.3.4　VPN 的应用前景

在国外，Internet 已成为全社会的信息基础设施，企业端应用也大都基于 IP，在 Internet 上构筑应用系统已成为必然趋势，因此基于 IP 的 VPN 业务获得了极大的增长空间。

在中国，制约 VPN 发展和普及的因素大致可以分为客观因素和主观因素两方面。

（1）客观因素

客观因素包括 Internet 带宽和服务质量（quality of serve，QoS）问题。在过去无论 Internet 是远程接入还是专线接入，骨干传输的带宽都很小，QoS 更是无法保障，以致企业用户宁可花费巨资去投资自己的专线网络。现在随着 ADSL、MPLS 等技术的大规模应用和推广，上述问题将得到根本改善和解决。例如，过去专线接入速率最高为 2Mb/s，而现在国内企业用户可以享受到 10Mb/s 乃至 100Mb/s 的 Internet 专线接入，而骨干网接入速率最高已达到 40Gb/s，并且今后几年内将发展到上百乃至上千 Gb/s。随着 Internet 网络技术的发展，可以预测 VPN 在未来几年内将得到迅猛发展。

（2）主观因素

主观因素之一是用户总害怕自己内部的数据在 Internet 上传输不安全。其实，通过隧道技术、加密和认证技术的有机结合，VPN 已经能够提供足够的安全保障，可以保证所传输数据的机密性和完整性。主观因素之二是用户的应用跟不上技术的进步。只有企业将自己的业务和互联网络联系上，VPN 才会有真正的用武之地。

可以相信，当我们消除了这些障碍因素后，VPN 将成为我们网络生活的主要部分。在不久的将来，VPN 技术将成为广域网建设的最佳解决方案，它不仅会大大节省广域网建设和运行维护费用，而且会增强网络的可靠性和安全性。同时，VPN 会加快企业网的建设步伐，使得企业不仅能够建设内部局域网，而且能够很快地把全国各地分公司的局域网连接起来，从而能真正发挥整个网络的作用。VPN 对推动整个电子商务、电子贸易将起到不可低估的作用。

2.4　网络入侵检测

2.4.1　网络入侵检测概述

入侵检测是继防火墙之后的又一道防线。防火墙只能对黑客的攻击实施被动防御，一旦黑客攻入系统内部，则没有切实的防护策略，而入侵检测系统则是针对这种情况而设立的又一道防线。

“入侵”（intrusion）是个广泛的概念，不仅包括发起攻击的人（如恶意的黑客）取得超出合法范围的系统控制权，也包括收集漏洞系统及 DoS 等对计算机系统造成危害的行为。入侵行为不仅来自外部，同时也指内部用户的未授权活动。

入侵检测（intrusion detection）是对入侵行为的发觉，通过从计算机网络或计算机系统的关键点收集信息并进行分析，从中发现网络或系统中是否有违反安全策略的行为和被攻击的迹象。进行入侵检测的软件和硬件的组合便是入侵检测系统（intrusion detection system，IDS）。入侵检测系统主要执行如下任务。

1）监视、分析用户及系统活动。

2）对异常行为模式进行统计分析，发行入侵行为的规律。

3）检查系统配置的正确性和安全漏洞，并提示管理员修补漏洞。

4）能够实时对检测到的入侵行为进行响应。

5）评估系统关键资源和数据文件的完整性。

6）操作系统的审计跟踪管理，并识别用户违反安全策略的行为。

一个成功的入侵检测系统，不仅可使系统管理员时刻了解网络系统（包括程序、文件和硬件设备等）的任何变更，还能给网络安全策略的制定提供依据。它应该管理配置简单，使非专业人员非常容易地获得网络安全信息。入侵检测系统在发现入侵行为后，会及时作出响应，包括切断网络连接、记录时间和报警等。

入侵检测系统被认为是防火墙之后的第二道安全闸门，在不影响网络性能的情况下能对网络进行监测，可以防止或减轻上述网络威胁。

2.4.2　网络入侵检测类型

入侵检测系统按其输入数据的来源来看，可以分为以下三种类型。

（1）基于主机的入侵检测系统

入侵检测系统的输入数据来源于系统的审计日志，一般只能检测该主机上发生的入侵。基于主机型的入侵检测系统根据主机的审计数据和系统日志发现可疑事件。检测系统可以运行在被检查的主机或单独的主机上，以审计日志等作为数据源，从所在主机收集的信息进行分析，其系统模型如图 2-14 所示。

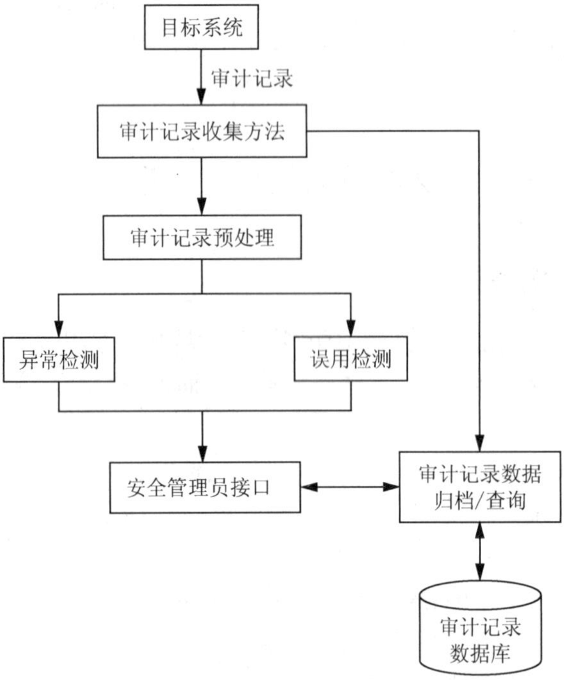

图 2-14　基于主机的入侵检测系统模型

基于主机的入侵检测系统具有检测效率高、分析代价小和分析速度快的特点，能够迅速并准确地定位入侵者，并可以结合操作系统和应用程序的行为特征对入侵者进行进一步分析。目前有很多基于主机日志分析的入侵检测系统。

但是基于主机入侵检测系统的缺点也是显而易见的。它在一定程度上依赖于系统的可靠性，要求系统本身进行了正确的设置，然后才能提取入侵信息；即使进行了正确的设置，对操作系统熟悉的攻击者仍然有可能在入侵行为发生后及时地将系统日志删除，从而不被发觉；并且主机的日志能够提供的信息有限，有的入侵手段和途径不会在日志中有所反映，日志系统对入侵行为不能作出正确的响应。

（2）基于网络的入侵检测系统

基于网络的入侵检测系统放置在比较重要的网段内，不停地监视网段中的各种数据包，分析其中的可疑现象。与基于主机的入侵检测系统相比，这类系统对入侵者而言是透明的。它通常利用一个工作在“混杂模式”（promiscuous mode）下的网卡来实时监视并分析通过网络的数据流。它的分析模块通常使用模式匹配、统计分析等技术来识别攻击行为，其系统模型如图 2-15 所示。

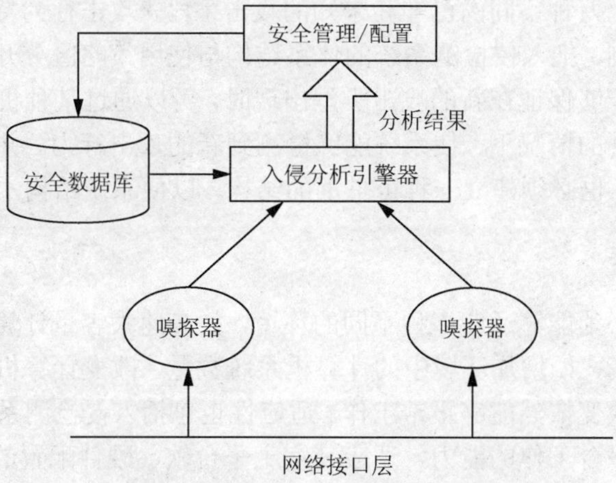

图 2-15　基于网络的入侵检测系统模型

由于这类系统不需要主机提供严格的审计，因此对主机资源消耗少，并且由于网络协议是标准的，可以提供对网络通用的保护而无须顾及异构主机的不同架构。基于网关的检测系统可认为是这种类型的变种。

基于网络的入侵检测系统的主要优点是简便：不需要改变服务器等主机的配置，也不会在业务系统中安装额外的软件，从而不会影响这些计算机的 CPU（central processing unit，中央处理器）、I/O（input/output 输入/输出端口）与磁盘等资源的使用，不会影响业务的性能。并且，它不按路由器、防火墙等关键设备的方式工作，不会成为系统中的关键路径，其发生故障不会影响正常业务的运行。但是，随着现在的网络日趋复杂和高速网络的普及，基于网络的入侵检测系统的结构正受到越来越大的挑战。一个典型的例子便是交换式以太网。

（3）混合入侵检测系统

综合以上两种类型的入侵检测技术特征，可以构建混合模式的入侵检测系统以克服基于主机的入侵检测系统和基于网络的入侵检测系统的不足之处。如果这两类系统能够无缝结合起来部署在网络内，则会构架成一套完整立体的主动防御体系，综合了基于主机和基于网络两种结构特点的入侵检测系统，既可以发现网络中的攻击信息，也可以从系统日志中发现异常情况。

2.4.3　网络入侵检测的需求特征和步骤

1. 网络入侵检测的需求特征

一个成功的入侵检测系统至少要满足以下 5 个主要功能要求。

（1）实时性

如果攻击或者攻击的企图能够尽快被发现，就有可能查找出攻击者的位置，阻止进一步的攻击活动，把破坏控制在最小限度，并能够记录下攻击者攻击过程的全部网络活动，作为证据回放。实时入侵检测可以避免常规情况下，管理员通过对系统日志进行审计以查找入侵者或入侵行为线索时的种种不便与技术上的限制。

（2）可扩展性

因为存在成千上万种不同的已知和未知的攻击手段，攻击行为特征也各不相同，所以必须建立一种机制，把入侵检测系统的体系结构与使用策略区分开。一个已经建立的入侵检测系统必须能够保证在新的攻击类型出现时，可以通过某种机制在无须对入侵检测系统本身进行改动的情况下，使系统能够检测到新的攻击行为。并且在入侵检测系统的整体功能设计上，也必须建立一种可扩展的结构，以便系统结构本身能够适应未来可能出现的扩展要求。

（3）适应性

入侵检测系统必须能够适应多种不同的环境，如高速大容量计算机网络环境，并且在系统环境发生改变，如增加环境中的计算机系统数量，改变计算机系统类型时，入侵检测系统应当不作改变依然能够正常工作。适应性也包括入侵检测系统本身对其宿主平台的适应性，即跨平台工作的能力，适应其宿主平台软、硬件配置的各种不同情况。

（4）安全性与可用性

入侵检测系统必须尽可能地完善与健壮，不能向其宿主计算机系统及其所属的计算机环境中引入新的安全问题及安全隐患。

（5）有效性

能够证明根据某一设计所建立的入侵检测系统是切实有效的，即对于攻击事件的错报与漏报能够控制在一定范围内。

2. 网络入侵检测的步骤

入侵检测系统的作用是实时地监控计算机系统的活动，发现可疑的攻击行为，以避免攻击的发生，或减少攻击造成的危害。由此也划分了入侵检测的三个基本步骤，具体如下。

（1）信息收集

入侵检测的第一步就是信息收集，收集的内容包括整个计算机网络中系统、网络、数据及用户活动的状态和行为。入侵检测在很大程度上依赖于所收集信息的可靠性、正确性和完备性。因此，要确保采集、报告这些信息的软件工具的可靠性，这些软件本身应具有相当强的坚固性，能够防止被篡改而收集到错误的信息。否则，黑客对系统的修改可能使入侵检测系统功能失常但看起来却跟正常的系统一样。

（2）数据分析

数据分析是入侵检测系统的核心，它的效率高低直接决定了整个入侵检测系统的性能。它首先构建分析器，把收集到的信息经过预处理，建立一个行为分析引擎或模型，然后向模型中植入时间数据，在知识库中保存植入数据的模型。数据分析一般通过模式匹配、统计分析和完整性分析三种方法进行。前两种方法用于实时入侵检测，而完整性分析则用于事后分析。可用五种统计模型进行数据分析：操作模型、方差、多元模型、马尔柯夫过程模型、时间序列分析。统计分析的最大优点是可以学习用户的使用习惯。

（3）响应

数据分析发现入侵迹象后，入侵检测系统的下一步工作就是响应。该步骤并不局限于针对可疑的攻击者。目前的入侵检测系统一般采取下列响应方式。

1）将分析结果记录在日志文件中，并产生相应的报告。

2）触发警报：如在系统管理员的桌面上产生一个报警标志位，向系统管理员发送传呼或电子邮件等。

3）修改入侵检测系统或目标系统，如终止进程、切断攻击者的网络连接或更改防火墙配置等。

2.5　计算机病毒及防治

2.5.1　计算机病毒概述和特征

随着计算机及计算机网络的发展，伴随而来的计算机病毒（computer virus）传播问题越来越引起人们的关注。随着因特网的流行，有些计算机病毒借助网络爆发流行，如 CIH 计算机病毒、熊猫烧香蠕虫病毒等，它们比以往的计算机病毒相比具有一些新的特点，给广大计算机用户带来了极大的损失。

从广义上定义，凡能够引起计算机故障，破坏计算机数据的程序通称为计算机病毒。根据此定义，诸如逻辑炸弹、蠕虫和木马等均可称为计算机病毒。在国内，研究者从不同角度给出了计算机病毒的定义。一种较为广泛的定义是：计算机病毒是一种人为编制的程序或指令集合。这种程序能够潜伏在计算机系统中，并通过自我复制传播和扩散，在一定条件下被激活，并给计算机带来故障和破坏。这种程序具有类似于生物病毒的繁殖、传染和潜伏等特点。

另外，美国计算机安全专家弗雷德·科恩（Fred Cohen）把计算机病毒定义为："病毒程序通过修改（操作）而传染其他程序，即修改其他程序使之含有病毒自身的精确版本或演化版本、变种或其他的病毒繁衍体。病毒可以被看作攻击者愿意使用的任何代码的携带者。病毒中的代码可经由系统或网络进行扩散，从而强行修改程序和数据。"这一定义具有一定的狭义性，但是比较实用。

1994 年我国正式颁布实施了《中华人民共和国计算机信息系统安全保护条例》，在条例第 28 条中明确指出"计算机病毒，是指编制或者在计算机程序中插入的破坏计算机功能或者毁坏数据，影响计算机使用，并能自我复制的一组计算机指令或者程序代码"。此定义具有法律性、权威性。

目前，已经发现的计算机病毒种类数不胜数，它们虽然在产生的方式、破坏的程度上各不相同，但其主要特征却非常相似。概括起来，计算机病毒都具有以下特征。

（1）寄生性

计算机病毒是一种特殊的计算机程序，不是以独立的文件形式存在，而是寄生在合法的程序中，这些合法的程序可以是系统引导程序、可执行程序、一般应用程序等。病毒所寄生的合法程序被称作病毒的载体，也称为病毒的宿主程序。病毒程序嵌入到宿主程序中，依赖宿主程序的执行而生存，这就是计算机病毒的寄生性。

（2）传染性

传染性是计算机病毒最重要的特征，是判断一段程序代码是否为计算机病毒的依据。病毒程序一旦侵入计算机系统就开始搜索可以传染的程序或者介质，然后通过自我复制迅速传播。由于目前计算机网络的迅猛发展，计算机病毒可以在非常短的时间内，通过 Internet 传遍全世界。

（3）隐蔽性

计算机病毒在发作之前，必须能够将自身很好地隐蔽起来，不被用户发觉，这样才能实现进入计算机系统，进行广泛传播的目的。计算机病毒的隐蔽性表现为传染的隐蔽性与存在的隐蔽性，使人非常不易察觉。病毒程序存在的隐蔽性指的是，计算机病毒一般是具有很高编程技巧、短小精悍的程序，通常附着在正常程序中或磁盘较隐蔽的地方，也有个别病毒以隐含文件形式存在。

（4）潜伏性

计算机病毒的潜伏是指病毒程序为了达到不断传播并破坏程序系统的目的，一般不会在传染某一程序后立即发作，否则就暴露了自身。通常，一个编制精巧的计算机病毒程序，可以在几周、几个月甚至几年内隐藏在合法文件中，对其他系统进行传染，而不被人发觉。这样，病毒的潜伏性越久，它在系统中存在的时间也就越长，病毒传染的范围也越广，其危害性也越大。

（5）破坏性

无论何种病毒程序，一旦侵入系统都会对操作系统的运行造成不同程度的影响。即使不直接产生破坏作用的病毒程序也要占用系统资源（如占用内存空间，占用磁盘存储空间及系统运行时间等）。而绝大多数病毒要显示一些文字或图像，影响系统的正常运行。还有一些病毒程序删除文件，加密磁盘中的数据，甚至摧毁整个系统和数据，使之无法恢复，造成无法挽回的损失。因此，病毒程序的副作用轻者降低系统工作效率，重者导致系统崩溃、数据丢失。病毒程序的破坏性体现了病毒制造者的真正意图。

（6）可触发性

计算机病毒一般都有一个或者几个触发条件。满足其触发条件或者激活病毒的传染机制，使之进行传染；或者激活病毒的表现部分或破坏部分。触发的实质是一种条件控制，病毒程序可以依据设计者的要求，在一定条件下实施攻击。这个条件可以是敲入特定字符，使用特定日期或特定时刻，或者是病毒内置的计数器达到一定次数等。

（7）非授权可执行性

通常用户调用执行一个程序时，把系统控制权交给这个程序，并分配它相应的系统资源，如内存等，从而使之能够运行并完成用户的需求，因此程序执行的过程对用户是透明的。而计算机病毒是非法程序，正常用户是不会明知是病毒程序，而故意调用执行的。但由于计算机病毒具有正常程序的一切特征：可存储性、可执行性。它隐藏在合法的程序或数据中，当用户运行正常程序时，病毒伺机窃取到系统的控制权，得以抢先执行，然而此时用户还认为在执行正常程序。

（8）不可预见性

从对病毒的检测方面来看，病毒还有不可预见性。不同种类的病毒，它们的代码千差万别，但有些操作是共有的（如占内存、改中断），有些人利用病毒的这种共性，制作了所谓的可查所有病毒的程序。这些程序的确可查出一些新病毒，但由于目前的软件种类极其丰富，且某些正常程序也使用了类似病毒的操作甚至借鉴了某些病毒的技术。使用这种方法对病毒进行检测势必会造成较多的误报情况，而且病毒的制作技术也在不断提高，病毒的发展相对于反病毒软件而言永远是超前的。

2.5.2　计算机病毒的分类

自第一种病毒出世以来，世界上究竟有多少种病毒，说法不一。无论多少种，病毒的数量仍在不断增加。虽然病毒数量繁多，但万变不离其宗，还是有规律可循的。为了更好地了解它们，可按照计算机病毒的特征进行分类。计算机病毒的分类方法有多种，因此，同一种病毒可能有不同的类别归属，下面介绍几种常用的分类方法。

1. 按感染的方式分类

感染是计算机病毒的主要特征。按其感染方式的不同可分为引导扇区病毒、文件感染病毒和综合感染型病毒三种。

1）引导扇区病毒是隐藏在硬盘或软盘的引导区。当开机时，它的信息将控制操作系统的运作。引导扇区病毒用自己的数据来代替硬盘的原始引导扇区，并将病毒装入内存。当系统从已感染该病毒的磁盘启动时，病毒进入内存后，它就可以传播给其他文件和磁盘。

2）文件感染病毒将病毒代码加到可运行的程序文件中，在运行程序时即被激活。当这种程序被激活后，病毒程序就获得了控制权，开始传播给其他程序文件，从而造成破坏。

3）综合感染型病毒是指既感染了磁盘引导区程序，又感染了系统文件的综合病毒。例如，HIP 病毒不仅感染 COMMAND.COM 及可执行文件，还感染磁盘主引导扇区，这种病毒用 Format 命令格式化硬盘都不能清除，给杀毒带来困难。

2. 按破坏性分类

按破坏性可将计算机病毒分为良性病毒和恶性病毒。

1）良性病毒是指那些只是为了表现自身，并不彻底破坏系统和数据，但会大量占用 CPU 时间，增加系统开销，降低系统工作效率的一类计算机病毒。这种病毒多数是恶作剧者的产物，其目的不是为了破坏系统和数据，而是为了让使用染有病毒的计算机通过显示器或扬声器看到或听到病毒设计者的编程技术。这类病毒有小球病毒、救护车病毒、扬基病毒、Dabi 病毒等。还有一些人利用病毒的这些特点宣传自己的观点和主张，也有一些病毒设计者在其编制的病毒发作时进行人身攻击。

2）恶性病毒是指那些一旦发作后，就会破坏系统和数据，造成计算机系统瘫痪的一类计算机病毒。这些病毒有黑色星期五病毒、火炬病毒、米开朗基罗病毒等。这种病毒危害性极大，有些病毒发作后可以给用户造成不可挽回的损失。

3. 按侵入方式分类

根据计算机病毒侵入系统的途径不同，可以分为源码病毒、操作系统病毒、入侵病毒和外壳病毒等。

1）源码病毒是指在程序被编译之前，病毒就被插入到源程序中，然后被编译成合法程序的一部分。源码病毒通常攻击高级语言编写的程序。由于制造这类病毒的难度较大，所以感染的范围也是有限的。

2）操作系统病毒是指病毒程序将自身加入或替代操作系统工作。这种病毒最常见，危害也最大。

3）入侵病毒是指侵入到主程序中，并替代主程序中部分不常用的功能模块或堆栈区。这种病毒一般是针对某些特定程序而编写的。

4）外壳病毒是将自身程序放在主程序的首尾，一般不对原来的程序进行修改。这种病毒较常见，实效性较强，易于编写，也易于发现，一般测试可执行文件的大小即可知，但也容易“失效”，其数量大约占病毒总数的一半。

2.5.3 计算机病毒的防治策略

病毒在网络环境下具有更强的传染性，对网络交易的顺利进行和交易数据的妥善保存造成了极大的威胁。因此，必须采取有效的措施，防治病毒的感染与发作。病毒的防御措施，应该包括两重含义，一是从管理方法上防范，二是从技术方法上防范。只有将这两种方法结合起来，才能行之有效地防止计算机病毒的传播。下面是一些应该采取的防御措施。

（1）严格对软盘的控制和管理

应做到尽量不要使用软盘，更不要用不清楚是否有病毒的软盘启动计算机；也不要轻易使用来历不明的软盘或拿自己的软盘到不了解的机器上去使用。

（2）不打开陌生地址的电子邮件

电子邮件传播病毒的关键是附件。由于文字处理软件 Word 具有夹带宏病毒的可能，因此当收到陌生的电子邮件时，无论是 Word 文件还是执行文件，最好不要在网络交易时打开。

（3）使用防病毒软件

应用于网络的防病毒软件有两种：一种是单机版防病毒软件产品；另一种是联机版防病毒软件产品。前者属于事后消毒，当系统被病毒感染后才能发挥这种软件的作用，适合于个人用户，这类产品主要有 KV 300、AV 95、瑞星等。后者属于事前的防范，其原理是在网络端口设置一个病毒过滤器，即在系统上安装一个防病毒的网络软件，它能够在病毒入侵系统之前，将其挡在系统外。

（4）定期进行文件备份工作

也许最安全的防止系统信息丢失和系统瘫痪的方法就是为系统做备份，当系统出现问题时，只要启动没有问题的备份系统就可以了。

（5）尽量多使用无盘工作站

这样做的好处比较明显，因为多数病毒都要在某个地方保存自己，如果使用无盘工作站，那么病毒就没有了栖身之地，也就无法对工作站造成破坏了。

（6）认真执行病毒定期清理制度

病毒都有一个潜伏期。有时候，虽然计算机仍在运行，但实际上已染上了病毒。通过执行病毒定期清理制度可以清除处于潜伏期的病毒，防止病毒的突然爆发，使计算机始终处于良好的工作状态。

（7）高度警惕网络陷阱

网络上常常会出现非常诱人的广告及免费使用的承诺，在从事网上交易时对此应保持高度的警惕。

随着计算机网络的发展，计算机病毒对信息安全的威胁日益严重，我们一方面要掌握对当前计算机病毒的防范措施，另一方面要加强对未来病毒发展趋势的研究，真正做到防患于未然。

2.6　计算机木马及其防治

2.6.1　计算机木马概述

计算机木马（又名间谍程序）是一种后门程序，常被黑客用作控制远程计算机的工具。木马这个词来源于一个古老的故事：相传古希腊战争时期，希腊人在攻打特洛伊时，久攻不下。后来希腊人使用了一个计策，用木头造一些大的木马，空肚子里藏了很多装备精良的勇士，然后佯装又一次攻打失败，逃跑时就把那个大木马遗弃。守城的士兵就把它当战利品带到城里去了。到了半夜，木马肚子里的勇士们都悄悄地出来，和外面早就准备好的战士们里应外合，一举攻占了特洛伊城。这就是木马的来历。从这个故事，大家很容易联想到计算机木马的功能。

黑客程序借用特洛伊木马（Trojan horse）这一名称，有“一经嵌入，后患无穷”之意。木马程序在 C/S（client/server，客户机/服务器）结构下工作。一个完整的木马程序一般由两部分组成：一部分是服务器程序，另一部分是控制器程序。“中了木马”就是指安装了木马的服务器程序，若用户的计算机程序被安装了服务器程序，则拥有控制器程序的人就可以通过网络控制这台计算机，为所欲为，这台计算机上的各种文件、程序，以及这台计算机上使用的账号和密码就无安全可言。

一台主机提供服务（服务器），另一台主机接受服务（客户机），作为服务器的主机一般会打开一个默认的端口进行监听，如果有客户机响应服务器这一端口提出的连接要求，服务器上的相应程序就会自动运行，来应答客户机的请求。这个程序被称为守护进程。计算机木马的传播方式与其他计算机病毒的传播有相似之处。例如，从 Internet 网上下载的软件，从新闻组中获得的程序，都有可能捆绑了木马。目前，JavaScript、VBScript、ActiveX 和 XLM 文件等都可以成为木马的传播介质。

计算机木马的特征可以概括为以下几个方面。

（1）隐蔽性

木马也是一种病毒，它必须隐藏在用户的系统之中，并会想尽一切办法不让用户发现它。木马的隐藏方式有以下几种类型：①端口隐藏。一台计算机有 65 536 个端口，木马一定要占用一个或更多端口。大多数木马使用 1024 位以上的端口，而且呈越来越大的趋势；当然也有占用 1024 位以下端口的木马，但这些端口是常用端口，占用这些端口可能会造成系统运行不正常，这样的话，木马就会很容易暴露。也许我们知道一些木马占用的端口，会经常扫描这些端口，但现在的木马都提供端口修改功能，我们没有时间去扫描 65 536 个端口。②隐藏通信。任何木马运行后都要和攻击者进行通信连接，或者采用即时连接的方式之一，如攻击者通过客户端直接接入被植入木马的主机；或者通过间接通信，如通过电子邮件的方式，木马把侵入主机而获取的敏感信息发给攻击者。③隐藏加载方式。木马加载的方式多种多样，但目的只有一个，即诱使用户运行木马的服务端程序。如果木马不做任何伪装，用户也不会轻易上当。而随着网站互动化进程的发展和技术的不断进步，越来越多的工具软件和产品均可以成为木马的传播介质。

（2）自动运行性

木马为了控制用户的机器，必须在系统启动时跟随启动，所以它必须潜入用户的启动配置文件中，如 Win.ini、System.ini、Winstart.bat 及启动组等文件之中，包括具有未公开并且可能产生危险后果的功能的程序。

（3）欺骗性

木马程序要达到其长期隐蔽的目的，就必须借助系统中已有的文件，以防被用户发现。它经常使用的是常见的文件名或扩展名，如 dll、win、sys、explorer 等字样，或者仿制一些不易被人区别的文件名，如字母“l”与数字“1”、字母“o”与数字“0”，常修改基本文件中那些难以分辨的字符，更有甚者干脆就借用系统文件中已有的文件名，只不过它保存在不同路径之中。还有的木马程序为了隐藏自己，也常把自己设置成一个 ZIP 文件式图标，当用户一不小心打开它时，它就马上运行。

（4）自动恢复功能

现在很多的木马程序中的功能模块已不再是由单一的文件组成，而是具有多重备份，可以相互恢复。当删除了其中的一个，然后又运行了其他程序的时候，它又会悄然出现，让人防不胜防。

（5）自动打开特别端口

木马程序潜入别人计算机中的目的不仅是为了破坏用户的系统，更是为了获取该系统中有用的信息。当用户上网时能与远端客户进行通信，这样木马程序就会用服务器/客户端的通信手段把相应的信息告诉黑客们，以便黑客们控制该用户的机器，或实施进一步的入侵行为。根据 TCP/IP，每台计算机可以有 65 535 个端口，但我们常用的只有少数几个，木马经常利用我们不常用的这些端口进行连接。

（6）功能的特殊性

通常，木马的功能都是十分特殊的，除了普通的文件操作以外，还有些木马具有搜索 cache（高速缓冲存储器）中的口令、设置口令、扫描目标机器的 IP 地址、进行键盘记录、远程注册表的操作及锁定鼠标等功能。一般的远程控制软件当然不会有这些功能，因为远程控制软件是用来控制远程机器，方便自己操作的，而不是用来破坏对方机器和非法获取信息的。

2.6.2　计算机木马的防治策略

如果计算机已经被木马光临过，系统文件被篡改，硬盘空间被侵占，重要数据被窃取，这时应立即采取相应的防治策略。

（1）修改账号和密码

所有的账号和密码都要马上更改，如拨号连接、ICQ、mIRC、FTP、用户的个人站点、免费邮箱等，凡是需要密码的地方，都要重新设置密码。同时，用户应删除硬盘上原来没有的文件，并检查硬盘上是否有病毒存在。

（2）IP 安全策略封锁端口

由于木马打开某个端口，不速之客就会侵入用户的计算机。如果被种下木马其实也不必担心，只要切断它们与外界的联系就行，即堵住可疑端口。

在 Windows 系列操作系统中，Microsoft 管理控制台（Microsoft manage console，MMC）已将系统的配置功能汇集成配置模块，便于用户进行特殊的设置。下面以 Telnet 的 23 端口为例，说明利用 IP 安全策略管理功能可疑端口的过程（当前使用的操作系统为 Windows XP）。

1）添加 IP 安全策略管理。首先单击“运行”选项并输入“mmc”后按 Enter 键，会弹出“控制台 1”窗口。依次选择“文件”→“添加/删除管理单元”，在“独立”标签栏中点击“添加”按钮，在弹出的“添加独立管理单元”对话框中选择“IP 安全策略管理”选项，单击“添加”按钮，最后按提示完成操作。这时就把“IP 安全策略，在本地计算机”（以下简称“IP 安全策略”）添加到“控制台根节点”下。

2）创建管理规则。现在双击“IP 安全策略”就可以新建一个管理规则了。右击“IP 安全策略”，在弹出的快捷菜单中选择“创建 IP 安全策略”，弹出“IP 安全策略向导”对话框，单击“下一步”按钮，名称默认为“新 IP 安全策略”→单击“下一步”按钮，取消勾选“激活默认响应规则”复选框（注意：在单击“下一步”按钮的同时，需要确认此时“编辑属性”被选中），然后单击“完成”按钮，在“新 IP 安全策略属性”对话框中取消勾选“使用‘添加向导’”复选框，单击“添加”按钮。

3）选择地址和端口。在弹出的“IP 筛选器列表”对话框中取消勾选“使用‘添加向导’”复选框，单击“添加”按钮，在弹出的“筛选器属性”对话框中“寻址”标签栏的源地址选择“任何 IP 地址”，目标地址选择“我的 IP 地址”（不必选择镜像）。在“协议”标签栏中，“选择协议类型”应为 TCP，并设置 IP 协议端口从任意端口到此端口 23，最后点击“确定”即可。这时在“IP 筛选器列表”对话框中会出现一个“新 IP 筛选器列表”，选中它，切换到“筛选器操作”标签栏，依次单击“添加”、“下一步”按钮，名称默认为“新筛选器操作”，单击“下一步”按钮，点选“阻止”单选按钮，单击“下一步”按钮，再单击“完成”按钮即可。

4）激活新策略。新策略需要被激活才能起作用，具体方法是：在“控制台”对话框中的“新 IP 安全策略”上右击，“指派”刚才制定的策略。完成上述操作后，当用户从另一台计算机 Telnet 到设防的这一台计算机时，系统会报告登录失败；用扫描工具扫描这台计算机，会发现 23 端口仍然在提供服务。用同样的方法，可以把其他任何可疑的端口都实行封锁。

（3）手工清除木马

手工清除木马主要包括两种方法：检查注册表和检查系统配置文件。

1）检查注册表。注册表一直都是木马“青睐”的寄生场所，因此检查注册表之前要先给注册表备份。首先，检查注册表中 HKEY_LOCAL_MACHINE\Software\Microsoft\Windows\CurrentVersion\Run 和 HKEY_LOCAL_MACHINE\Software\Microsoft\Windows\CurrentVersion\Runservice，查看其中有没有自己不熟悉的自动启动文件，扩展名一般为

EXE，然后记住木马程序的文件名，再在整个注册表中搜索，凡是看到了相同的文件名就要删除，接着到计算机中找到木马文件的藏身地将其彻底删除。同时，检查注册表HKEY_LOCAL_MACHINE 和 HKEY_CURRENT_USER\SOFTWARE\Microsoft\ Internet Explorer\Main 中的几项（如 Local Page），如果发现键值被修改了，只要根据判断改回去就行了。另外，检查 HKEY_CLASSES_ROOT\inifile\shell\open\command 和 HKEY_CLASSES_ROOT\txtfile\shell\open\command 等几个常用文件类型的默认打开程序是否被更改。一经发现一定要改回来，很多木马和病毒就是通过修改.txt、.ini 等文件的默认打开程序而无法被清除。

2）检查系统配置文件。检查系统配置文件最好的方法是打开 Windows“系统配置实用程序”（从开始菜单运行 msconfig.exe），在里面可以配置 Config.sys、autoexec.bat、system.ini 和 win.ini，并且可以选择启动系统的时间。首先，检查 win.ini 文件（在 C:\windows 下），打开后，在“WINDOWS”下面，“run=”和“load=”是可能加载“木马”程序的途径，必须仔细留心它们。在一般情况下，在它们的等号后面什么都没有，如果发现后面跟有路径与文件名不是所熟悉的启动文件，这台计算机就可能中“木马”了。例如，攻击 QQ 的“GOP 木马”就会在这里留下痕迹。同时，检查 system.ini 文件（在 C:\windows 下），在 BOOT 下面有个“shell=文件名”。正确的文件名应该是“explorer.exe”，如果不是“explorer.exe”，而是“shell=explorer.exe 程序名”，那么后面跟着的那个程序就是“木马”程序，然后就要在硬盘找到这个程序并将其删除。这类病毒很多，如“尼姆达”病毒就会把该项修改为“shell=explorer.exe load.exe – dontrunold”。

本 章 小 结

随着电子商务的发展，企业 Internet/Intranet 的建立和网络规模的日益扩大，网络结构及使用设备日趋复杂。如何有效地提高 Internet 网络系统的安全，已是企业迫切需要解决的重要难题。Internet 安全不仅包括系统自身的硬件和软件安全，也包括完善的网络管理制度及先进的网络安全技术。

本章详细介绍了防火墙技术、VPN 技术、网络入侵检测技术、计算机病毒和木马的防治技术。

在互联网上，防火墙是一种非常有效的网络安全系统，通过它可以隔离风险区域与安全区域的连接，同时不会妨碍安全区域对风险区域的访问。

VPN 是一种在公用互联网络上构造专用网络的技术，即通过相应的加密和认证技术保证用户内部网络数据在公共网络上的安全传输，使企业的远程用户、分支机构和加盟伙伴等与企业总部的内部网络连接起来，构成一个扩展的企业网。

入侵检测系统指的是一种硬件或者软件系统，该系统对系统资源的非授权使用能够做出及时的判断、记录和报警。目前，入侵检测有多种分类方法。

计算机病毒是一种人为编制的程序或指令集合。这种程序能够潜伏在计算机系统中，并通过自我复制传播和扩散，在一定条件下被激活，并给计算机带来故障和破坏。病毒的防范可以从安装查杀病毒软件并及时升级和重要数据及时备份等方法进行防治。

在网络信息环境下，计算机木马由于其隐蔽性、远程可植入性和可控制性等特征，已成为黑客攻击和控制他人网络和计算机系统的重要工具，对网络和计算机信息系统的安全保密构成了很大的威胁。计算机木马的防治策略包括修改账号和密码、IP 安全策略封锁端口及手工清除木马等。

本 章 习 题

1. 简述防火墙的基本功能。
2. 简述防火墙的实现方式。
3. 什么是 VPN？它能为用户提供哪些安全服务？
4. 什么是入侵检测系统？根据具体的技术，入侵检测系统可分为哪几类？
5. 计算机病毒的一般特征有哪些？
6. 计算机木马的防治策略有哪些？

第 3 章　现代密码技术及其应用

进入电子信息时代后，Internet 逐渐渗透到社会和经济生活的各个方面。由于网上交易的安全性要求越来越高，使得密码技术有了更加广阔的应用舞台。现代密码技术是实现电子商务安全交易的核心，它能有效地解决电子交易过程中的信息机密性、完整性和不可抵赖性等问题。最后，以 PGP 为例介绍密码技术的实际应用。

3.1　密码技术的基础知识

密码技术是保证网络、信息安全的核心技术。它通过信息的变换和编码，将机密消息变换为乱码型文字，使非指定的接收者不能从其截获的乱码中得到任何有意义的信息，并且不能伪造任何乱码型的信息。研究密码技术的学科称为密码学，它包含两个分支：密码编码学和密码分析学。密码编码学主要研究对信息进行变换，以保护信息在信道的传递过程中不被敌手窃取、解读和利用的方法；而密码分析学则与密码编码学相反，主要研究如何分析和破译密码。这两者之间相互对应、相互促进。

3.1.1　加密和解密

未加密的信息称为明文，可被传送或存储，用 M（消息）或 X（明文）表示，它可能是比特流，也可能是文本文件、位图、数字化的语音流或数字化的视频图像。将明文数据进行某种变换，使其成为不可理解的形式，这个过程就是加密，这种不可理解的形式称为密文，用 Y 表示。相应地，解密是加密的逆过程，即将密文还原成明文。试图从密文中分析出明文的过程称为破译。对明文进行加密时采用的一组规则称为加密算法，对密文解密时采用的一组规则称为解密算法。加密算法和解密算法是在一组仅有合法用户知道的秘密信息（称为密钥）控制下进行的，加密和解密过程中使用的密钥分别称为加密密钥和解密密钥。图 3-1 表明了这个过程。

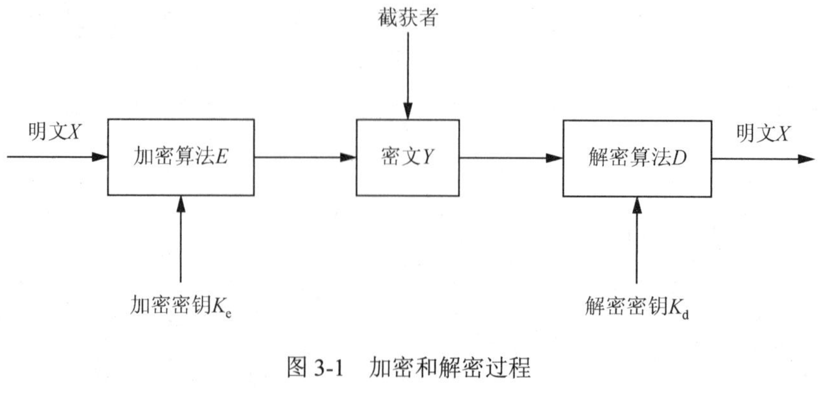

图 3-1　加密和解密过程

从图 3-1 可以看出，一个加密系统应包括信息（明文和密文）、密钥（加密密钥和解密密钥）、算法（加密算法和解密算法）3 个组成部分。其中，加密算法 E 和密钥 K_e 作用于明文 X 得到密文 Y，解密算法 D 和密钥 K_d 作用于密文 Y 恢复为明文 X。在对称密钥算法中，K_e 和 K_d 相同；而在非对称密钥（公开密钥）算法中，K_e 和 K_d 一般不同。我们将在本章后面分别讨论对称密钥加密和公开密钥加密这两种经典密钥算法。

加密与解密算法可用数学公式表示为

$$E_{K_e}(X)=Y$$

$$D_{K_d}(Y)=X$$

若先加密再解密消息以恢复原始的明文，则下面的等式必须成立：

$$D_{K_d}\left[E_{K_e}(X)\right]=X$$

根据现代密码学的理论，数据或信息的安全基于密钥而不是算法的保密。一般来说，算法（包括加密算法和解密算法）都是公开的，而需要秘密保存的则是密钥（如对称密钥算法中的对称密钥和公开密钥算法中的解密密钥等），这一点请大家注意。

3.1.2　密码体制的分类

密码体制的分类方法很多，常见的几种分类方法有以下 4 种。

1）根据密码的发展历史，密码可分为经典密码和现代密码。

2）根据加密算法和解密算法所使用的密钥是否相同，或能否简单地由加密密钥推导出解密密钥，可以将密码体制分为对称密钥密码体制（也称单钥密码体制、秘密密钥密码体制）和公开密钥密码体制（也称非对称密钥密码体制、双钥密码体制）。

3）根据密码算法对明文信息的加密方式，可分为序列密码和分组密码。序列密码逐位地加密明文消息字符（如二进制数）；分组密码将明文消息分组，逐组地进行加密。

4）按照能否进行可逆的加密交换，又可分为单向函数密码体制以及人们通常所指的双向交换密码体制。单向函数密码体制是一类特殊的密码体制，其性质是可以容易地把明文转换成密文，但再把密文转换成原来的明文却是困难的（甚至是不可能的）。单向函数密码体制只适用于某种特殊的、不需要解密的场合（如密钥管理和信息完整性鉴别技术）。

在这几种分类方法中，我们最经常采用的分类方法是第二种。另外，还有一些其他的密码体制分类方法，如按照在加密过程中是否引入了客观随机因素，可以分为确定型密码体制和概率密码体制等。

3.1.3　密码算法的安全性

如果无论密码分析者有多少密文，都没有足够的信息恢复出明文，这个算法就是无条件保密的。事实上，只有一次一密乱码本，才是不可破译的（给出无限多的资源仍然不可破译）。理论上，只要用穷举法去试每种可能的密钥，并且检查所得明文是否有意义，则所有其他的密码系统在唯密文攻击中都是可破译的。因此，人们关心的是要研制出在计算机上是不可破解的密码体制。如果一个密码体制的密码不能被现有的计算资源所破译，那么这种密码体制在计算上可以说是安全的。

在加密算法公开的情况下，非法解密者就会设法破获密钥。为了使黑客难以破获密钥，就要增加密钥的长度，使黑客无法用穷举法测试破解密钥。当密钥超过 100 位，即使是使用高速计算机，也需要几个世纪才能破译密钥。因此现在采用的密钥至少都有 128 位以上。

3.2　数据加密技术

3.2.1　密码学的起源与发展

密码学研究已有数千年的历史，其发展的历史极为悠久。早在公元前 400 年，斯巴达人就发明了“塞塔式密码”，即把长条纸螺旋形斜绕在一个多棱棒上，将文字沿棒的水平方向从左到右书写，写一个字旋转一下，写完一行再另起一行从左到右写，直到写完。取下纸条后，其上的文字就是密文，这是最早的密码技术。早期的密码技术主要用于军事和情报部门。

密码学的起源与发展可以分为经典密码体制和现代密码体制两个阶段。

1. 经典密码体制

虽然许多经典密码已经经受不住现代手段的攻击，但是它们在密码发展史上具有不可磨灭的贡献，许多经典密码思想至今仍被广泛应用。下面介绍几个著名的经典密码算法。

（1）希腊密码

希腊密码是公元前 2 世纪一位希腊人提出的加密算法，他把 26 个字母按顺序放在一个 5×5 的表格中，其中字母 I 和 J 放在同一格中，如表 3-1 所示。这种密码在古代曾被广泛应用。

表 3-1　希腊密码

	1	2	3	4	5
1	A	B	C	D	E
2	F	G	H	IJ	K
3	L	M	N	O	P
4	Q	R	S	T	U
5	V	W	X	Y	Z

使表中的每一个字符对应于该字符所在的行标号和列标号。这样，就可用将明文转变为一串数字形式的密文。例如，明文为“HELLO”，转变后的密文即为“2315313134”。

（2）恺撒密码

恺撒密码（Caesar cipher）是最古老的一种密码，它是公元前 50 年由古罗马的恺撒大帝在高卢战争中所采用的一种加密方法。在这种方法中，每一个明文字符都由其右边第 3 个（模 26）字符所替代，如 A 由 D 替代，B 由 E 替代，W 由 Z 替代，X 由 A 替代，Y 由 B 替代等。如果将恺撒密码稍加改进，即不仅允许加密字母移动 3 个字母，而且可

移动 k 个字母，在这种情况下，k 成了循环移动字母的密钥。例如，假设加密的数据是"HELLO"，密钥 k=5，则加密后的结果是"MJQQT"。从该密码体制可以看出，加密后的信息可用同样的密钥（k＝5）解开，即向左循环移动 5 个字符位置。

希腊密码和恺撒密码本质上都是一样的，都属于单表替代，即一个明文字母对应的密文字母是确定的，可以用频率分析对这种密码体制进行有效的攻击。

（3）维吉尼亚密码

维吉尼亚（Vigenere）密码是 16 世纪法国外交官布莱斯·德·维吉尼亚（Blaise de Vigenere）发明的，在密码史上是一个重要里程碑。其原理是在 26 个字母矩阵中在约定某个关键词的前提下，对信息字母进行编码，每个字母变成和关键词长度一样的矩阵中所对应的字母，因此这一编码又被称为多字母编码。这使得频率分析法对此束手无策，当时堪称无敌，直到 1863 年一位名为卡西斯基（Kasiski）的普鲁士少校首次从关键词的长度着手将它破解。现代计算机模型的先驱查尔斯·巴比奇（Charles Babbage）通过仔细分析编码字母的结构也将其破译。这是一种典型的多表替代密码，即一个明文字母可以表示为多个密文字母，其加密方法如下。

设密钥 $k = k_1k_2\cdots k_n$，明文 $M = m_1m_2\cdots m_n$，加密变换 $E_k(M) = c_1c_2\cdots c_n$，则加密模型为：

$$c_i \equiv (m_i + k_i) \bmod 26 \text{，} \quad i = 1, 2, \cdots, n$$

其中，26 个字母 A～Z 的序号对应是 0～25，c_i 是密文中第 i 个字母的序号，m_i 是明文中第 i 个字母的序号，k_i 是密钥 k 中第 i 个字母的序号。

例如，假设明文 M="information"，k=STAR。首先，对明文分组加密，密钥循环使用，操作如下。

明文对应的数字为：	8	13	5	14	17	12	0	19	8	14	13
加密密钥为：	18	19	0	17	18	19	0	17	18	19	0
相加变换后：	0	6	5	5	9	5	0	10	0	7	13
密文为：	A	G	F	F	J	F	A	K	A	H	N

信息加密后得到密文：AGFFJFAKAHN。

（4）希尔密码

希尔密码也是一种多字母替代密码，它是由数学家莱斯特·S.希尔（Lester S.Hill）于 1929 年发明的。希尔密码的算法是取 m 个连续的明文字母，并且用 m 个密文字母替代，如何替代由 m 个线性方程决定，每个字母对应一个数值（a 对应 0，b 对应 1，…，z 对应 25）。若 m=3，明文和密文的关系可以用向量矩阵来表示：$\boldsymbol{C} = \boldsymbol{KP}$。其中，$C$ 和 P 是长度为 3 的列向量，分别表示密文和明文；K 是 3×3 的加密密钥矩阵，是明文的线性组合。操作要执行模 26 运算。

将矩阵 $\boldsymbol{K}^{-1}$ 应用于密文，就可以恢复为明文。希尔密码可以表示为

$$\boldsymbol{C} = E_{\boldsymbol{K}}(\boldsymbol{P}) = \boldsymbol{KP}$$

$$\boldsymbol{P} = D_{\boldsymbol{K}}(\boldsymbol{C}) = \boldsymbol{K}^{-1}\boldsymbol{C} = \boldsymbol{K}^{-1}\boldsymbol{KP} = \boldsymbol{P}$$

希尔密码完全隐藏了单字母的频率，使用较大的矩阵还可以隐藏更多的频率信息。虽然这类密码由于加密操作复杂而未能广泛应用，但仍然在很大程度上促进了经典密码学的研究。

（5）转轮密码

使用密码机可使前面介绍的密码系统更复杂、更安全，这些机器也可加速密码系统的加、解密过程，同时提供大量可选择的密钥。转轮密码是一组转轮或接线编码轮所组成的机器，用于实现长周期的多表替代密码。它是经典密码最杰出的代表，曾经被广泛应用于军事和外交保密通信。最有名的两类密码机是 Enigma 和 Hagelin。Enigma 密码机由德国人亚瑟・谢尔比乌斯（Arthur Scherbius）发明，在第二次世界大战中，曾经装备于德军。Hagelin 密码机由瑞典人鲍里斯・西泽（Boris Caesar）和威廉・哈格林（Wilhelm Hagelin）发明，第二次世界大战中，Hagelin C-36 曾经装备于法军；Hagelin C40，即 M-209 转换机，曾经装备于美军，并一直沿用到 20 世纪 50 年代。另外，在第二次世界大战中，美国的 SIGABA 和日本的 Red、Purple 都是转轮密码机。

2. 现代密码体制

经典密码体制的研究还称不上是一门科学，而是艺术，直到 1949 年香农发表了一篇题为“保密系统的通信理论”的著名论文。该文首先将信息论引入了密码，从而把已有数千年历史的密码学推向了科学的轨道，奠定了密码学的理论基础。该文利用数学方法对信息源、密钥源、接收和截获的密文进行了数学描述和定量分析，提出了通用的秘密密钥密码体制模型。

需要指出的是，由于受历史的局限，20 世纪 70 年代中期以前的密码学研究基本上是秘密地进行，而且主要应用于军事和政府部门。密码学的真正蓬勃发展和广泛的应用是从 20 世纪 70 年代中期开始的。1977 年美国国家标准局颁布了数据加密标准 DES 用于非国家保密机构，并完全公开了加密与解密算法。此举突破了早期密码学的信息保密的单一目的，使得密码学得以在商业等民用领域广泛应用，从而赋予了这门学科巨大的生命力。

另外，美国学者迪菲（Diffie）和赫尔曼（Hellman）根据单向函数的概念，在 1976 年提出了公开密钥密码算法，引起了密码学的一场革命。这两位学者在一篇题为“密码学的新方向”的论文中提出了崭新的思想：不仅加密算法本身可以公开，甚至加密用的密钥也可以公开。在此基础上，美国麻省理工学院的 R.L.里维斯特（R.L.Rivest）、A.沙米尔（A.Shamir）和 L.阿德尔曼（L.Adleman）三位学者在 1978 年提出了 RSA 公开密钥加密算法。它是第一个成熟的、迄今为止理论上最成功的公开密钥加密算法，其安全性是基于数论中的大整数因子分解，该问题是数论中的一个困难问题，至今仍没有有效的算法，这使得该算法具有较高的保密性。

在现代密码学中，除了信息保密外，还要求信息安全体制应能抵抗对手的主动攻击。所谓主动攻击指的是攻击者可以在信息通道中注入自己伪造的消息，以骗取合法接收者的信任。主动攻击还可能篡改信息，也可能冒名顶替，这就产生了现代密码学中的认证机制。该认证机制的目的就是保证用户收到信息时，能够验证消息是否来源于合法的发送者，同时还能验证该信息是否被篡改。在许多场合中，如电子汇款，能对抗主动攻击的认证机制甚至比信息保密还重要。

3.2.2　对称加密体制

1. 对称加密

对称加密系统早在 20 世纪 70 年代就开始在商业网络中运用了。

对称加密又叫做私有密钥加密或单钥密钥加密，其特点是数据的发送方和接收方使用的是同一把私有密钥，即把明文加密成密文和把密文解密成明文用的是同一把钥匙；而且通信双方都必须获得这把钥匙，并保持钥匙的秘密。

利用私有密钥进行对称加密的过程如下。

1）发送方用自己的私有密钥对要发送的信息进行加密。

2）发送方将加密后的信息通过网络传送给接收方。

3）私有密钥通过一个安全的秘密通道传输给接收方。

4）接收方用发送方进行加密的私有密钥对接收到的加密信息进行解密，得到信息明文。

整个加、解密过程如图 3-2 所示。

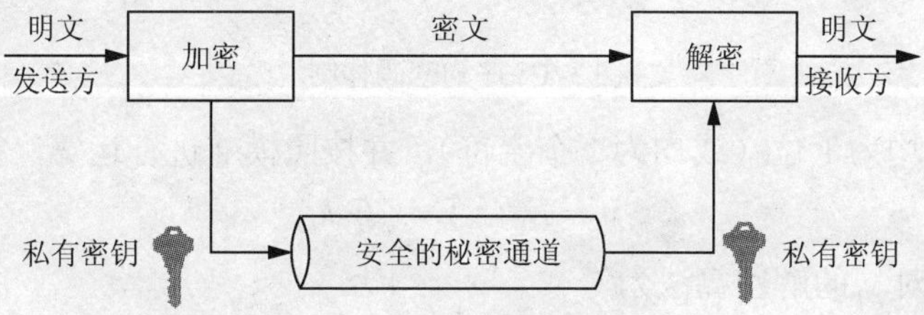

图 3-2　对称加密系统

对于一个安全的对称加密系统来说，除非在解密时通过安全的秘密通道能获得正确的私有密钥，否则是不可能利用解密功能来获得明文信息的。

使用对称加密技术对信息加密和解密的速度很快，加密效率也很高。但需要仔细保存密钥。使用对称加密技术可以简化加密的处理，进行电子商务的交易双方不必彼此研究和交换专用的加密算法，而可以采取相同的加密算法并只需要交换共享的专用密钥。如果进行通信的双方能够确保专用密钥在密钥交换阶段未曾泄漏过，那么数据的机密性和完整性就可以随数据一起发送的数字摘要来实现。由于加密与解密有着共同的算法，从而计算非常迅速，且使用方便，计算量小，加密效率高，因此对称加密算法广泛用于对大量数据文件的加密过程中。

对称加密技术的主要缺点是密钥的管理比较困难，因为交易双方必须持有同一把密钥，且不能让他人知道。一旦密钥泄漏，信息就失去了保密性，发送方和接收方再进行通信就必须使用新的密钥。而把新密钥发送给接收方也是件困难的事情，因为必须对传送的新密钥进行加密，而这就又要求有一把新钥匙。另外，当通信对象增多时，就需要相应数量的密钥。例如，一个拥有 100 个贸易伙伴的企业必须有 100 个密钥，这就使密钥管理和使用的难度增大。因此，对称加密技术是建立在共同保守密钥的基础之上的，在管理和分发密钥过程中，任何一方的泄密都会造成密钥的失效，存在着潜在的危险和复杂的管理难度。

2. 对称加密的类型

对称加密算法按加密方式可以分为序列密码算法和分组密码算法两种。

（1）序列密码

序列密码体制是将明文 X 看成连续的比特流（或字符流）$x_1x_2\cdots$，并且用密钥序列 $K=k_1k_2\cdots$ 中的第 i 个元素 k_i 对明文中的 x_i 进行加密，即

$$E_K(X)=E_{k_1}(x_1)E_{k_2}(x_2)\cdots$$

图 3-3 给出了序列密码的框图。在开始工作时种子 I_0 对密钥序列产生器进行初始化。

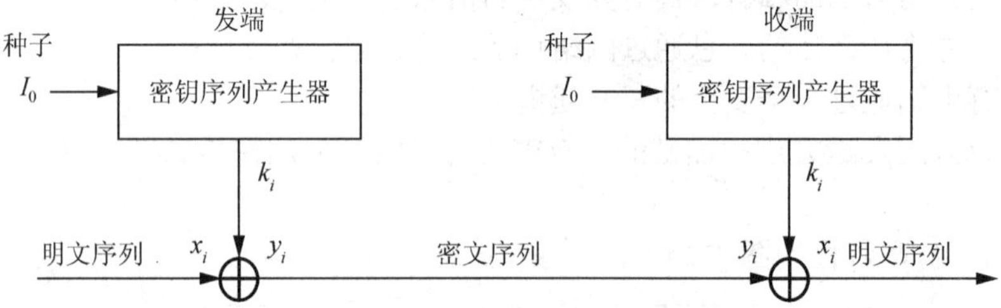

图 3-3　序列密码体制

k_i，x_i 和 y_i 均为 1 位（或均为 1 个字符），并按照模 2 进行运算，得出

$$y_i=E_{k_i}(x_i)=x_i\oplus k_i$$

在接收端，对 y_i 的解密算法为

$$D_{k_i}(y_i)=y_i\oplus k_i=(x_i\oplus k_i)\oplus k_i=x_i$$

序列密码又称为密钥流密码。这种体制的保密性完全在于密钥的随机性。如果密钥是真正的随机数，则这种体制在理论上就是不可破的。这也可称为一次一密乱码本体制。

严格的一次一密乱码本体制所需的密钥量不存在上限，很难实用化。密码学家就试图以某种方法模仿这种一次一密乱码本体制。目前常使用伪随机序列作为密钥序列。关键是序列的周期要足够长，且序列要有很好的随机性（这很难寻找）。现在周期小于 10^{10} 的序列很少被采用，而周期长达 10^{50} 的序列也不罕见。这种伪随机序列一般用 n 级移位寄存器来构成。

（2）分组密码

分组密码（block cipher）体制与序列密码不同，它将明文划分成固定的 n 位的数据组，然后以组为单位，在密钥的控制下进行一系列的线性或非线性的变换而得到密文。图 3-4 为分组密码体制的框图。分组密码一次变换一组数据。分组密码算法的一个重要特点就是：当给定一个密钥后，若明文分组相同，则所变换出的密文分组也相同。

分组密码的一个重要优点是不需要同步，因而在分组交换网中有着广泛的用途。分组密码中最有名的就是美国的 DES 和国际数据加密算法（international data encryption algorithm，IDEA）。

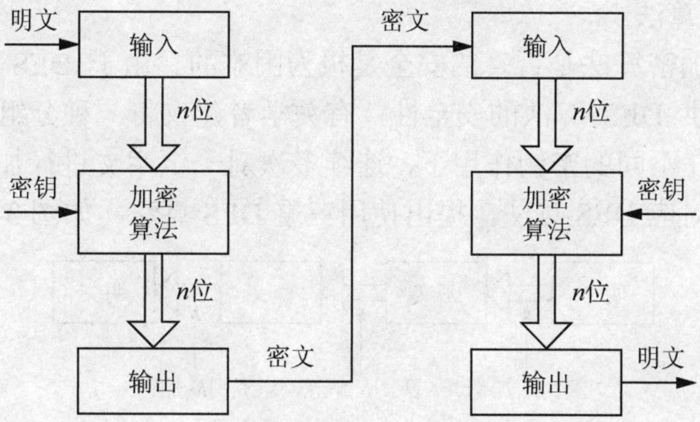

图 3-4　分组密码体制

3. 对称加密算法

对称加密算法有很多，下面是几种著名的对称加密算法。

（1）DES 算法

目前，经常被采用的加密算法是 DES 算法。

DES 算法是美国国家标准局于 1976 年 11 月 23 日作为一个官方的联邦标准颁布的。这种加密算法被规定用于所有的公开场合或私人的保密通信领域，后来该算法被 ISO 接受为国际标准，用作政府及商业部门的非机密数据的加密标准。

DES 算法可分为加密处理、加密变换及子密钥的生成几个部分。算法输入的是 64 位的明文，在 64 位的密钥控制下，通过初始换位 IP 变成 $T_0=\mathrm{IP}(T)$，再对 T_0 进行分组，左边的 32 位记为 L_0，右边的 32 位记为 R_0，经过 16 次的加密变换，最后通过逆初始变换（也称为最后交换）得到 64 位的密文。密文的每一位都是由明文的每一位和密钥的每一位联合确定的。加密过程可由数学公式表示如下。

$$\begin{cases} L_i = R_{i-1} \\ R_i = L_{i-1} \oplus f(R_{i-1}, K_i) \\ i = 1, 2, 3, \cdots, 16 \end{cases}$$

其中的函数 f 较复杂，在此不赘述，有兴趣的读者可以参考有关书籍。

DES 算法的加密过程中的密钥是长度为 64 位的字符串，其中 56 位是密钥，8 位是奇偶校验位，奇偶校验位分布在位于 8，16，…，64 位置上。56 位密钥经过置换选择、循环左移，每次处理产生一个子密钥，共产生 16 个子密钥，组合成密钥。

DES 算法的解密与 DES 算法的加密相似，只不过是子密钥的顺序相反。

虽然 DES 算法的描述是相当长的，但是 DES 算法加密解密需完成的只是简单的算术运算，即字符串的异或处理的组合，因此速度快，密钥生成容易，能以硬件或软件的方式非常有效地实现。

近 20 年来 DES 算法得到了广泛的应用，一个非常重要的应用是银行交易。在银行交易中使用了美国银行协会开发的标准。DES 算法用于加密 PIN 和通过自动取款机（automatic teller machine，ATM）进行的记账交易。票据交易所内部银行支付系统 HIPS（host-based intrusion prevention system，基于主机的入侵防御系统）用 DES 算法来鉴别每周的交易。

（2）三重 DES 算法

确定一种新的加密算法是否真的安全是极为困难的。由于 DES 算法的密钥长度相对比较短，为了提供 DES 算法的安全性，有关学者建议将一种分组密码进行级联，以增加密钥的长度。在不同的密钥作用下，连续多次对一组明文进行加密，通常把这种技术称为多重加密。对应 DES 算法，提出使用三重 DES 算法，如图 3-5 所示。

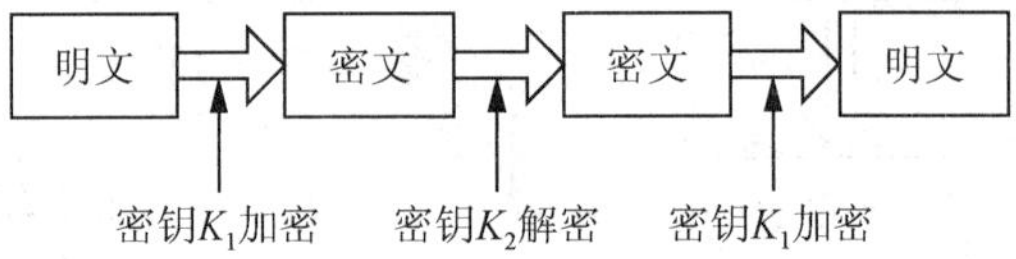

图 3-5　三重 DES 算法

如果用三个密钥进行三个阶段的加密，密钥长度将达到$56\times3=168$位，在现阶段有点过长。塔奇曼（Tuchman）提出了一种替代方法，即用两个密钥对明文进行三次加密，加密函数采用“加密－解密－加密”的序列。假设两个密钥是K_1、K_2，加密过程如下。

1）用密钥进行 DES 加密。

2）用K_2对步骤 1 结果进行 DES 解密。

3）用步骤 2 的结果使用密钥K_1进行 DES 加密。

步骤 2 中的解密并没有密码编码上的意义，因为K_2无法解密由K_1加密的数据，它仅仅起到增加密码长度的作用。

这种方法的缺点是开销为原来的三倍，但从另一方面来看，三重 DES 的密钥长度是 112 位，它应该是相当“强壮”的加密方式了。当然，随着计算机及其相关技术的发展，也许 112 位的密钥长度也会受到威胁。

DES 还有一些变种，如广义 DES（G-DES）、S-盒可选择的 DES、使用独立子密钥的 DES 等。

（3）IDEA

IDEA 的前身是由瑞士联邦理工学院的来学嘉和詹姆斯·梅西（James Messey）于 1990 年研制成的一种对称分组密码，当时被称为 PES（建议的加密标准）算法。1991 年，经 E.贝汉姆（E.Biham）和 A.萨莫尔（A.Shamir）的差分密码分析之后，PES 算法得到了强化，并得到新算法，称为 IPES（改进的建议的加密标准算法），1992 年 IPES 被更名为 IDEA。它被认为是现今最好的、最安全的分组密码算法之一，已经被 PGP 软件采用。

IDEA 是以 64 位为单位对明文进行分组，密钥长 128 位。而 DES 是用 64 位的分组和 56 位的密钥。IDEA 算法可用于加密和解密。IDEA 使用了混乱和扩散等操作，算法背后的设计思想是“在不同的代数组中的混合运算”，主要有三种运算：异或、模加、模乘，容易用软件和硬件来实现。

IDEA 的速度较快，现在 IDEA 的软件实现同 DES 算法的速度一样快（IDEA 的密钥长度大于 DES 算法的密钥长度）。

（4）RC5 算法

RC5 算法是 R.A.里维斯特于 1994 年提出的一种新的替代分组密码，它是使用可变参数的分组迭代密码体制，其中的可变参数为：分组长度 W、密钥长度 B 和迭代轮数 R。该密码算法既可适用于硬件实现又适用于软件实现，实现速度非常快。它主要通过数据循环来实现数据的扩散和扰乱。每次循环的次数都依赖于输入数据，事先不可预测。

RC5 算法是利用数据循环的观点设计的一种密码算法，利用这种观点设计密码算法是否成功还有待于进一步探讨。

3.2.3　公开密钥加密体制

1. 公开密钥加密

公开密钥加密又叫做非对称加密或双钥密码加密，它的概念是由美国斯坦福大学的研究人员迪菲（Diffie）与赫尔曼（Hellman）于 1976 年提出的。与对称加密系统不同，在公开密钥密码系统中，加密密钥与解密密钥不同，并且从其中一个密钥推出另一个密钥在计算上非常困难。其中一个密钥称为私有密钥，必须保密。而另一个密钥称为公开密钥，应该公开。这样就不必考虑如何安全地传输密钥。

依据公开密钥用作加密密钥还是解密密钥，公开密钥加密系统可分为两种基本的模式：加密模式和验证模式。

（1）加密模式

在加密模式中，公开密钥系统对于信息的加密和解密过程为：①发送方用接收方的公开密钥对要发送的信息加密；②发送方将加密后的信息通过网络传送给接收方；③接收方用自己的私有密钥对接收到的加密信息进行解密，得到信息明文。

整个加、解密过程如图 3-6 所示。

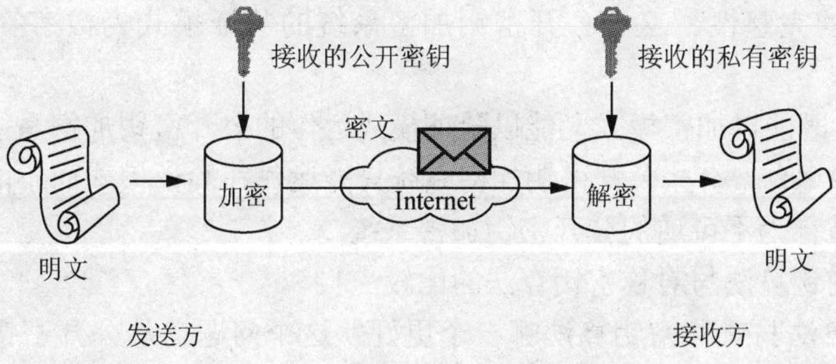

图 3-6　公开密钥系统的加密模式

在这一过程中，只有真正的接收方才能解开密文，因为私有密钥是在接收方的手中，这一点似乎和对称密钥很相似，但不同之处在于任何拥有该接收方公开密钥的发送方都可以向该接收方发送信息，而不是仅限于与接收方拥有同一把密钥的发送方。

在加密模式中，加密密钥［即公开密钥（public key，PK）］是对外公开的，加密算法 E 和解密算法 D 也是公开的，但解密密钥［即私有密钥（secret key，SK）］是保密的。注意，虽然私有密钥是由公开密钥决定的，但却不能根据公开密钥计算出私有密钥。

因此，用于加密模式的公开密钥算法具有以下几个特点。

1）发送方用公开密钥对明文 X 加密后，在接收方用私有密钥解密，即可恢复出明文，即 $D_{SK}[E_{PK}(X)]=X$。

2）公开密钥尽管是公开的，但不能用来解密，即 $D_{PK}[E_{PK}(X)] \neq X$ 。

3）在计算机上可以容易地产生成对的公开密钥和私有密钥，但从已知的公开密钥不可能推导出私有密钥。

（2）验证模式

在验证模式中，公开密钥系统对于信息的加密和解密过程：①发送方用自己的私有密钥对要发送的信息进行加密；②发送方将加密后的信息通过网络传送给接收方；③接收方用发送方的公开密钥对接收到的加密信息进行解密，得到信息明文。

整个加、解密过程如图 3-7 所示。

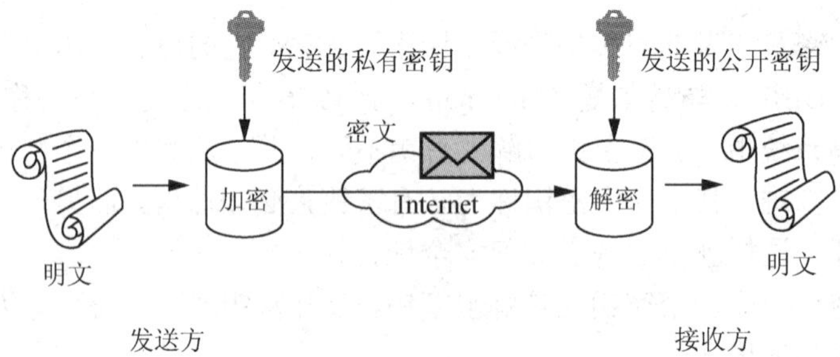

图 3-7　公开密钥系统的验证模式

在这个过程中，任何能够对所接收到的密文成功进行解密的接收方，都能肯定该消息确实是来自发送方，因为只有发送方才拥有与公开密钥相对应的私有密钥，从而验证了该信息确实来自发送方。

通过使用私有密钥作为加密密钥，公开密钥加密系统可以用来进行数据发送方的验证并确保信息的完整性。这种公开密钥加密系统的验证模式为数字签名系统奠定了基础。

一般来说，既能以加密模式又能以验证模式运作的公开密钥加密系统被称作为可逆的公开密钥加密系统。有些公开密钥加密系统只能运作在验证模式而不能运作在加密模式，这种系统被称为不可逆的公开密钥加密系统。

（3）公开密钥算法与对称密钥算法的比较

公开密钥算法与对称密钥算法哪一个更好？这个问题自从公开密钥体制产生以来就一直争论不休。对称密钥算法具有加密速度快、效率高的优点，因此适合对大量电子文件的加密；但是，其密钥管理比较困难，同时密钥传送时存在安全隐患的缺陷。正因为如此，才出现了公开密钥算法，它可以适应网络的开放性要求，密钥管理和传送问题较为简单。但是，要取得较好的加密效果和强度，公开密钥算法必须使用较长的密钥，这就导致了公开密钥算法加密速度较慢、加密效率低的缺陷，因而不适合对数据量较大的电子文件进行加密。网络中的加密普遍采用混合加密体制，即对大量数据加、解密时采用对称密钥算法；而密钥传送则采用公开密钥算法。这样既方便密钥管理，又可提高加、解密速度。本节最后将介绍这两大加密算法的联合使用方法。

2. RSA 算法

目前著名的公开密钥加密算法是于 1978 年由美国麻省理工学院的三位教授联合提

出并正式发表的 RSA 算法，它是以这三位教授的首位字母结合起来而命名的。RSA 算法是迄今为止理论上最为成熟完善的一种公开密钥算法。

（1）算法描述

RSA 公开密钥算法所根据的原理是：根据数论，寻求两个大素数比较简单，而将它们的乘积分解开则极其困难。在这一算法中，每个用户有两个密钥：加密密钥 $PK = \{e,n\}$ 和解密密钥 $SK = \{d,n\}$。用户把加密密钥分开，使得系统中的任何其他用户都可用使用，而对解密密钥中的 d 保密。这里，n 为两个大素数 p 和 q 的乘积（素数 p 和 q 一般为 100 位以上的十进制数），e 和 d 满足一定的关系（下面将介绍）。当黑客等入侵者已知 e 和 n 时并不能求出 d。

1）加密算法。

若用整数 X 表示明文，用整数 Y 表示密文（X 和 Y 均小于 n），则加密和解密算法为

加密：$Y = X^e \bmod n$

解密：$X = Y^d \bmod n$

2）密钥的产生。

现在讨论 RSA 公开密钥密码体制中每个参数是如何选择和计算的。

① 计算 n。用户秘密地选择两个大素数 p 和 q，计算出 $n = pq$。n 称为 RSA 算法的模数，明文必须能够用小于 n 的数来表示。实际上 n 是几百位长的数。

② 计算 $\phi(n)$。用户再计算出 n 的欧拉函数

$$\phi(n) = (p-1)(q-1)$$

$\phi(n)$ 定义为不超过 n 并与 n 互素的数的个数。

③ 选择 e。用户从 $[0, \phi(n)-1]$ 中选择一个与 $\phi(n)$ 互素的数 e 作为公开的加密指数。

④ 计算 d。用户计算出满足下式的 d

$$ed = 1 \mod \phi(n)$$

作为解密指数。

⑤ 得出所需要的公开密钥和私有密钥：

公开密钥（即加密密钥）$PK = \{e,n\}$

私有密钥（即解密密钥）$SK = \{d,n\}$

3）正确性的例子说明。

限于篇幅，这里不再证明 RSA 加密算法的正确性，但可以用一个简单的例子来说明以上解密运算能正确地恢复明文。

设选择了两个素数（这里显然无法选择 100 位以上的大素数），$p = 7, q = 17$。

计算出 $n = pq = 7 \times 17 = 119$。

计算出 $\phi(n) = (p-1)(q-1) = 96$。

从 $[0,95]$ 中选择一个与 96 互素的数 e。这里选 $e = 5$，然后得到等式 $5d = 1 \bmod 96$，解出 d。不难得出 $d = 77$，因为 $ed = 5 \times 77 = 385 = 4 \times 96 + 1 = 1 \bmod 96$。

于是，公开密钥 $PK = (e,n) = \{5,119\}$，而私有密钥 $SK = \{77,119\}$。

现在对明文进行加密。首先将明文划分为一个个分组，使得每个明文分组的二进制值不超过 n，即不超过 119。现在设明文 $X = 19$。

用公开密钥加密时，先计算 $X^e = 19^5 = 2476099$。再除以 119，得出商为 20807，余

数为 66。这就是对应于明文 19 的密文 Y 的值。

在用私有密钥 $SK=\{77,119\}$ 进行解密时，先计算 $Y^d=66^{77}=1.27\cdots\times10^{140}$，再除以 119，得出商为 $1.06\cdots\times10^{138}$，余数为 19。此余数即解密后应得出的明文 X。

（2）RSA 算法的安全性

RSA 算法的安全性依赖于，寻找较大的素数相对容易，但要找到积为该数字的两个因数却很困难。如果该数字相当大，则寻找因数需要大量的处理资源，想要计算所有的范围是不可能的。

R.L.里维斯特、A.沙米尔和 L.阿德尔曼曾用已知的最好算法估计了分解 n 的时间与 n 的位数之间的关系，用运算速度为 100 万次/秒的计算机分解 500 位的 n，计算机需进行 1.3^{109} 次分解操作，分解时间是 4.2^{1025} 年。因此，一般认为 RSA 的保密性能良好。

计算机硬件的迅速发展势头是不可阻挡的，这一因素对 RSA 的安全性是很有利的。硬件计算能力的增强使我们可以给 n 加大几十位，而不致放慢加密和解密的计算，但同样水平硬件计算能力的增强对因数分解计算的帮助却不那么大。

但是，随着计算能力的持续增长和因式分解算法的不断改善，现在大数分解已经不像过去那么难了。在破解 RSA 算法方面比较著名的事件发生在 1999 年。当年 8 月，荷兰国家数学与计算机科学研究中心的一组科学家成功分解了 512 位的整数，大约 300 台高速工作站与 PC 并行运行，整个工作花了 7 个月。同年 9 月，以色列密码学家 A.沙米尔设计了一种名为“TWINKLE”的因数分解设备，可以在几天内攻破 512 位的 RSA 密钥（但要做到这一点，需要 300～400 台设备，而每台设备价值 5000 美元）。

作为一种可行的算法，只要增大 RSA 的模 n 的位数，将大大增加分解因数所需要的代价。就目前而言，512 位的密钥长度已不够安全，但 1024 位的密钥长度对于大多数商业用途来说还是足够强大的。若干年后，或许使用 2048 位的密钥长度将比较合理，从而更加增强了算法的安全性。

（3）RSA 算法的速度

公开密钥密码系统与对称密钥密码系统相比较，确实有不可替代的优点，但它的运算量远大于后者，超过几百倍、几千倍甚至上万倍，复杂得多。由于进行的都是大数的高次幂计算，使得 RSA 算法最快的情况也比 DES 算法慢许多倍，无论是软件还是硬件实现。速度一直是 RSA 算法的缺陷。一般来说只用于少量数据加密。

RSA 算法是第一个能同时用于加密和数字签名的算法，也易于理解和操作。RSA 算法是被研究得最广泛的公开密钥算法，从提出到现在已有 30 多年，经历了各种攻击的考验，逐渐为人们接受，普遍被认为是目前最优秀的公开密钥加密算法之一。

3. ECC 算法

目前，绝大部分使用公开密钥进行加密的产品和标准都使用 RSA 算法。由于安全性的考虑，RSA 算法所要求的长度已经增加了不少，给应用增加了处理的开销。这些开销对于那些每天要进行大量安全交易的电子商务网站影响极大。近年来，ECC 算法逐渐引起人们的关注。

与 RSA 算法相比，ECC 算法的主要优点是，它似乎可以用少得多的长度计算取得和 RSA 算法相当的安全性。

表 3-2 比较了取椭圆曲线对数最快的 Pollard rho 方法与用通用数域筛将一个大数分解为两个素数的效率。工作量的大小是用 MIPS 年为单位衡量的，MIPS 年是一个每秒运行 10 万个指令的处理器运行一年时间的工作量，大约执行 3×10^{13} 条指令。800MHz 的 Pentium 处理器大约是 400MIPS 的机器。从图中可看出 ECC 的相对优势。

表 3-2　ECC 算法与 RSA 算法进行密码分析的计算量比较

Pollard rho 方法		通用数域筛分解大数	
密钥长度/位	MIPS 年	密钥长度/位	MIPS 年
150	3.8×10^{10}	512	3×10^{4}
		768	2×10^{8}
205	7.1×10^{18}	1024	3×10^{11}
		1280	1×10^{14}
234	1.6×10^{28}	1536	3×10^{16}
		2048	3×10^{20}

3.2.4　两大加密体制的联合使用方法

由于公开密钥加密必须有两个密钥配合使用才能完成加密和解密的全过程，因而有助于加强数据的安全性。但是，公开密钥加密也有其缺点，主要是加密和解密的速度很慢，用公开密钥加密算法加密和解密同样的数据所花费的时间是利用私有密钥加密算法的 1000 倍。所以，公开密钥加密不适合对大量的文件信息进行加密，一般只适用于对少量数据（如密钥）进行加密。另外，对称密钥算法加密速度快、效率高，但存在着密钥传输的安全隐患。

在实践中，为了保证系统的安全、可靠及使用效率，一般可以采用由对称加密算法和公开密钥加密算法相结合实现的综合保密系统。在系统中，用对称加密算法作为数据的加密算法对数据进行加密，用公开密钥加密算法作为对称密钥的加密算法，对对称密钥进行加密。这样的系统既能发挥对称加密算法加密速度快、效率高的优点，又能发挥公开密钥加密算法密钥管理方便的优点，扬长避短。

基于两大加密体制，发送方和接收方在对文件进行加密和解密的实际过程如下。

1）发送方生成一个对称密钥，并对要发送的信息使用自己的对称密钥进行加密。

2）发送方用接收方的公开密钥对自己的对称密钥进行加密。

3）发送方把加密后的信息和加密后的对称密钥通过 Internet 传输到接收方。

4）接收方首先用自己的私有密钥对发送方传送过来的对称密钥进行解密，得到发送方的对称密钥。

5）接收方用发送方的对称密钥对接收到的加密信息进行解密，得到消息的明文。

其整个过程如图 3-8 所示。

因为只有接收方才拥有自己的私有密钥，所以即使其他人得到了经过加密的发送方的对称密钥，也因为无法进行解密而保证了这把对称密钥的安全性。在上述过程中，实际上分别实现了两次加密解密过程，即文件信息本身的加密解密和发送方对称密钥的加密解密，这是通过对称密钥加密和公开密钥加密算法的结合来实现的。

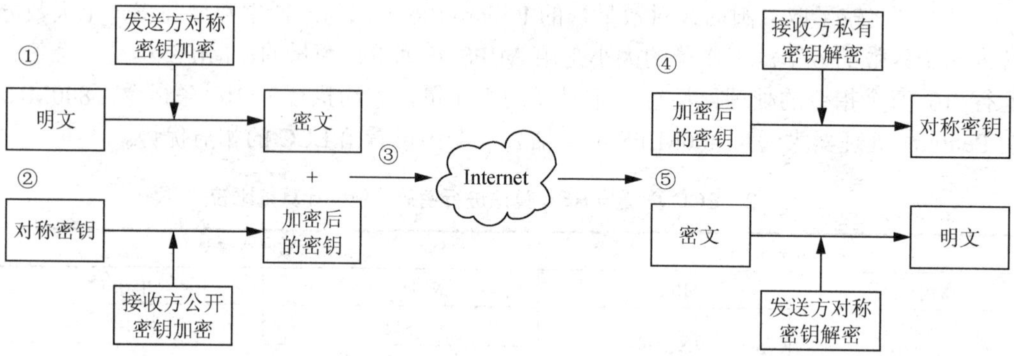

图 3-8　两种加密算法的联合使用方法

通过公开密钥加密技术实现对发送方对称密钥的管理，使相应的密钥管理变得简单和更加安全，同时还解决了对称加密中存在的可靠性和鉴别问题。发送方可以为每次交换的信息生成唯一的一把对称密钥，并且接收方的公开密钥对该密钥进行加密，然后再将加密的密钥与用该密钥加密的信息一起发送给相应的接收方。由于对每次信息交换都对应生成了唯一的一把密钥，因此，各交易方就不再需要对密钥进行维护和担心密钥的泄漏或过期。这种方式的另一个优点是即使泄漏了一把密钥，也只不过影响了一笔交易，而不会影响到交易双方之间所有的交易关系。这种方式还提供了交易伙伴间发布对称密钥的一种安全途径。

值得注意的是，能否切实有效地发挥加密系统的作用，其关键点在于密钥的管理，包括密钥的生成、分发、安装、保管及作废的全过程。

3.3　密码技术的应用

3.3.1　数字信封

数字信封又称电子信封，主要的目的是保证对称密钥传送过程中的机密性，它充分利用了对称密钥算法效率高且速度快和公开密钥算法安全性高且密钥管理简便的优点，将这两大机制完美地结合在一起。

在信息发送方，利用接收方的公开密钥，对随机产生的对称密钥进行加密，即形成了数字信封。然后传送给接收方，只有指定的接收方才能用自己的私有密钥打开数字信封，获取该对称密钥，用它来解读传送来的信息。这就好比在实际生活中，将一把钥匙装在信封里，邮寄给对方，对方收到信件后，将钥匙取出，再用它去打开保密箱一样。

数字信封的实现过程如图 3-9 所示。

数字信封只能被接收方“拆封”，因为只有接收方才拥有解密的私有密钥。“拆封”时，接收方先用自己的私有密钥解密数字信封，得到对称密钥，然后使用对称密钥解开对称密钥加密的消息密文。数字信封的好处是提高了加密速度，并避免了对称密钥在传送时存在的安全隐患，保证了数据的机密性。只有用接收方的私有密钥才能够打开此数字信封，确保只有接收方才能对消息密文进行解密。

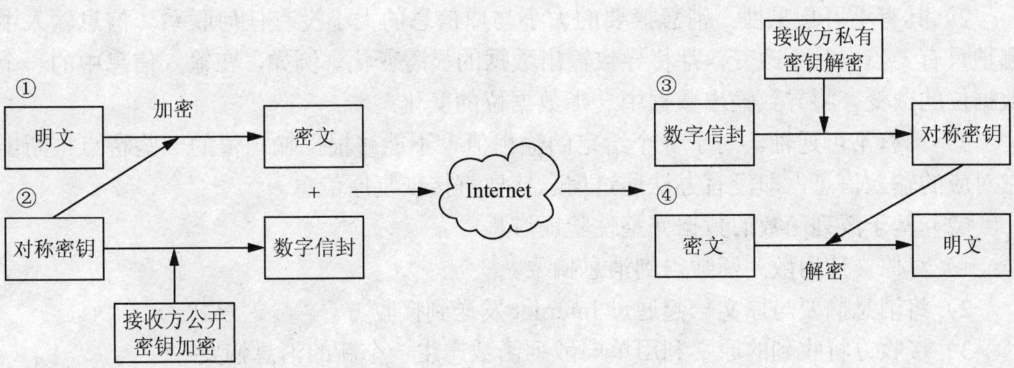

图 3-9　数字信封的实现过程

3.3.2　数字摘要

1. 数字摘要技术

虽然通过加密技术能保证数据信息的机密性，防止泄密，但被加密后的数据信息仍有可能被篡改或部分删除，让信息的接收方得到一个错误信息。有一种保证信息的完整性，并可以避免信息传送过程中被篡改或部分删除的方法，那就是同时发一个消息的简单摘要给接收方，供接收方将其与消息本身比对，如果相符则消息正确，未被篡改，说明接收到的是完整的报文。

这样的方法被称为数字摘要。数字摘要技术就是利用单向散列函数把任意长度的明文输入映射为固定长度（如 128 位）的密文输出。这个固定长度的密文输出就叫做消息摘要（message digest），不同的明文映射成的消息摘要其结果总是不相同，同样的明文其摘要必定一致，并且即使知道了映射而成的消息摘要也不能推出其明文。

数字摘要类似于人类的“指纹”，因此这一串映射而成的消息摘要又称为数字指纹，可以通过数字指纹鉴别其明文的真伪。只有数字指纹完全一致，才可以证明信息在传送过程中是安全可靠的，没有被篡改。数字指纹的应用使交易文件的完整性（不可修改性）得以保证。数字摘要的形成过程如图 3-10 所示。

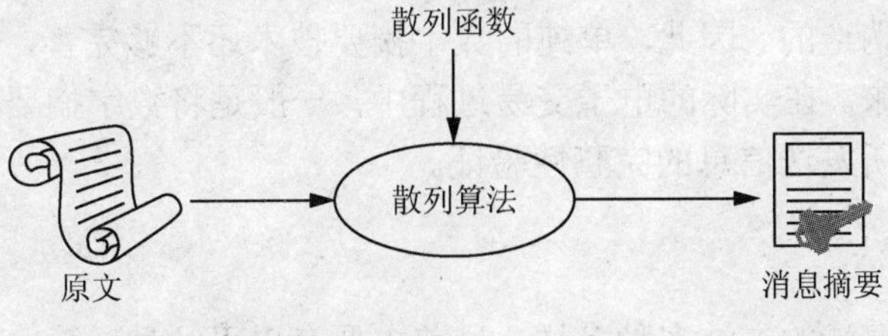

图 3-10　数字摘要的形成过程

数字摘要技术的核心是散列函数算法的设计。散列算法并不是加密算法，但却能产生信息的“数字指纹”，以确保数据没有被篡改，即实现数据的完整性。

（1）散列算法的特征

散列算法有以下三个特性。

1）能处理任意大小的信息，并生成固定长度（120 位或 160 位）的消息摘要。

2）具有不可预见性。消息摘要的大小与原信息的大小没有任何联系。信息输入中哪怕只有一点点微小改变，都将导致输出数据的显著变化。例如，在输入信息中的一个数据位的改变，将导致输出数据中一半数据位的变化。

3）具有不可逆性。对于一个给定的输出值，不能够根据输出值的一些特点推断出它对应的输入信息，即没有办法通过信息摘要直接恢复原信息。

（2）基于散列函数的数据完整性验证过程

1）对原文使用散列函数得到消息摘要。

2）将消息摘要与原文一起通过 Internet 发送到接收方。

3）接收方将收到的原文利用单向散列函数产生一个新的消息摘要。

4）将新的消息摘要与发送方发来的旧的消息摘要进行比较，若两者相同则表明原文在传输过程中没有被篡改，否则就说明原文被篡改过。

其整个过程如图 3-11 所示。

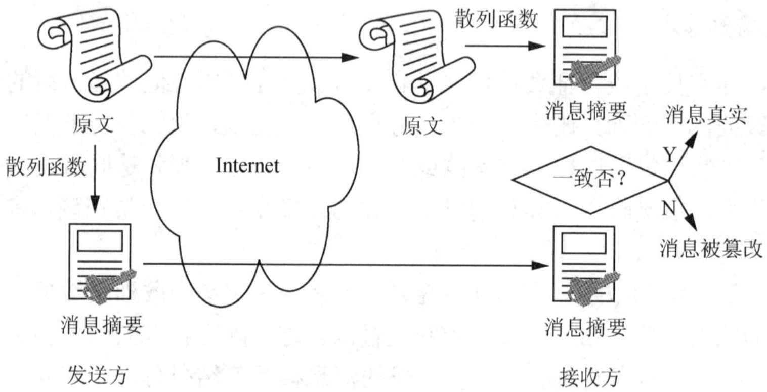

图 3-11　基于散列函数的数据完整性验证过程

图 3-11 给我们显示了一种信息完整性的验证机制，表面上看起来是正确可行的。但是，它仍然存在着安全隐患。例如，原文和消息摘要在 Internet 传输过程中，“不幸”被入侵者非法截获了。入侵者将自己伪造的电子文件及其对应的消息摘要替代真实的原文和消息摘要，并将伪造后的这两部分发送给接收方，接收方通过以上的验证过程无法鉴别所收到的信息是伪造的。因此，单纯的数字摘要技术还不够完善，必须和其他电子商务安全技术结合起来。在实际的电子交易过程中，一般是将数字摘要和数字签名技术进行结合，共同实现所发送信息的完整性验证。

2. 几种散列算法

构造单向散列算法的方法多种多样。目前主要有以下几种：第一种是利用某些数学难题（如因子分解、离散对数问题等）设计散列算法；第二种是利用一些对称密码体制（如 DES 等）设计散列算法，这种散列算法的安全性与所使用的基础密码算法相关；第三种就是直接设计散列算法，这类算法不基于任何假设和密码体制，如当前相当流行的 MD5 和 SHA 等。

（1）MD5

MD5 的全称是 message-digest algorithm 5（信息-摘要算法），在 20 世纪 90 年代初

由 R.L.里维斯特开发出来，经 MD2、MD3 和 MD4 发展而来。其输入可以是任意长的报文，输出为 128 位的报文摘要。该算法对输入按 512 位进行分组，并以分组为单位进行处理。

MD5 的作用是让大容量信息在用数字签名软件签署私人密钥前被“压缩”成一种保密的格式（就是把一个任意长度的字节串变换成一定长的大整数）。MD5 的典型应用是对一段信息产生消息摘要（message-digest），以防止被篡改。MD5 将整个文件当作一个大文本信息，通过其不可逆的字符串变换算法，产生了这个唯一的 MD5 消息摘要。如果在以后传播这个文件的过程中，无论文件的内容产生了任何形式的改变（包括人为修改或者下载过程中线路不稳定引起的传输错误等），只要对这个文件重新计算 MD5 时就会发现信息摘要不相同，由此可以确定得到的只是一个不正确的文件。如果再有一个第三方的认证机构，用 MD5 还可以防止文件作者的“抵赖”，这就是所谓的数字签名应用。MD5 还广泛用于加密和解密技术上。例如，在 UNIX 系统中用户的密码就是以 MD5（或其他类似的算法）经加密后存储在文件系统中。当用户登录的时候，系统就把用户输入的密码计算成 MD5 值，然后再去和保存在文件系统中的 MD5 值进行比较，进而确定输入的密码是否正确。通过这样的步骤，系统在并不知道用户密码的明码情况下就可以确定用户登录系统的合法性。这不但可以避免用户的密码被具有系统管理员权限的用户知道，而且还在一定程度上增加了密码被破解的难度。

（2）SHA-1

SHA（secure hash algorithm，安全散列算法）-1 是由美国国家标准与技术研究院（National Institute of Standards and Technology，NIST）提出的。SHA 曾经于 1993 年作为联邦信息处理标准（FIPS 180）安全散列标准（secure hash standard，SHS）发布。SHS 是标准，SHA 是算法，标准使用了算法，算法是标准的一部分，1995 年 NIST 发布了一个修订版（FIPS 180-1），通常称为 SHA-1。

SHA 是设计用来与数字签名标准（digital signature standard，DSS）算法一起使用的。NIST 在标准中指出：本标准规定一种保证 DSA 安全所必需的 SHA。当输入的是长度小于 2^{64} 位的消息时，SHA 产生被称为消息摘要的 160 位输出。然后将该摘要输入到用于计算该消息签名的 DSA 中。

与 MD5 相比，SHA 每次循环中操作数比较多（80 次），并且它处理的缓存更长（160 位）。这样，在相同的硬件上，SHA 的速度比 MD5 稍慢，但 SHA 与 MD5 的描述都很简单，无须冗长的程序或很大的替换表，易于实现。

3.3.3　数字签名

1. 数字签名机制

在书面文件上签名是确认文件的一种手段，签名的作用有两个：一是因为自己的签名难以否认，从而确定了文件已签署这一事实；二是因为签名不能仿冒，从而确定了文件是真实的这一事实。数字签名与书面文件签名相似，数字签名机制的目的是使人们可以对数字文档进行签名。数字签名在与签名相关的同时也与发送的消息相关。

（1）数字签名实现的功能

1）接收方能够证实发送方的真实身份。

2）发送方事后不能否认所发送过的信息。

3）接收方或非法者不能伪造、篡改信息。

因此，数字签名中包含了身份和信息鉴别的功能，防止第三方冒充，以及防止传输数据的伪造和否认行为。

（2）数字签名的原理

数字签名技术以公开密钥加密技术为基础，发送方用自己的私有密钥进行数字签名，而接收方则用发送方的公开密钥进行验证操作。另外，为了节约签名时间，数字签名经常和数字摘要技术结合使用，即发送方并不是对整个电子文件签名，只是对文件对应的消息摘要签名。数字签名的原理如图 3-12 所示。

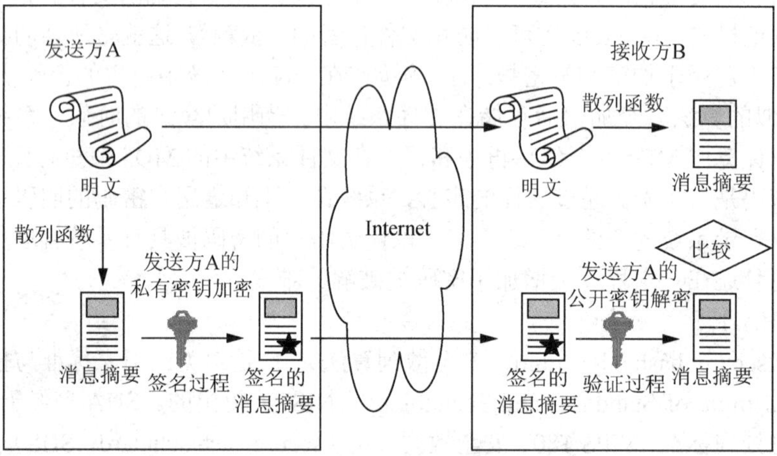

图 3-12　数字签名机制原理

1）数字签名的产生过程：将原文按双方约定的散列函数计算得到一个固定长度的消息摘要。然后，对所得到的消息摘要用发送方 A 的私有密钥进行加密，形成数字签名，并将数字签名附加在原文后发送给接收方 B。

2）数字签名验证过程：接收方 B 收到数字签名和原文后，用相同的散列函数对原文重新计算，形成新的消息摘要；再对所附数字签名用发送方 A 的公开密钥进行解密，得到旧的消息摘要。如果新旧两个消息摘要相同，数字签名得到验证，说明收到的原文确实来自发送方 A，并且原文信息内容具有完整性；否则无法通过对数字签名的验证，因为相应的私有密钥只有真实合法的发送方 A 所拥有。

2. 常规数字签名方法

目前的数字签名是建立在公开密钥体制基础上的，它是公开密钥加密技术的另一类应用。已经具有大量数字签名算法，这里简要介绍几种基本的数字签名算法。

（1）RSA

RSA 是最流行的一种加密标准，基于 RSA 公开密钥密码体制的数字签名方案通常称为 RSA 数字签名方案。RSA 既可以用来加密数据，也可以用于身份认证。其安全性主要是基于大整数素数分解的困难性。下面介绍 RSA 数字签名的过程。

1）安全参数：秘密选择两个大素数 p 和 q，令 $n = pq$ ，$\phi(n) = (p-1)(q-1)$ 。选 e

并计算出 d，使 $ed = 1 \mod \phi(n)$，公开 n 和 e，将 p，q 和 d 保密。

2）数字签名：对于消息 $M \in Z_n$，定义

$$S = \mathrm{Sig}(M) = M^d \bmod n$$

为对 M 的签名。

3）签名验证：对给定的 M 和 S，可按下式进行数字签名的验证。

设 $M' = S^e \bmod n$，如果 $M = M'$，则确认 S 为消息 M 的有效签名；否则，签名无效。

（2）ElGamal 签名

ElGamal 签名体制由 ElGamal 在 1985 年提出，是专门为签名的目的而设计的，其修正形式已经被美国 NIST 作为 DSS。它是一种非确定性的双钥体制，即对同一明文消息，由于随机参数选择的不同而有不同的签名。这种方案的安全性基于求解离散对数的困难性，即对于 $y \equiv g^x \bmod p$（p 为素数，g 是 p 的原根），已知 x，g，p 时计算 y 是容易的，但是在已知 y，g，p 的情况下，计算 x 是非常困难的。

1）ElGamal 算法参数说明如下。

p：一个大素数，使得求解离散对数为困难问题。

g：g 是 p 的模数序列中较大的一个元素。

M：明文。

x：$1 < x < p$，x 为私有密钥。

y：$y = g^x \bmod p$，(p, g, y) 为公开密钥。

H（x）：散列函数。

2）数字签名过程：对于给定消息 M，选择随机数 k，$k < p$，计算 H（M），并计算 $r = g^k \bmod p$，$s = [H(M) - xr]\ k^{-1} \bmod (p-1)$，签名结果是 (M, r, s)。

3）签名验证过程：收信人收到 (M, r, s)，先计算 H（M），并验证 $y^r r^s = g^{H(M)} \bmod p$，若两者相等，则签名有效。

（3）数字签名方法

DSS 是由美国 NIST 和国家安全局共同开发的，它是一种基于公开密钥密码体制的数字签名方法，适用于签名方计算能力较低且计算时间短，而签名的验证方计算能力强的场合。

DSS 算法是基于离散对数数学难题实现的。与 RSA 公开密钥加密算法不同，DSS 算法是专门用作数字签名的，RSA 算法不仅用于签名，还可以用于信息的加、解密。

3. 特殊数字签名方法

常用的数字签名方法有时不能满足特殊应用的需求，为了适应电子商务发展的需要，出现了特殊方式的数字签名方法，如盲签名、接收方不可否认签名和群签名等。

（1）盲签名

一般数字签名中，总是要先知道文件内容而后才签署，这正是通常所需要的。但有时需要某人对一个文件签名，但又不让他知道文件内容，这称为盲签名。它是由 Chaum 在 1982 年最先提出的，在电子货币和电子投票系统中得到了广泛的应用。

利用盲变换可以实现盲签名。例如，A 要从 B 处获得盲签名的过程如下。

1）A 取一份文件并以一个随机值乘之，称此随机值为盲因子。

2）A 将此盲文件发送给 B。

3）B 对盲文件签名，将其签名发送给 A。

4）A 以盲因子除之，从 B 关于盲文件的签名中得到 B 对原文件的签名。

Chaum 对盲签名有一个形象的比喻：将盲变换看作信封，盲文件是对文件加一个信封，而去掉盲因子的过程是打开信封的过程。文件在信封中时无人可读，而在盲文件上签名相当于在复写纸信封上签名，从而得到了对原文件（信封内容）的签名。

盲签名有两个要求：第一，消息内容对签名者不可见；第二，签名被接收方泄漏后，签名方无法跟踪签名。

（2）接收方不可否认签名

通常的数字签名方案中，只能保证发送方（签名方）不能否认自己发送过的报文信息，但是对接收方却没有任何约束，这样就存在以下情况：接收方已经收到报文，并且已经阅读，但是事后否认自己收到报文。为了杜绝这种现象，需要采取某种方式实现接收方不可否认签名。通常的做法是发送方限制签名的使用，使得只有经过授权的用户才能进行签名的验证，也就是说，接收方只有经过与签名方的交互才能验证签名。

（3）群签名

群签名也称团体签名，在某些工作环境中，有时需要使用群签名，它是指群内的各成员可以以群组的名义签名，签名的验证方核实的是群组签名的正确性。群签名具有以下特点。

1）只有该群内的成员能对消息签名。

2）签名的接收者能够证实消息是该群的有效签名。

3）签名的接收者不能确定是该群内哪一个成员签的名。

4）在出现争议时，签名能够被“打开”，以揭示签名者的身份。

3.3.4　数字验证

验证是在远程通信中获得信任的手段，是安全服务中最为基本的内容，因为必须通过可靠的验证来进行访问控制，决定谁有权接收或修改信息（从而影响机密服务），增强责任性及实现不可否认服务。

进行验证的方法很多，有些与加密技术有关，有些与此无关。下面介绍几种常见的验证方法。

（1）基于口令的验证

几乎所有的个人验证机制都会在一定程度上依赖口令。常规的口令方案一般不随时间而变化，即提供所谓的弱鉴别，它是目前电子商务系统的主要弱点之一，而且是许多系统不安全的根源。

对于基于口令的验证来说，主要会面临外部泄漏、猜测、通信窃取、重放和危及主机安全之类的安全威胁。

要想制止这些威胁，就需要有有效的口令管理程序，需要进行有意识的培训，需要用户对自己的行为负责，还需要对系统进行认真仔细的设计。

（2）基于个人令牌的验证

个人令牌是一种个人持有物，它的作用类似于钥匙，用于启动电子设备。使用比较多的是一种嵌有磁条的塑料卡，磁条上记录有用于机器识别的个人信息。这类卡通常和PIN一起使用。这类卡易于制造，而且磁条上记录的数据也易于转录，因此要设法防止仿制。基于个人令牌的验证可以和口令验证结合起来，提供双因素验证。对攻击者来说，要想伪装成合法的用户，仅仅知道口令或令牌是不够的，必须既知道口令又得到令牌。因此，要想设计一个针对双因素验证的成功攻击是很困难的。

（3）基于生物统计特征的验证

生物识别依据人类自身所固有的生理或行为特征。生理特征与生俱来，多为先天性的，如指纹、视网膜、面容等；行为特征则是习惯使然，多为后天性的，如笔迹、步态等。正是因为这些别人很难具有的个人特征才可以作为个人身份识别的重要依据。

生物识别因此包括指纹识别、视网膜识别、面容识别、掌纹识别、声音识别、签名识别、笔迹识别、手形识别、步态识别及多种生物特征融合识别等诸多种类，其中，视网膜识别和指纹识别被公认为最可靠的生物识别方式。

一般地，当需要进行可靠性要求特别高的身份验证时，可以利用生物测定技术来充当基本验证方法的补充，如充当对于数字签名验证的补充。

（4）数字时间戳验证

在电子商务中，除了要考虑数据的保密性、完整性、不可否认性及不可伪造性之外，还需要对交易数据的日期和时间信息采取安全措施，而数字时间戳服务（digital time-stamp service，DTS）就能提供电子信息在时间上的安全保护。

数字时间戳服务是网上的安全服务项目，一般由大家均信任的第三方机构提供。数字时间戳其实是一个经加密后形成的凭证文档，包括以下三部分。

1）需要加时间戳的信息摘要。

2）数字时间戳服务机构收到该信息的日期和时间。

3）数字时间戳服务机构的数字签名。

数字时间戳可以作为电子商务交易信息的时间凭证，在一旦发生争议时作为时间凭证依据。

3.4　密钥管理技术

3.4.1　密钥管理的基本内容

所有的密码技术，无论使用的是对称密钥密码系统还是公开密钥密码系统，无论是用作基本的加密还是数字签名，最终依赖的都是密钥。这是因为在许多现有的密码体制中，加密和解密算法是公开的，对于信息的保护主要取决于对密钥的保护，而不是算法或硬件本身的保护，即一个密码系统的安全性取决于密钥的安全性。密钥的管理是复杂的，而且对安全起了决定性的作用。

一般来说，所有的密钥都有时间期限，这是因为：

① 攻击者可以使用数学分析方法来进行密码分析从而破解加密系统，攻击者通过获得大量有效的密文有助于加快密码的分析。密钥使用的时间越长，攻击者收集密文的

机会就越多。

② 密钥有可能被泄漏，攻击者可以对用某个特定密钥进行的加密处理进行密码分析，所以缩短密钥的使用期可以减少危险的发生。

特定密钥的使用周期被称为密钥周期。通常，密钥的生命周期是由密钥的产生、密钥的备份/恢复、密钥的替换/更新、密钥吊销和密钥期满/终止这五个阶段构成的。

（1）密钥的产生

密钥的产生必须考虑具有密码系统的公认的限制，如避免 RSA 的弱密钥。密钥的产生也必须确保使用一个合适的随机过程。如果密钥选择过程有一定的约束，就缩小了攻击者搜索密钥的空间。为此，应该用一个适当的随机数生成器来产生密钥。最好的办法是使用物理噪声源。当然，也可以使用一个秘密的随机初始种子控制的伪随机软件来产生密钥，但是必须慎重使用。在一些保密要求比较高的应用场合中，密钥生成的算法必须经有关部门审批，密钥的产生与检验要有专门的密钥管理部门或授权人员负责。

（2）密钥的备份/恢复

密钥备份/恢复是指密钥或私有密钥丢失或由于其他原因无法获得后，恢复密钥的备份。这里特别要注意的是，如果信息是以加密形式存储的并且需要用特定的密钥来解密的话，那么密钥的丢失可能就意味着信息的丢失。

（3）密钥替换/更新

密钥替换/更新是指在密钥使用期满或在特殊情况下重新建立密钥的过程。

（4）密钥吊销

密钥吊销是指在特殊情况下停止密钥的使用。

（5）密钥期满/终止

在密钥期满后要停止该密钥的使用，这时可能会涉及密钥的销毁和归档。

密钥销毁是指删除所有与某个密钥有关的信息。一般来说，密钥在停止使用后其值可能是需要长期保存的。例如，在若干年后要对以前发生的交易中的数字签名验证其合法性，这时就需要依赖于这一期间对密钥的保护。此外，在密钥终止使用后如何安全地销毁所有的副本也是非常重要的。例如，一定不能让攻击者通过检测旧的数据文件或丢弃的装备来获得旧的密钥值。

密钥还需要归档。例如，为出于不可抵赖目的而验证某个以前的数字签名，就需要对数字签名中使用的公开密钥进行归档。一般来说，密钥的归档工作应该委托给第三方来进行。

因此，密钥的保护应该在其整个有效期内都要进行，也就是说从密钥的产生一直到密钥的终止都应该进行保护。从完整性的目的来说，对所有的密钥都应该进行保护，因为任何一个密钥若被入侵者篡改或替换，都会危及由该密钥所提供的保护服务。此外，除了公开密钥加密系统中的公开密钥外，所有的密钥都要保护其机密性。

3.4.2 对称密钥的分发

采用对称加密技术的贸易双方必须保证采用的是相同的密钥，要保证彼此密钥的交换是安全可靠的，同时还要设法防止密钥泄密和密钥更改的程序。这样，对称密钥的管理和分发工作将变成一件潜在危险的和烦琐的过程。通过公开密钥加密技术实现对称密钥的管理使相应的管理变得简单和更加安全，同时还解决了纯对称密钥模式中存在的可靠性问题和鉴别问题。下面介绍一种基于 RSA 算法的对称密钥传输方法。

这里，对称密钥由一个系统生成，然后分发给一个或多个系统，在密钥的分发过程中采用 RSA 的加密模式来进行加密。这种方法的一个典型应用就是使用对称加密系统和 RSA 来保护电子文件信息，其过程如图 3-13 所示。

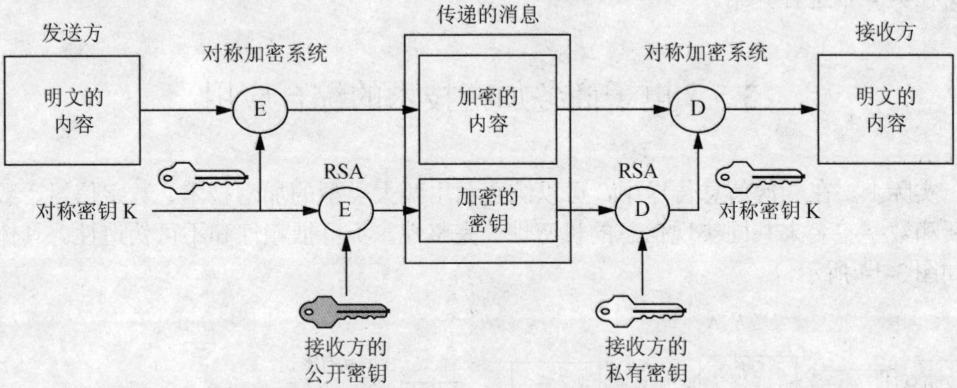

图 3-13　用 RSA 密钥传输来加密电子文件

在这一过程中，信息发送方随机地生成对称密钥 K，用这把密钥对信息内容进行加密，然后用接收方的公开密钥来加密该对称密钥，并附加在加密后的信息上一起发送。只有持有正确的 RSA 私有密钥的接收方才能解密 RSA 加密的对称密钥，并用解密后的对称密钥来解密信息内容。对于任何想窃取加密信息的窃取者来说，只要不知道 RSA 私有密钥，就无法解密所窃取的信息。

这种混合使用的方法把对称加密和公开加密这两者的最佳特点很好地发挥了出来。对于有一定规模的信息内容，用相对比较快的对称密钥算法加密。而对称密钥是一个相对较小的数据项，就可以用接收方的公开密钥以 RSA 加密方式来进行传输，从而发挥了公开密钥的优势。

3.4.3　公开密钥的分发

公开密钥加密系统对密钥管理的要求与对称加密系统相比在本质上是完全不同的。在对称加密系统中，对彼此间进行通信的信息进行保护的双方必须持有同一把密钥，该密钥对双方之外的其他方是保密的。而在公开密钥加密系统中，一方必须持有一把对其他任何方都是保密的密钥（私人密钥），同时，还要让想要与私人密钥的持有者进行安全通信的其他方知道另一把相应的密钥（公开密钥）。

在分发公开密钥时并不要求保密，但必须保证公开密钥的完整性。也就是说，不能给攻击者任何替换密钥值的机会，因为这些密钥是一方所信赖的其他方的公开密钥，否则，就可能发生下列形式的攻击。例如，假定接收方正在对声称是由发送方进行数字签名的信息进行验证，但这时，冒名顶替者伪造了信息并用他自己的私有密钥签名，还用他的公开密钥代替了接收方所认为的发送方的公开密钥。这样，使用了错误的公开密钥，接收方对数字签名进行的检查当然认为是正确的。由此，攻击者成功地伪装成了发送方。

公开密钥的分发并不是像在电话号码簿中公布电话号码那么简单，除非所有的用户对这样的目录及相应的访问具有高度的信任感，但事实证明这类信任是很难实现的。由此便引出了需要以数字证书的形式来进行公开密钥的分发。所谓数字证书其实是一种数据结构，是由证书的使用者所信赖的某方进行数字签名的。基于公开密钥的数字证书是一种将某方的身份与某个公开密钥值安全地连接在一起的数据结构。有关数字证书的内容将在第 4 章进行介绍。

3.5　电子商务加密技术的综合应用

实际上，在一次信息传送中，可以综合利用两大类型的加密技术、数字信封、数字摘要和数字签名来共同实现信息的机密性、完整性、不可抵赖性和不可伪造性。具体过程如图 3-14 所示。

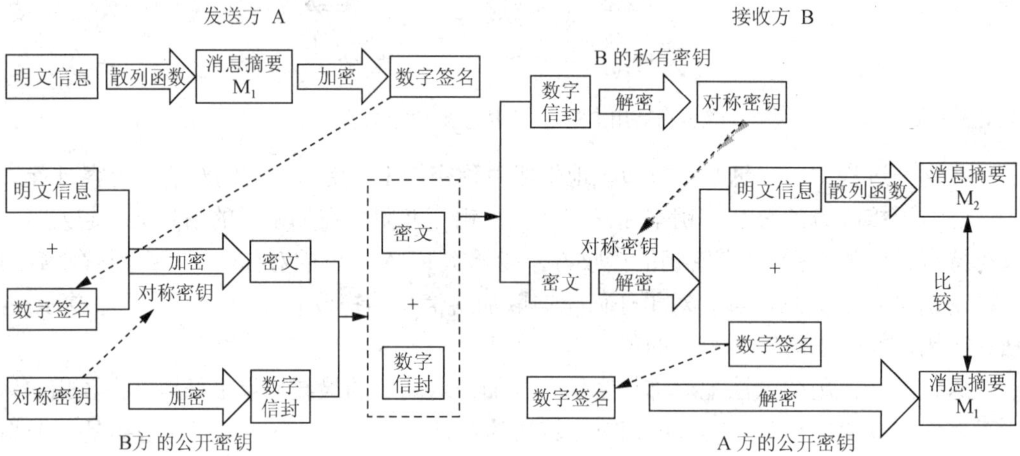

图 3-14　加密技术的综合应用

（1）发送方 A

发送方 A 对要发送的明文信息做散列运算，形成消息摘要，A 方再使用自己的私有密钥对消息摘要进行加密，形成数字签名。然后，A 方将明文信息、消息摘要的数字签名按照预定的数据格式连接在一起，并随机产生一个对称密钥，对其加密，形成密文。同时，A 方用接收方 B 的公开密钥对所产生的对称密钥进行加密，形成数字信封。最后，A 方将密文及数字信封发送给 B 方。

（2）接收方 B

当接收方 B 接收到密文和数字信封后，首先用自己的私有密钥对数字信封解密，从而得到解开密文的对称密钥，用该对称密钥解密后，得到明文信息、消息摘要的数字签名。然后，用 A 方的公开密钥对数字签名解密得到消息摘要（称 M_1）。另外，再对接收到的明文消息做散列运算得到新的消息摘要（称 M_2）。如果 M_1 和 M_2 二者相同，则所接收到的明文信息具有数据完整性，在 Internet 传输过程中没有被篡改。

以上过程已经成为目前电子商务安全传送的标准模式，一般称为“混合加密系统”，在实现电子支付的系统安全中被广泛应用。

3.6　数据加密系统实例——PGP

3.6.1　PGP 简介

PGP 是一个基于公开密钥加密体系的加密软件。PGP 的创始人是美国的菲尔·齐默尔曼（Phil Zimmermann），他创造性地把 RSA 公开密钥体系的安全、方便和对称密钥加密体系的高速结合起来，并且在数字签名、密钥认证与管理机制上都有巧妙的设计。因此，PGP 已经成为互联网上最流行的加密软件包。

PGP 提供了可以用于电子邮件和文件存储的机密与认证服务。利用 PGP 可以对电子邮件进行加密，防止非授权者阅读，还能够对电子邮件进行数字签名，使收信人能够确认电子邮件的发送者，并确信电子邮件没有被篡改。

PGP 选择最为可用的加密算法作为系统的构造模块，巧妙地将非对称密钥密码体制中的 RSA 算法（后来支持 Diffie-Hellman/DSS 算法）和对称密钥密码体制中的 IDEA 结合起来，并把这些算法集成到一个通用的应用程序中。该程序可用于多种操作系统和处理器，且基于一个使用方便的小命令集。IDEA 的加密/解密速度要比 RSA 算法快得多。实际上，PGP 是以一个随机生成的密钥（每次加密都不一样）用 IEDA 算法对明文进行加密，然后用 RSA 算法对该密钥进行加密。这样，收信人同样是用 RSA 算法求解出这个随机密钥，再用 IDEA 解密电子邮件本身。这样的链式加密就做到了既有 RSA 算法的保密性，又有 IDEA 的快捷性。

目前，PGP 具有运行于 Windows、UNIX 等各种不同类型的操作系统上的版本。PGP 提供了一种安全的通信方式，它可以在事先不用任何保密渠道来传递密钥的情况下，让彼此互不相识的用户之间进行保密通信。PGP 的功能强大，速度快，人机界面友好，而且 PGP 的源代码和文档在 Internet 上是免费提供的。

3.6.2　PGP 加密原理

PGP 技术基于 RSA 算法，满足保密性和真实性的要求。同时，它还有一个基于消息摘要的数字签名功能。PGP 采用 128 位的二进制数作为电子邮件摘要，用来产生它的算法是 MD-5。

PGP 给电子邮件进行加密和数字签名的过程为：①首先，发送方用 RSA 私有密钥将 128 位电子邮件摘要进行加密，即进行数字签名，并将摘要的数字签名附加在电子邮件后面。②PGP 产生一个随机生成密钥（每次加密不同），并用 IDEA 对整个电子邮件加密，然后用接收方的 RSA 公开密钥对该对称密钥加密。③接收方用自己的 RSA 私有密钥解密出随机对称密钥，并用该对称密钥将电子邮件解密，得到发送方的原始电子邮件和数字签名。④接收方根据原始电子邮件重新计算出一个 128 位的摘要值，并用发送方的 RSA 公开密钥解密数字签名，将其与所得到的摘要值进行比较。如果两者相同，就说明这封电子邮件确实是发送方寄来的且未曾被篡改。这样，电子邮件的保密性和信息完整性都得到了满足。

PGP 还可以只签名而不加密，这适用于公开发表声明的场合。声明人为了证实自己的身份，可以用自己的私有密钥进行数字签名，这样就可以让收信人确认发信人的身份，也可以防止发信人单方否认自己的声明。这一点在商业领域中有很大的应用前景，可以防止发信人抵赖和信件在传送中被篡改。

3.6.3 PGP 密钥管理

一个成熟的加密算法必然有一个成熟的密钥管理体制配套。对 PGP 而言，其安全的核心是公开密钥的安全性问题。PGP 在安全性问题上的慎重考虑体现在 PGP 的各个环节。例如，每次加密的实际密钥是个随机数，但计算机是无法产生真正的随机数的。PGP 软件对随机数的产生很慎重，关键的随机数（像 RSA 密钥的产生）是从用户敲键盘的时间间隔上取得随机数种子。对于磁盘上的 randseed.bin 文件是采用和邮件同样的强度加密的，这有效地防止了别人从 randseed.bin 文件中分析出用户加密实际密钥的规律。PGP 还有一个加密前预压缩处理，PGP 中使用的 PKZIP 算法，是一个公认的压缩率和压缩速度都相当好的压缩算法，PGP 内核使用 PKZIP 算法来压缩加密前的明文。一方面，对电子邮件而言，将明文压缩后再经过 7 位编码而得的密文有可能比明文更短，节省了网络传输的时间；另一方面，明文经过压缩，相当于经过一次变换，信息更加杂乱无章，对明文攻击的防御能力更强。

公开密钥被篡改可能是公开密钥密码体制中最大的安全漏洞。如何保证用户公开密钥确实是指定实体的合法公开密钥，这是一个非常重要的问题。PGP 提供了几种可选的方案以减少用户公开密钥被篡改的可能性。

假设 A 想获得 B 可靠的公开密钥，可使用以下几种方法。

（1）直接从 B 获得其公开密钥

B 可以将自己的公开密钥存放于一张软盘上，并将其交给 A。显然，这种方法有明显的局限性。

（2）从介绍人 D 处得到 B 的公开密钥

PGP 的公开密钥机制可以解决这个问题。假设 A 和 B 有一个共同的朋友 D，而 D 已经和 B 认证过 B 的公开密钥，即 D 知道 B 的公开密钥是正确的。那么，D 可以用自己的私有密钥对 B 的公开密钥进行签名，产生 D 对 B 的公开密钥签名的证书，并将该证书直接发送给 A。当 A 要想和 B 通信时，需要使用 D 的公开密钥来验证 B 的公开密钥是否有效。

（3）通过电话认证密钥

密钥是随机生成的，任何人都无法指定生成一个具有某个指纹的密钥，从指纹也无法反推出密钥来。当拿到某人的公开密钥后，可以和对方在电话上核对这个密钥指纹，从而认证对方的公开密钥。

（4）通过中介认证的方法认证公开密钥

中介认证机制具有传递性。如果需要认证自己的公开密钥，可以把具有不同人签名的自己的公开密钥收集在一起，发送到公共场合。这样做的目的是希望大部分人至少认识其中一个人，从而可以间接认证自己的公开密钥。PGP 会自动为用户找出该用户拿到的公开密钥中有哪些是他的朋友介绍过来的，哪些是他朋友的朋友介绍来的。另外，PGP 还会帮助用户把公开密钥分为不同的信任级别，供用户参考以决定信任度。

PGP 的每个密钥都有自己的标识（keyID）。keyID 是一个 8 位的十六进制数，两个密钥具有相同 keyID 的可能性只有十亿分之一，而且 PGP 还提供了一种更为可靠的标识密钥的方法：密钥指纹（keys fingerprint）。每个密钥都对应一串数字（16 个 2 位的十六进制数），这个指纹被重复的可能性就微乎其微了。任何人都无法指定生成一个具有某个指纹的密钥，密钥是随机生成的，即使从指纹也无法反推出密钥来。用户拿到别人的公开密钥后，可以与密钥持有者在电话中核对该密钥的指纹，从而认证公开密钥的持有者。

3.6.4　PGP 的加密和数字签名

PGP 软件的安装很简单，和一般的软件安装相似，按提示一步步完成即可。安装完成后，Windows 的 Outlook 或者 Exchange 就增加了 PGP 软件及相应的菜单和按钮。如果使用的电子邮件软件没有 PGP 的软件支持，PGP 可以通过文件快捷菜单和剪贴板这两种手段与电子邮件软件交换加密数据，因此，PGP 可以直接或间接地支持所有电子邮件软件。

安装后，用户能够使用两个程序：PgpTrays.exe 和 PgpKeys.exe。PgpTrays.exe 是控制中心，提供对所有功能的操作界面，并且执行后在任务栏中供用户随时调用，建议将其添加到开始菜单的“启动”菜单选项中。而 PgpKeys.exe 可以对密钥进行生成、散发与废除、签名与信任等管理。PgpKeys 管理着一个钥匙环，钥匙环文件保存着收集到的所有公开密钥，由此可以进行密钥维护与管理。

PGP 的主要功能包括：①对电子邮件加密，以防止非法阅读。②能给加密的电子邮件附加上数字签名，从而使收信人进一步确信电子邮件的发送者，而事先不需要任何保密的渠道用来传递密钥。③可以实现只签名而不加密，适用于发表公开声明时证实声明人的身份，也可防止声明人抵赖，这一点在商业领域有很大的应用前景。④能够加密文件，包括图像文件、声音文件及其他各类文件。

下面以电子邮件为对象，介绍 PGP 的加密和数字签名功能。

1. 使用 PGP 进行加密

（1）使用 PGP 加密邮件

1）这里以加密电子邮件为例。打开 Outlook Express 6，写一封新邮件，然后将鼠标移动到 Windows 桌面右下角的 PGP 图标上，右击，选择“Current Windows”中的“Encrypt”选项，如图 3-15 所示。

图 3-15　加密 Outlook 邮件

2）此时，弹出一个密钥选择对话框，选择接收方的公开密钥（即选择对方的电子邮件地址），单击“OK”按钮确定，如图 3-16 所示。

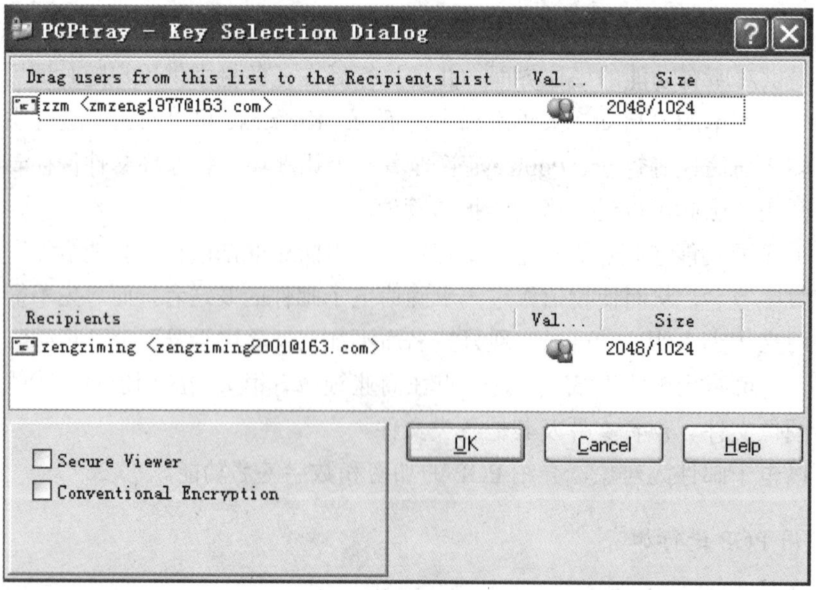

图 3-16　密钥选择对话框

3）于是得到了 PGP 加密邮件，如图 3-17 所示。邮件加密后，则可按照发送正常邮件的方法进行发送。

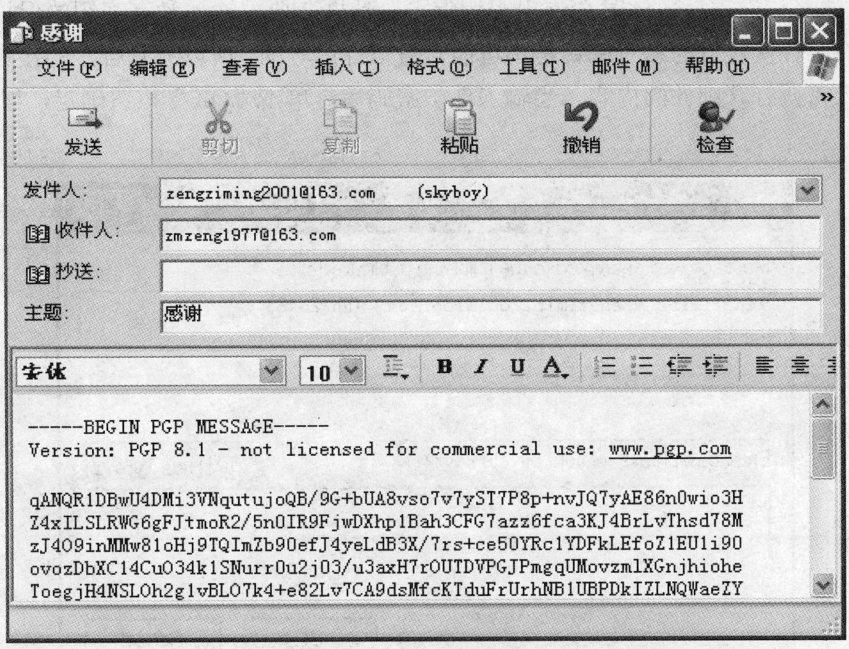

图 3-17　加密后的邮件

（2）PGP 加密邮件的解密

1）接收方打开所收到的加密邮件，然后将鼠标移动到 Windows 桌面右下角的 PGP 图标上，右击，选择“Current Window”中的“Decrypt & Verify”选项，如图 3-18 所示。

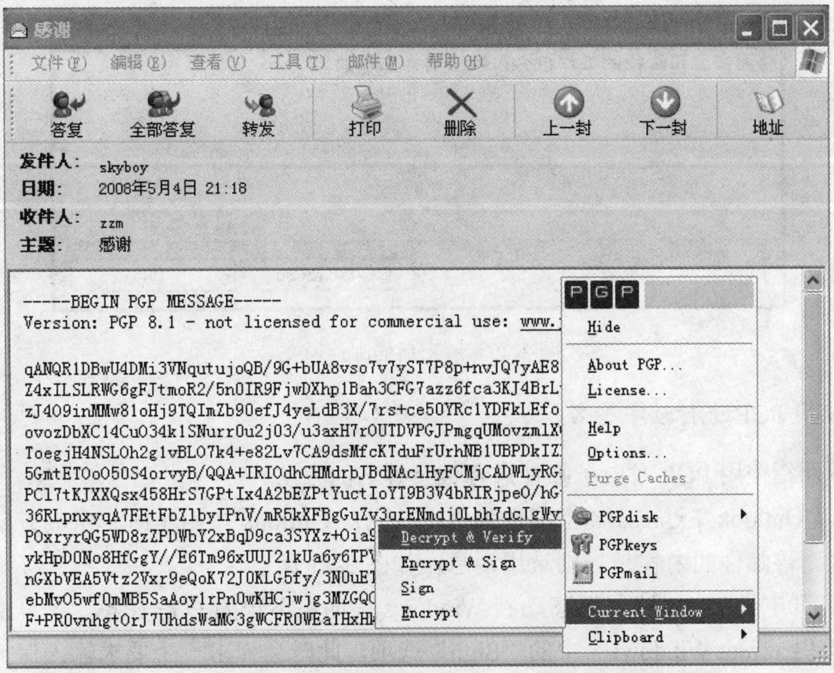

图 3-18　接收方收到加密邮件

2）选择该选项后，此时会弹出密钥保护对话框，要求输入私有密钥的保护密码。如果没有邮件接收方的私有密钥是不可能查看信件内容的，所以只有合法的接收方才能通过输入密码打开邮件的内容。当输入保护密码后，单击“OK”按钮确定，如图 3-19 所示。

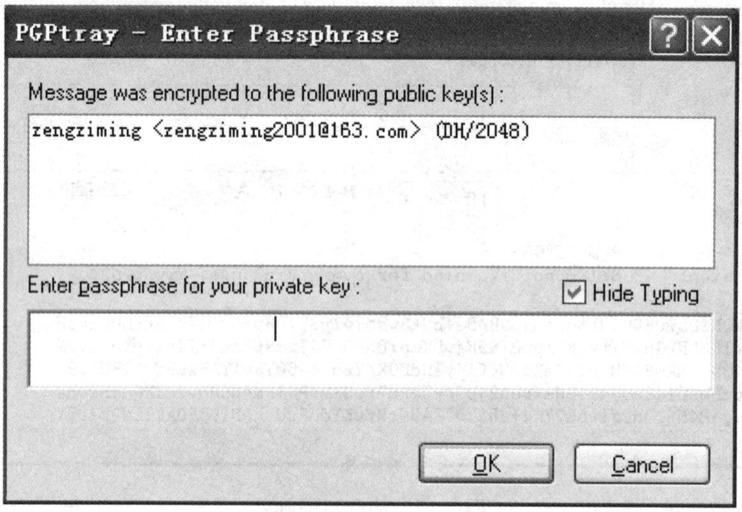

图 3-19　输入私有密钥保护密码

3）当输入正确的私有密钥保护密码后，单击“OK”按钮后就可以正常看到邮件的原文了。此时，解密后的邮件会显示在一个新弹出的窗口中，如图 3-20 所示。

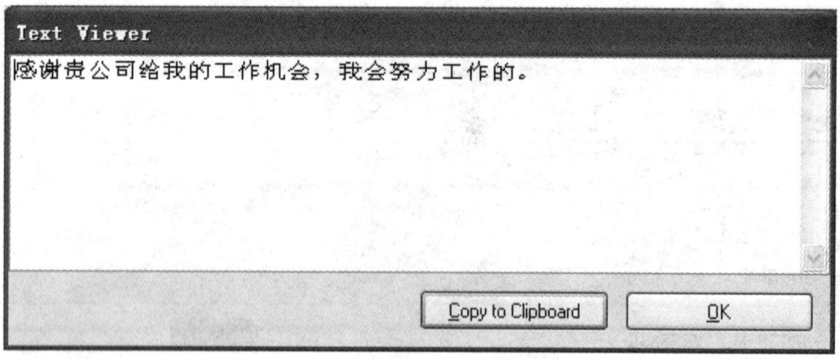

图 3-20　解密后的邮件原文

2. 使用 PGP 进行数字签名

以下介绍使用 PGP 对电子邮件进行数字签名的方法。

1）以 Outlook Express 加密邮件为例，首先在 Outlook 中用平时正常的方法撰写一封新邮件，该邮件的内容是一则录用消息，如图 3-21 所示。

2）打开电子邮件，将鼠标移动到 Windows 桌面右下角的 PGP 图标上，单击鼠标邮件，选择“Current Windows”中的“Sign”选项，此时会弹出一个要求输入保护私有密钥的密码窗口，如图 3-22 所示。

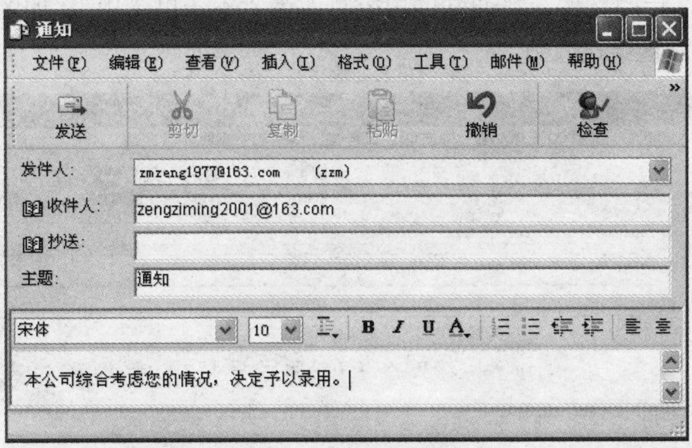

图 3-21　电子邮件示例

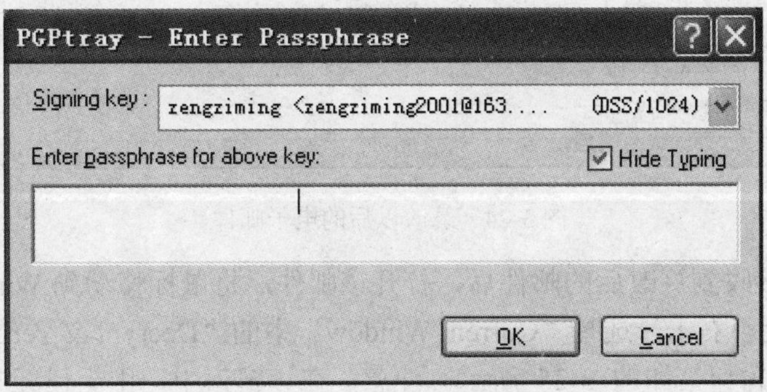

图 3-22　输入保护私有密钥的密码

3）输入保护密码后，单击“OK”按钮确定，完成对该电子邮件的数字签名，如图 3-23 所示。另外，为清楚地说明如何判断一个电子邮件的数字签名是否有效，可以进行比较。

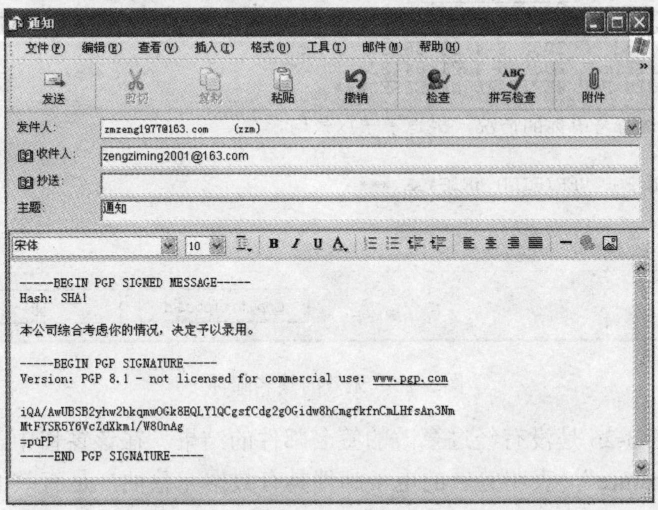

图 3-23　经数字签名的电子邮件

4）打开签名后的文件，将通知的内容篡改为“不予以录用”，如图 3-24 所示。然后，将电子邮件发送给接收方。

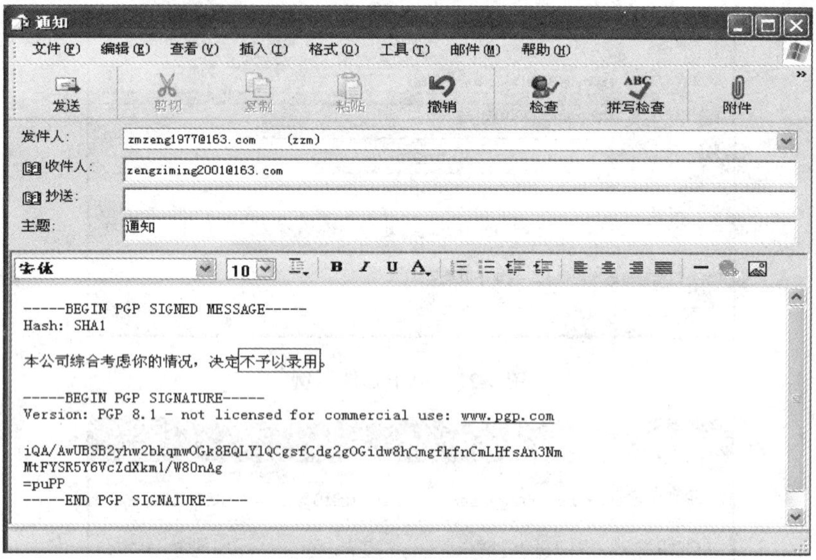

图 3-24　篡改以后的电子邮件

5）接收方接收到篡改后的邮件后，打开该邮件，将鼠标移动到 Windows 桌面右下角的 PGP 图标上，右击，选择“Current Window”中的“Decrypt & Verify”选项，此时系统会弹出一个窗口，如图 3-25 所示。注意，在该窗口中，由于已经将数字签名的电子邮件进行了篡改，因此第二行“Status”的结果为“Bad Signature”，由此可以判断该邮件的数字签名无效。

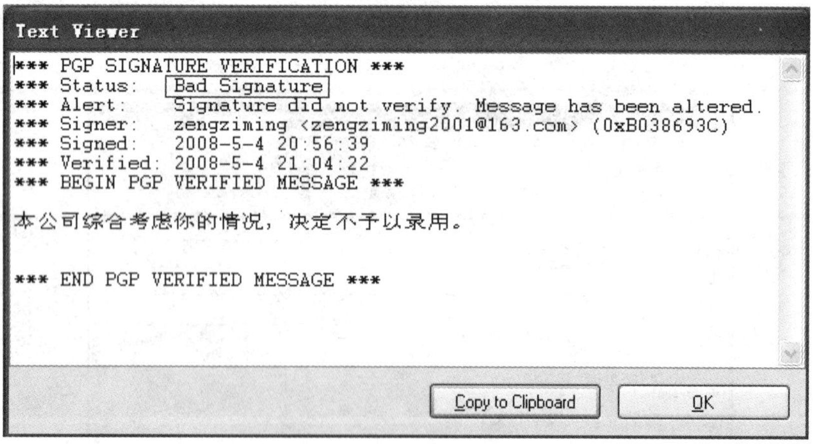

图 3-25　无效的签名邮件

6）另外，图 3-26 是没有经过篡改的签名邮件的结果。在该窗口中，“Status”的结果为“Good Signature”，表明签署的电子邮件具有数据完整性，是有效的签名邮件。

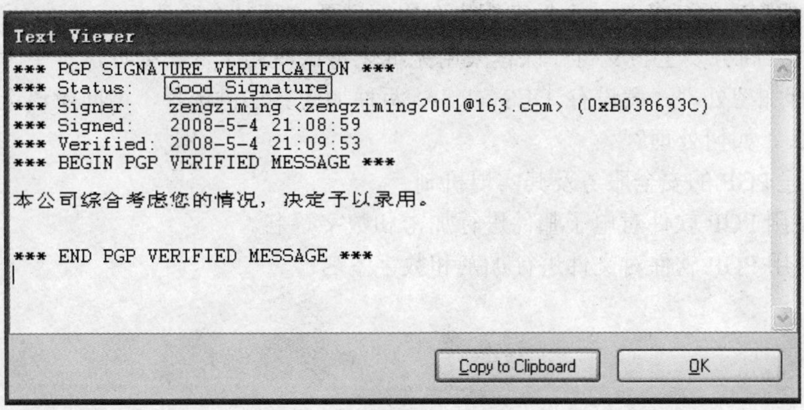

图 3-26　有效的签名邮件

本 章 小 结

数据加密技术是实施所有安全服务的一个重要工具，分为对称密钥加密系统和公开密钥加密系统两种基本的加密体制。对称密钥加密系统使用单一的密钥，用来加密数据以保障数据的机密性，相关的对称加密算法有 DES、IDEA、RC5 等。而公开密钥加密系统则使用一个密钥对：私有密钥由一方持有而对其他方是保密的，相应的公开密钥则对任何方都公开。RSA 算法是最有名且容易理解的公开密钥加密算法。同时，ECC 算法等也受到了越来越多的重视。

本章在介绍数据加密技术的基础上，对密码技术的应用进行了详细的介绍。密码技术的应用有数字信封、数字摘要、数字签名和数字验证等技术。通过这些技术，可以分别实现数据信息的保密性、完整性和不可抵赖性。

此外，本章也对密钥管理技术进行了介绍，包括对称密钥管理、公开密钥管理等。在此基础上，本章对前面各种加密技术及应用进行综合，介绍了一个综合的加密系统。

最后，本章介绍 PGP 软件，包括 PGP 的加密原理、密钥管理方法等；并以电子邮件为对象，介绍 PGP 的加密和数字签名使用方法。

本 章 习 题

1. 名词解释：

（1）数字签名　（2）数字信封　（3）数字摘要　（4）DES　（5）RSA

2. 简述对称密钥密码体制的特点。

3. 简述 RSA 加密算法的原理。

4. 简述数字信封的操作过程。

5. 什么是数字签名？它有什么特点及必要性？

6. 简述数字签名和验证的过程。

7. 密钥管理的任务是什么？密钥生命周期主要有哪几个阶段？

8.“电子商务安全与支付”课程采用无纸化考试，为了保密处理，考生考完后需要对答卷进行加密处理，假设有 DES、RSA 两种加密算法供选择，请问应该选择哪种算法？为什么？如何处理？

9. 简述 PGP 的安全服务及其实现机制。

10. 使用 PGP 软件对电子邮件进行加密和数字签名。

11. 使用 PGP 软件对文件进行加密和数字签名。

第 4 章　电子商务的安全认证

在电子商务的开放网络中，不同于传统的面对面的和其他形式的物质交易，数字认证对于交易的电子化保证进行及交易的保障起到了重要的作用。认证通过减少在组织内部、组织之间及个人之间广泛流通的交易数据被窃取、泄漏或伪造从而保证其安全性。这样使得交易所需的共同信任和依赖成为可能。本章介绍了电子商务的认证体系。首先阐述电子商务中认证体系的必要性，并对相关概念进行简要的说明；然后对数字证书及其颁发机构（CA）进行了解释，重点介绍了 CA 的功能及其在我国的发展现状；在安全认证机制的基础上，本章最后介绍了 PKI，包括 PKI 概述、PKI 的信任模型、PKI 的标准和应用等。

4.1　网上身份认证与认证体系

随着计算机技术的发展和社会的进步，通过网络进行的电子商务活动在当今社会越来越频繁，身份认证是一个不得不解决的重要问题，它将直接关系到电子商务活动能否高效而有序地进行。现代密码学的两个最重要的分支就是加密和认证。加密的目的是防止敌方获得机密信息。认证则是为了防止敌方的主动攻击，包括验证信息真伪及防止信息在通信过程中被篡改、删除、插入、伪造、延迟及重放等。认证主要包括三个方面：消息认证、身份认证和数字签名。

身份认证又称为身份识别，它是数字签名技术和身份鉴别技术的一个重要的应用领域。在当今网络应用环境中，网络资源的安全性保障通常采用基于用户身份的资源访问控制策略。身份认证的作用就是对资源使用者（即用户）的身份进行鉴别。它是网络安全管理的重要基础之一。身份识别技术使得被识别人让对方能够识别自己的真正身份，以使其合法权益得到保障。

身份认证作为网络安全中的一种重要技术手段，其作用是一方面能够保护网络中的数据和服务不会被未经授权的用户所访问，另一方面能够保障有足够的信息进行双方身份的确认。只有这样，商家才能放心地开展电子商务业务。

4.1.1　身份认证的概念

身份认证一般是通过对被认证对象（人或事）的一个或多个参数进行验证，从而确定被认证对象是否名实相符或有效。这要求要验证的参数与被认证对象之间应存在严格的对应关系，最好是唯一对应的。例如，银行的自动取款机（ATM）可将现款发放给经它正确识别的账号持卡人。常用的参数有口令、标识符、随机数、密钥或人的生理特征参数（如指纹、声纹、视网膜纹等）。

身份认证是许多应用系统的第一道防线，可以鉴别出和排除非法访问。用户在访问安全系统之前，首先需经过身份认证系统进行身份识别，然后访问监控器根据用户的身份和授权数据库决定用户能否对某个资源进行访问。授权数据库由安全管理员按照需要进行配置。审计系统根据审计设置记录用户的请求和行为，同时入侵检测系统检测是否有入侵行为。访问控制和审计系统都要依赖于身份认证系统提供的“信息”——用户的身份。可见，身份认证在安全系统中的地位是极其重要的，是最基本的安全服务，其他的安全服务都依赖于它。一旦身份认证系统被攻破，那么系统的所有安全措施都将受到严峻挑战。身份认证在安全系统中的作用如图 4-1 所示。

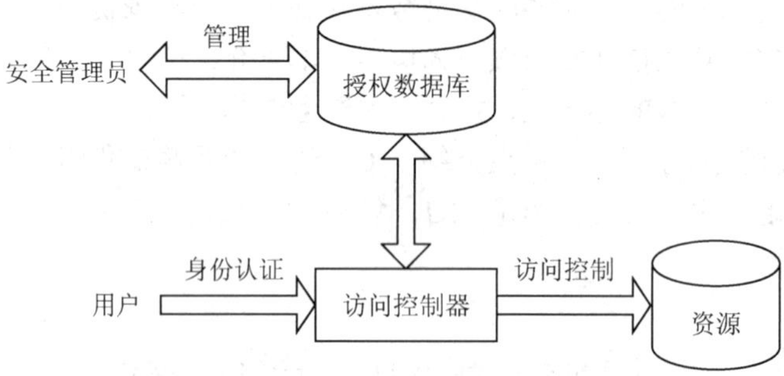

图 4-1　身份认证在安全系统中的作用

身份认证包括以下几个重要概念。

1）认证：在进行任何操作之前必须有有效的方法来识别操作执行者的真实身份。认证又称为鉴别、确认。身份认证主要是通过表示和鉴别用户的身份，防止攻击者假冒合法用户获取访问权限。

2）授权：授权是指用户身份被确认为合法后（即通过认证），赋予该用户操作文件和数据等的权限。赋予的权限包括读、写、执行及从属权。

3）审计：每一个人都应为自己所做的操作负责，所以在事情完成后都应该有记录，以便核查责任。

用户对资源的访问过程如图 4-2 所示。

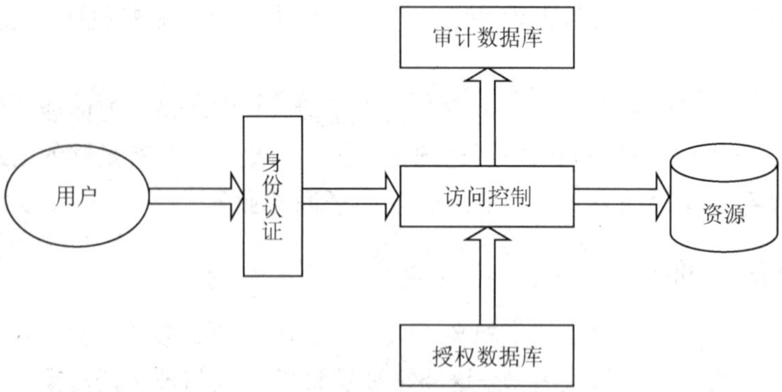

图 4-2　用户对资源的访问过程

日常生活中，人们的身份主要是通过各种证件来确认的，如身份证、户口簿、军官证、驾驶执照等。在计算机网络系统中，各种资源（如文件、数据等）也要求有一定的保证机制来确保这些资源被应该使用的人使用。身份认证通常是许多应用系统中安全保护的第一道防线，它的失败可能导致整个系统的失败。

通常，身份认证可分为单向认证和双向认证。如果通信的双方只需要一方被另一方鉴别身份，这样的认证过程就称为单向认证。而在双向认证过程中，通信双方需要互相认证对方的身份。

4.1.2　身份认证的分类

被认证方根据不同的凭证信息来证明自己的身份。根据个人信息的不同，可以将身份认证分为以下三种类型。

（1）基于口令方式的身份认证

用户身份认证的最简单、应用最广泛的一种方法就是口令方式，口令由数字、字母、特殊字符等组成。这种身份认证方法操作十分简便，但最不安全，也不能抵御口令猜测攻击。

（2）基于标记方式的身份认证

标记是一种用户所持有的某个秘密信息（硬件），上面记录着用于系统识别的个人信息。常用的标记多采用磁介质，而磁介质却有不少缺陷。磁介质最大的问题就是易受环境影响，而且也易被修改和转录，所以用智能卡取代磁卡是很必要的。智能卡的原理是在卡内安装计算机芯片以取代原来的磁介质，这样就克服了磁介质的缺陷，使身份识别更有效、更安全。但智能卡仅仅为身份识别提供了一个硬件基础，要想得到安全的识别，还需要与安全协议配套使用。

（3）基于个人生物特征的身份认证

基于个人生物特征的身份认证是指利用某些人体生物学特征，如指纹、声音、DNA 图案、视网膜扫描图案进行身份认证。其优点是严格依据人的物理特征并且不依赖于任何能被复制的文件或可被破解的口令。由于成本的原因，目前基于生物特征的身份认证设备还不是很多，但是随着新的功能更强大的软、硬件引入，这种方法正在成为电子商务中对用户身份识别的解决方案。

4.1.3　认证体系

人们通常都采用最有效的安全技术来建立电子商务安全体系结构。电子商务认证体系包括两大部分，即符合 SET 标准的 SET CA 认证体系和基于 X.509 的 PKI CA 体系。下面分别介绍这两种重要的 CA 机制。

（1）SET　CA

1997 年 2 月，由 MasterCard 和 VISA 发起成立的 SETCO 公司，被授权作为 SET 的根 CA。从 SET 协议中可以看出，由于采用公开密钥加密算法，CA 就成为整个系统的安全核心。SET 中 CA 的层次结构依次为：根 CA（RCA）、区域性 CA（GCA），GCA 下设持卡人 CA（CCA）、商户 CA（MCA）、支付网关 CA（PCA）。在 SET 中，CA 所颁发的数字证书主要有持卡人证书、商户证书和支付网关证书。在证书中，利用 X.500 识别名来确定 SET 交易中所涉及的各参与方。CA 层次结构如图 4-3 所示。

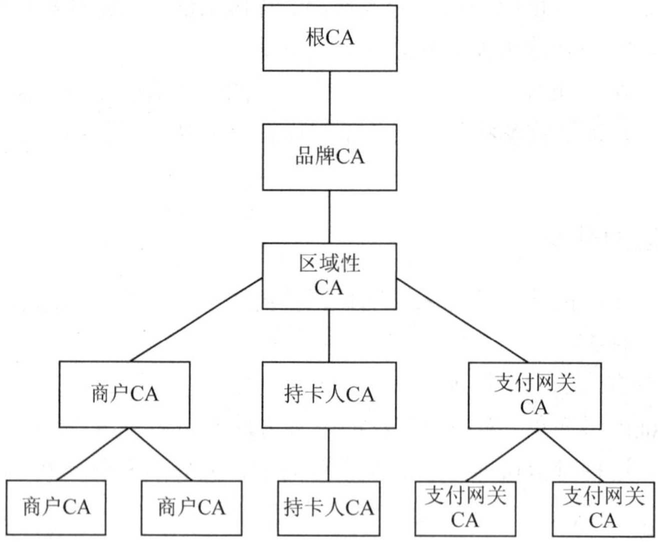

图 4-3　CA 认证体系

SET CA 是一套严密的认证体系，可保证 B2C 类型的电子商务安全顺利地进行，但 SET 认证结构仅适用于信息卡支付，对其他支付方式是有所限制的。

（2）PKI CA

PKI CA 是提供公开密钥加密和数字签名服务的平台，采用 PKI 框架管理密钥和证书，基于 PKI 的框架结构及在其上开发的 PKI 应用，为建立 CA 提供了强大的证书和密钥管理能力，可以建立一个安全的网络环境。

PKI CA 增加网上交易各方的信任，也为它们之间的可靠通信创造条件，并为 B2B 及 B2C 两种电子商务模式提供兼容性服务（特别是 B2B 模式的服务）。而 SET CA（支付型认证体系）只适应于部分 B2C 模式。

4.2 数 字 证 书

4.2.1 数字证书概述

数字证书就是标志网络用户身份信息的一系列数据，它用来在网络通信中识别通信各方的身份，即要求在 Internet 上解决“我是谁”的问题，就如同现实中我们每一个人都要拥有一张证明个人身份的身份证或驾驶执照一样，以表明我们的身份或某种资格。

数字证书是由权威公正的第三方机构（即 CA）签发的，以数字证书为核心的加密技术，可以对网络上传输的信息进行加密和解密、数字签名和签名验证，保证信息的机密性、完整性，以及交易实体身份的真实性和签名信息的不可否认性，从而保障网络应用的安全性。数字证书体系采用公开密码体制，即利用一对互相匹配的密钥进行加密、解密。每个用户拥有一把仅为本人所掌握的私有密钥，用它进行解密和签名；同时拥有一把公开密钥，用于加密和验证签名。当发送一份保密文件时，发送方使用接收方的公开密钥对数据加密，而接收方则使用自己的私有密钥解密，这样，信息就可以安全无误地到达目的地。即使被第三方截获，由于其没有相应的私有密钥，也无法进行解密。

数字证书实现在网络环境下将公开密钥安全地分发给可信赖的实体。数字证书由认证机构签发，为证书主体所有。证书主题是指持有相应私有密钥的个人、设备或其他实体。当证书的主体是个人或法人实体时，一般将这类持有证书的主体称为认证机构的用户。图 4-4 给出了数字证书的简单介绍。

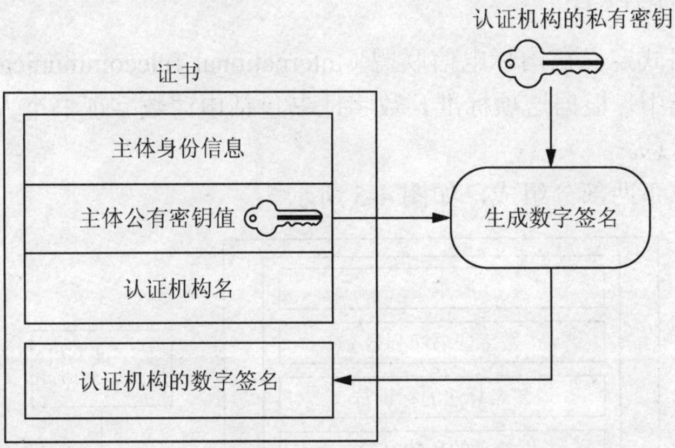

图 4-4　数字证书简介

使用数字证书的主要好处是，只要知道认证机构的公开密钥，就可以安全地获取各通信方的公开密钥。目前随着公开密钥密码技术在网络中的广泛应用，数字证书也广泛应用于发送安全电子邮件、访问安全站点、网上证券交易、网上采购招标、网上办公、网上保险、网上税务、网上签约和网上银行等安全电子事务处理和安全电子交易活动等领域。

4.2.2　数字证书的类型

应用程序能够识别的证书类型如下。

（1）个人数字证书（客户数字证书）

个人数字证书包含个人身份信息和个人公开密钥，用于标识证书持有者的个人身份。在某些情况下，服务期可能在建立 SSL 协议连接时要求客户提供个人数字证书来证实客户身份。为了取得个人数字证书，用户可向某个 CA 申请，CA 经过审查后决定是否向用户颁发证书。

（2）服务器数字证书（站点数字证书）

服务器数字证书证实服务器的身份和公开密钥。它主要用于网站交易服务器的身份识别，使得连接到服务器的用户确信服务器的真实身份。目的是保证客户和服务器之间交易、支付时确保双方身份的真实性、安全性、可信任性等。

（3）安全电子邮件数字证书

安全电子邮件数字证书用于对普通电子邮件做加密和数字签名处理，以确保电子邮件内容的安全性、机密性、发件人身份的确定性和不可抵赖性。

（4）CA 数字证书

CA 数字证书证实 CA 身份和 CA 的签名密钥。有些传送安全电子邮件的应用程序使用该证书来验证用户身份和加密、解密消息。

（5）代码数字证书

代码数字证书又称代码签名证书，它代表了软件开发者的身份，用于对其开发的软件进行数字签名，以证明该软件的合法性。

4.2.3　数字证书的内容

数字证书的格式定义在国际电信联盟（International Telecommunication Union，ITU）制定的 X.509 标准中。根据这项标准，数字证书包括申请数字证书个人的信息和发行数字证书的 CA 的信息。

数字证书由以下两部分组成，如图 4-5 所示。

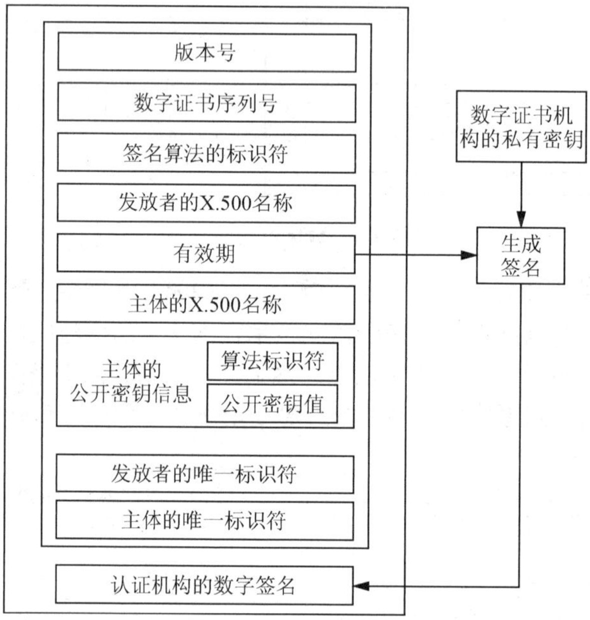

图 4-5　数字证书格式

（1）数字证书数据

数字证书中的数据包含以下信息。

① 版本号：代表数字证书的版本格式是版本 1、版本 2 或版本 3，将来还可以是其他版本。

② 证书序列号：每一个由 CA 发行的证书必须有一个唯一的序列号。

③ 签名算法标识符：认证机构用来对数字证书进行签名所使用的数字签名算法的算法标识符。

④ 数字证书发放者：发行数字证书的认证机构的 X.500 名称。

⑤ 有效期：数字证书的起始和终止的日期和时间。

⑥ 主体：与相应的被验证公开密钥所对应的私有密钥持有者的 X.500 名称。

⑦ 主体的公开密钥信息：主体的公开密钥值及该公开密钥被使用时所用的算法标识符。

⑧ 发放者的唯一标识符：这是一个可选项，当不同的实体具有相同的名称时，利用该标识符可使发放数字证书的认证机构的 X.500 名称不具有二义性。

⑨ 主体的唯一标识符：这是一个可选项，当不同的实体具有同样的名称时，利用该标识符可使主体的 X.500 名称不具有二义性。

（2）发行数字证书的 CA 签名

数字证书第二部分包括发行数字证书的 CA 签名和用来生成数字签名的签名算法。任何人收到数字证书后都能使用签名算法来验证数字证书是不是由 CA 的签名密钥签署的。

图 4-6 和图 4-7 给出了一份数字证书中的信息。

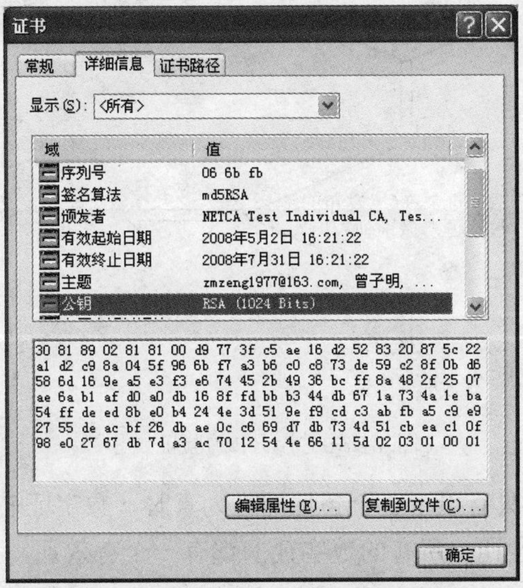

图 4-6　数字证书的信息之一

图 4-7　数字证书的信息之二

4.2.4　数字证书的验证

数字证书的验证过程如图 4-8 所示。

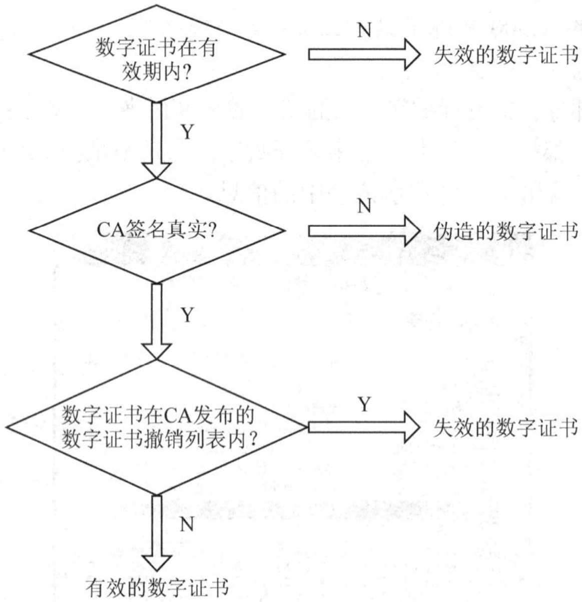

图 4-8　数字证书的验证过程

从图中可以看出，只有以下 3 个条件同时为真时，数字证书才是有效的。

1）数字证书没有过期。所有的数字证书都有一个有效期，只有在有效期以内数字证书才有效。

2）数字证书中的公开密钥信息没有修改。如果公开密钥被修改，就不应该再使用，公开密钥对应的数字证书就应当被收回。因此，必须对 CA 签名的数字证书进行验证。如果验证通过，则公开密钥信息没有修改；否则，公开密钥信息已被修改，则数字证书无效。

3）数字证书必须不在 CA 发行的无效数字证书清单中。例如，某雇员离开了公司，雇员就不能再使用自己的数字证书；这时应通知发放该数字证书的 CA，将数字证书进行撤销，并将其放在数字证书作废列表（certificate revocation list，CRL）中。

4.2.5　数字证书的使用

数字证书帮助证实个人身份。当把自己的数字证书送给某人，并将消息用自己的密钥加密，接收者就能用数字证书中的公开密钥来证实自己的身份。个人的数字证书和密钥就是个人身份的依据。如此一来，当有人冒用他人的公开密钥进行数字签名时，数字证书就可以马上提出证明，从而解决了数字签名最棘手的问题。

认证机构发放的数字证书主要应用于以下四个方面。

1）通过 S/MIME（secure/multipurpose Internet mail extensions，安全/多用途网际邮件扩充）协议实现安全的电子邮件系统。

2）通过 SSL 协议实现浏览器与 Web 服务器之间的安全通信。

3）通过 SET 协议实现信用卡网上安全支付。

4）提供电子商务中认证数字证书标准。

4.3　CA

4.3.1　CA 概述

CA（认证中心）又称认证机构、证书授予机构，是承担网上认证服务，能签发数字证书并能确认用户身份的受大家信任的第三方机构。CA 通常是企业性的服务机构，其主要任务是受理数字证书的申请、签发，以及对数字证书进行管理。

CA 是保证电子商务安全的关键，是公正的第三方，它为建立身份认证过程的权威性奠定了基础，为交易的参与方提供了安全保障，为网上交易构筑了一个相互信任的环境，解决了网上身份认证、公开密钥分发及信息安全等一系列问题。

CA 对含有公开密钥的数字证书进行数字签名，使证书无法伪造。每个用户都可以获得认证机构的公开密钥，以此来验证任何一张数字证书的数字签名，从而确定该数字证书是否由某 CA 签发、该数字证书是否合法。数字证书与驾驶执照一样，用来表示个人身份，且有一定的有效期，有效期结束后必须重新申请。CA 作为数字证书的发行机构具有一定的权威性，因而数字证书被社会所承认和接受。

数字证书与 CA 相结合为电子商务带来的好处是，如果两个用户都信任某个认证机构并从该 CA 处得到一个数字证书，那他们就可以通过互相交换数字证书来得到对方的公开密钥。由于数字证书上有 CA 的数字签名，所以用户只要得到正确的认证机构的公开密钥，就可以通过对 CA 数字签名的鉴定来判断数字证书中的内容是否正确。数字证书和 CA 的结合减轻了公开密钥交换过程中验证公开密钥的麻烦。也就是说，有了数字证书和 CA，用户就不再需要通过验证来信任每一个想要交换信息的用户的公开密钥，而只要验证和信任颁发数字证书的 CA 的公开密钥就可以了。

在电子商务的认证体系中，CA 担当了权威的 CA 的职责。在电子交易中，无论是数字时间戳服务还是数字证书的发放，都不是靠交易双方自已就能完成的，而需要由一个具有权威性和公正性的第三方来完成。这个第三方可以是某个政府机构，也可以是某个独立的企业，但关键是大家都要信任它。因此，电子商务需要建立一个全国乃至全球性的 CA。

从全球范围来说，目前世界上最权威的认证机构是美国的 VeriSign 公司。VeriSign 公司成立于 1995 年 4 月，是全球数字信任服务的主要提供商。它提供四种核心服务：网络服务、安全服务、支付服务及电子交流服务，目的是要创造一个诚信的环境，让企业和用户都能互相信任地进行商业往来和交流。世界 500 强企业无一例外都在使用 VeriSign 的网络服务。VeriSign 公司提供的数字证书服务遍及世界各地，提供了各种类型的数字证书，包括个人证书、服务器证书和开发者证书等。

4.3.2 CA 的组成和功能

1. CA 的组成

一个典型的 CA 系统包括注册服务器、安全服务器、注册机构（Registry Authority，RA）、数字证书机构的核心 CA 服务器、LDAP（lightweight directory access protocol，轻量级目录访问协议）服务器和数据库服务器等。图 4-9 显示了 CA 系统的组成。

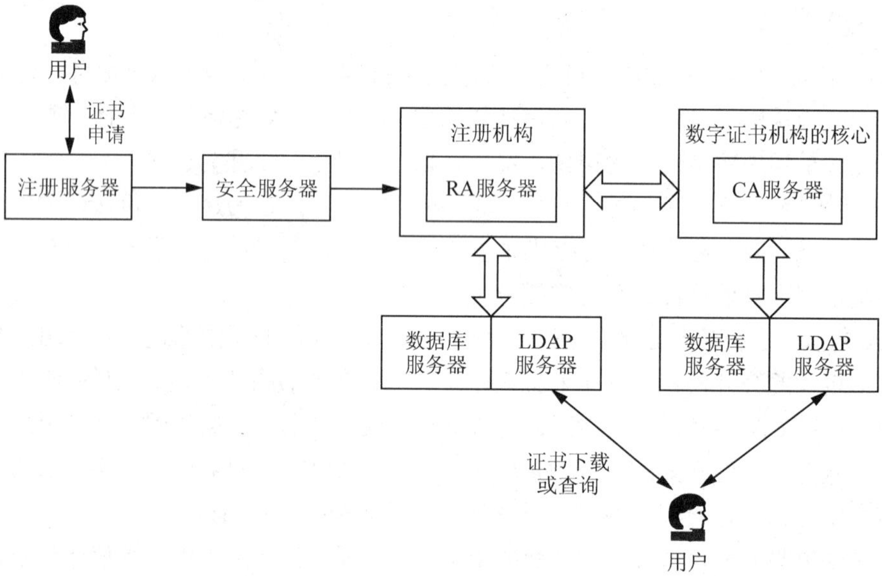

图 4-9 CA 系统的组成

1）注册服务器。通过 Web 服务器建立的站点，可为客户提供 24 小时不间断的服务。客户在网上提出数字证书申请和填写相应的数字证书申请表。

2）安全服务器。安全服务器面向普通用户，用于提供数字证书申请、浏览、CRL 及数字证书下载等安全服务。安全服务器与用户的通信采用安全通道方式（如 SSL 的方式，不需要对用户进行身份认证）。用户首先得到安全服务器的数字证书（该数字证书由 CA 颁发），然后用户与服务器之间的所有通信，包括用户填写的申请信息及浏览器生成的公开密钥，均以安全服务器的密钥进行加密传输，只有安全服务器利用自己的私有密钥解密才能得到明文，这样可以防止其他人通过窃听得到明文，从而保证了数字证书申请和传输过程中的信息安全性。

3）注册机构 RA 服务器。RA 服务器面向登记中心操作员，在 CA 体系结构中起承上启下的作用，一方面向 CA 转发安全服务器传输过来的数字证书申请请求，另一方面向 LDAP 服务器和安全服务器转发 CA 颁发的数字证书和 CRL。

4）CA 服务器。CA 服务器是数字证书生成、发放的运行实体，同时提供发放数字证书的管理、CRL 的生成和处理等服务，是整个数字证书机构的核心。CA 服务器首先产生自己的私有密钥和公开密钥（密钥长度至少为 1024 位），然后生成数字证书，并且将数字证书传输给安全服务器。CA 服务器还负责为操作员、安全服务器及注册机构服务器生成数字证书。安全服务器的数字证书和私有密钥也需要传输给安全服务器。CA 服务器是整个结构中最为重要的部分，存有 CA 的私有密钥及发行数字证书的脚本文件，出于安全的考虑，应将 CA 服务器与其他服务器隔离，所有通信采用人工干预的方式，以确保认证中心的安全。

5）LDAP 服务器。LDAP 服务器提供目录浏览服务，负责将注册机构服务器传输过来的用户信息及数字证书加载到服务器上。这样其他用户通过访问 LDAP 服务器就能够得到其他用户的数字证书。

6）数据库服务器。数据库服务器是认证机构中的核心部分，用于认证机构中数据（如密钥和用户信息等）、日志和统计信息的存储与管理。实际的数据库系统应采用多种措施，如磁盘阵列、双机备份和多处理器等方式，以维护数据库系统的安全性、稳定性、可伸缩性和高性能。

2. CA 的功能

CA 的核心功能是发放和管理数字证书，应具备以下功能。

① 接收用户数字证书申请，确定是否批准审批。

② 向申请者颁发（或拒绝颁发）数字证书。

③ 手工或自动更新数字证书。

④ 接受用户关于数字证书的查询。

⑤ CRL 管理。

⑥ 数字证书存档、归档、备份管理。

⑦ 密钥自动更新。

⑧ 密钥存储、归档、备份管理。

⑨ 作废过期的密钥管理。

⑩ 历史数据归档。

将以上功能归纳起来，CA 认证机构的主要功能如下。

（1）数字证书的颁发

CA 接收、验证用户（包括下级 CA 和最终用户）的数字证书的申请。将申请的内容进行备案，并根据申请的内容确定是否受理该数字证书申请。如果 CA 接受该数字证书申请，则进一步确定给用户颁发何种类型的数字证书。新数字证书用 CA 的私有密钥签名以后，发送到目录服务器以供用户下载和查询。为了保证消息的完整性，返回给用户的所有应答信息都要使用 CA 的签名。

（2）数字证书的更新

CA 可以定期更新所有用户的数字证书，或者根据用户的请求来更新用户的数字证书。

（3）数字证书的查询

数字证书的查询可以分为两类：其一是数字证书申请的查询，CA 根据用户的查询请求返回当前用户数字证书申请的处理过程；其二是用户数字证书的查询，这类查询由 LDAP 服务器来完成，LDAP 服务器根据用户的请求返回适当的证书。

（4）数字证书的作废

当用户的私有密钥由于泄漏等原因造成用户数字证书要申请作废时，用户要向 CA 提出数字证书作废的请求，CA 根据用户的请求确定是否将该数字证书作废。另外一种数字证书作废的情况是，数字证书已经过了有效期，CA 自动将该数字证书作废。CA 通过维护 CRL 来完成上述功能。

数字证书作废的步骤如下：

1）用户向 RA 操作员 CRL Manager 发送一封签名加密的邮件，声明自己自愿作废数字证书。

2）注册机构同意数字证书作废，操作员键入用户的序列号，对请求进行数字签名。

3）CA 查询 CRL，选出其中的一个。验证操作员的数字签名，如果正确的话，则同意用户的 CRL 申请，同时更新 CRL，然后将 CRL 以多种格式输出。

4）注册机构转发 CRL。操作员导入 CRL，以多种不同的格式将 CRL 公布于众。

5）用户浏览安全服务器，下载或浏览 CRL。

（5）数字证书的归档

数字证书具有一定的有效期，过了有效期之后就将作废，但是不能将作废的数字证书简单地丢弃，因为有时可能需要验证在以前的某个交易过程中产生的数字签名，这时就需要查询作废的数字证书。基于此类考虑，CA 还应当具备管理作废数字证书和作废私有密钥的功能。

4.3.3 我国 CA 的发展及实例

1. 我国 CA 的发展概况

目前，CA 所提供的认证服务已经开始被越来越多的企业和个人所接受，被广泛地应用于公众网络上的商务活动和行政作业活动中，包括各类支付型和非支付型的电子商务活动，其应用范围涉及需要进行身份认证及数据安全的各个行业，包括传统的商业、制造业、流通业的网上交易，以及公共事业、金融服务业、工商税务海关、政府行政办公、教育科研单位、保险、医疗等各类网上系统。可以说，CA 已经成为了电子商务中必不可少的有机组成部分。

从我国 CA 的建设情况来看，国内的 CA 大致分为以下三类。

（1）行业性 CA

在行业性 CA 中，中国金融认证中心（China Finance Certification Authority，CFCA）和中国电信认证中心（China Telecom Certificate Authority，CTCA）是最典型的代表，然而经过规范化后，只有 CFCA 获得了电子认证服务资质，成为目前我国仅存的一家行业性 CA。CFCA 由中国人民银行牵头，组织国内 14 家银行共同组建，为银行系统提供 SET 和 Non-SET 认证服务。行业性 CA 的特点是规模比较大，由一个行业内的多家企业共同参与组建，为行业内的企业提供安全认证服务，同时也向非本行业的企业提供安全认证服务。

（2）区域性 CA

区域性 CA 在我国的 CA 中占了很大一部分。它们通常是政府授权建立，以公司机制来运作，如广东省电子商务认证中心（China Comservice Certificate Authority，CNCA）、上海市数字证书认证中心（Shanghai Electronic Certificate Authority Center，SHECA）、深圳 CA 中心（Shenzhen Certificate Authority，SZCA）等。虽然它们不是由政府直接建立的，但是仍然有浓厚的政府背景。

CA 建设耗资巨大，上海和广东经济比较发达，于是在 CA 建设上走到了其他省区市的前面。它们都由政府授权建立，自主开发核心技术。上海 CA 的数字证书服务基本齐全，不仅包括了齐备的通用数字证书，而且还签发与信用卡捆绑的 SET 证书。而广东 CA 目前只签发部分通用数字证书，等到它的第二期工程完成，将可发放 WAP（wireless application protocol，无线应用协议）、VPN 等其他通用数字证书。

上海和广东 CA 可谓是区域 CA 的佼佼者，它们在建设过程中，考虑到了区域的互通性问题，都建立了跨区域的认证体系。广东 CA 更与香港实现了双向认证，为以后各省区市 CA 互通性建设提供了经验。另外，它们在电子商务法制方面做出了努力，相继出台了认证法案条例，也为我国电子商务法律的建设提供了参考。

（3）商业性 CA

商业性 CA 没有政府色彩，完全是市场化的结果。一些商业机构看到了商机，于是筹资组建商业性 CA。目前我国的商业性 CA 并不多，只有少数几家，如天威诚信等。

2. 我国 CA 实例

下面以国内几种著名 CA 认证机构为例，对我国 CA 的发展情况进行介绍。

（1）CFCA

CFCA 是由中国人民银行牵头，中国工商银行、中国银行、中国农业银行、中国建设银行、交通银行、招商银行、中信实业银行、华夏银行、广东发展银行、深圳发展银行、光大银行、民生银行和福建兴业银行等 14 家商业银行联合建设，由银行卡信息交换总中心承建，专门负责为金融业的各种认证需求提供认证服务的认证机构。图 4-10 为 CFCA 的主页。

图 4-10　CFCA 的主页

CFCA 为了满足金融业在电子商务方面的多种需求，采用 PKI 技术，建立了 SET 和 Non-SET 两套系统，提供多种数字证书来支持各成员行有关电子商务的应用开发及数字证书的使用，为参与网上交易的各方提供安全的基础，建立彼此信任的机制。并且在电子商务发展中，积极组织并参与有关网上交易规则的制定，以及确立相应的技术标准等。CFCA 的 SET CA 由 IBM 公司承建，Non-SET CA 由 Entrust 公司、Sun 公司和北京德达创新信息技术有限责任公司承建。在业务模式上，CFCA 全面支持电子商务的两种主要业务模式（即 B2B 和 B2C）。其中，SET CA 主要用于电子商务中的 B2C 业务模式的身份认证，而 Non-SET CA 则可同时支持 B2B 和 B2C 两种业务模式的身份认证。

CFCA 的建立是我国金融体系建立金融最高认证权威的第一步，将对我国广泛开展电子商务活动及网上银行、网上支付等现代金融、贸易活动起到巨大的推动作用。

CFCA 认证系统采用国际领先的 PKI 技术，总体为三层 CA 结构。第一层为根 CA，设在中国人民银行总行。它负责制定和审批总体政策，确定每层 CA 的功能和职责，给自己签发证书，并签发和管理第二层 CA 的数字证书及与其他根 CA 的交叉认证。第二层为政策 CA，根据根 CA 的政策制定具体的管理制度和运作规范，签发和管理第三层 CA 的数字证书和 CRL 等。第三层为运营 CA，根据根 CA 制定的政策和第二层 CA 的具体规定，直接给最终用户（持卡人、商家、企业和支付网关等）发放各种应用的数字证书。运营 CA 由 CA 系统和数字证书注册审批机构（RA）两大部分组成。整个 CFCA 认证系统的体系结构如图 4-11 所示。

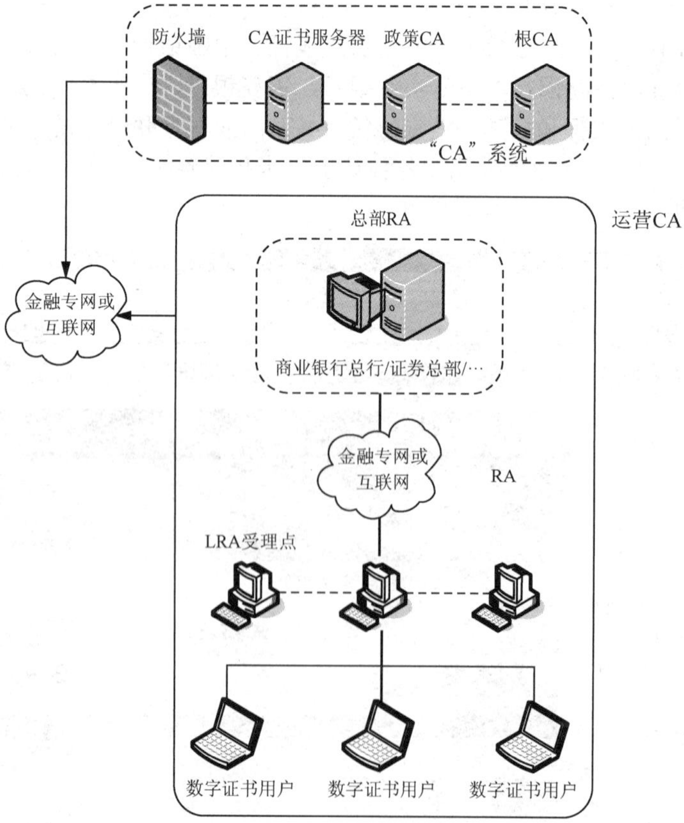

图 4-11　CFCA 认证系统的体系结构示意图

CA 系统：承担数字证书签发、审批、废止、查询、数字签名、数字证书/黑名单发布、密钥恢复与管理、数字证书验证和政策制定。CA 系统设在 CFCA 本部，不直接面向用户。

RA 系统：直接面向用户，负责用户身份申请审核，并向 CA 申请为用户转发数字证书。RA 系统一般设置在商业银行的总行、证券公司、保险公司总部及其他应用数字证书的机构总部，受理点（Local Registration Authority，LRA）设置在商业银行的分/支行、证券、保险营业部及其他应用数字证书的分支机构。RA 系统可方便地集成到其他业务应用系统。

CFCA 认证系统在满足高安全性、开放性、实用性、高扩展性、交叉认证等需求的同时，从物理安全、环境安全、网络安全、CA 产品安全及密钥管理和操作运营管理等方面均按国际标准制定了相应的安全策略；专业化的技术队伍和完善的运营服务体系，确保了系统 7×24 小时安全、高效、稳定运行。

CFCA 的安全是其正常运行的基本要求。

从 CFCA 自身安全保障的角度来看，其主要目标在于维护系统信息的保密性、有效性和完整性，具体内容包括系统安全、通信安全和数据安全。CFCA 必须能够抵抗来自外部和内部的攻击，保障系统不崩溃，要能够防止信息被窃取，严格保证 CA 私有密钥和用户账号信息的安全，还要有足够的能力防止黑客的攻击。CA 系统的敏感部位，如数据库、存储装置等都设有严格的保护系统。为了防止内部破坏，系统对管理员的操作制定了具体有效的管理手段，如管理员不能直接读取、修改数据库中心的任何信息，所有操作必须通过管理员界面进行，而且进入管理员界面必须由两位管理员采用各自的用户密码同时登录，所有操作都会被保存在日志中，以备查询。

CFCA 的安全保障还包括设备安全和环境安全。服务器、网络设备、布线箱及相关的网络外设都要设计独立的机房。设计要求机房除了必须满足所需的环境要求之外，还应具有相应的访问控制系统。该系统可以对所有人员的进入进行限制，以杜绝对设备的非法物理访问（如直接从控制台修改配置、更改网络布线配置、非法接入监听设备等），以保证设备的安全。此外，CFCA 对外部环境也有很高的要求，如办公楼电源的不间断保护，以及大楼的防盗、防震、防火、防辐射、门禁监控设施等样样齐备，同时对其私有密钥采取了特殊的保护措施。

为了保证认证中心的安全，金融认证中心专门建立了一幢独立的建筑。CFCA 的机房采取了严格的符合国际标准的措施，机房六面墙体（四面墙、天花板和地板）都采用无缝钢板进行屏蔽，安装了高级监控设备，装置了严格的门禁设备，制定了完善的安全制度。另外，在 CFCA 的网络安全策略上，将整个 CFCA 系统划分成不同安全等级的区域，有些区域可以由外界通过公网进行访问，有些区域只能由特许人员访问，以确保系统的安全性。网络系统中还安装了世界先进的黑客入侵检测预警系统，以抵御黑客的攻击。

为了符合国家的安全保密政策，CFCA 的密码模块采用了国内自主开发、经安全部门认可的产品。

1）CFCA 金融认证服务的相关业务规则。

CFCA 的证书管理策略实施说明中还详细地列出了金融认证服务的相关业务规则。CFCA 根据其为金融认证服务的特性，按照电子商务中的不同角色，制定了下列相关业务规则。

① 网关（银行）业务规则。网关（银行）业务规则根据其使用的数字证书及其在网上交易是否遵循 SETCO 标准，可分为 SET 标准支付网关业务规则和 Non-SET 标准银行业务规则两种。网关（银行）业务规则具体包括：网关（银行）数字证书申请、审批流程；网关（银行）数字证书使用指南；网关（银行）软件要求；网关（银行）环境要求。

② 商户（企业）业务规则。商户（企业）业务规则根据其使用的数字证书及其在网上交易是否遵循 SETCO 标准，可分为 SET 标准商户业务规则和 Non-SET 标准企业业务规则两种。商户（企业）业务规则具体包括：商户（企业）基本资格要求；商户（企业）网上业务资格要求；商户（企业）数字证书申请、审批流程；商户（企业）数字证书使用指南；商户（企业）软件要求；商户（企业）变更流程指南。

③ 持卡人（个人）业务规则。持卡人（个人）业务规则根据其使用的数字证书及期在网上交易时是否遵循 SETCO 标准，可分为 SET 标准持证人（持卡人）业务规则和 Non-SET 标准持证人证书。Non-SET 标准持证人证书根据使用证书的风险不同又分为个人普通证书和个人高级证书。持卡人（个人）业务规则具体包括：持卡人（个人）基本资格要求；持卡人（个人）网上业务资格要求；持卡人（个人）数字证书申请、审批流程；持卡人（个人）数字证书使用指南；持卡人（个人）软件要求；持卡人（个人）变更流程指南。

④ 中介机构业务规则。在 Non-SET 体系内，有一个特殊的中介机构，它的作用主要是转发及保留相关交易信息。CFCA 在数字证书的扩展字段中自定义了一项，称为数字证书使用范围，以此来与其他用户数字证书进行区分。中介机构业务规则具体包括：中介机构基本资格要求；中介机构网上业务资格要求；中介机构数字证书申请、审批流程；中介机构数字证书使用指南；中介机构软件要求；中介机构变更流程指南。

2）CFCA 支持的电子商务业务。

目前，CFCA 具有覆盖全国的认证服务体系，提供多种用途的数字证书和信息安全服务，满足金融领域及其他各界用户的应用需求，包括网上银行、网上证券、网上申报与缴税和安全移动商务等。CFCA 数字证书全面支持电子商务的各种业务运作模式。

① 网上银行。网上银行业务是指网上银行将其传统的柜台业务拓展到 Internet 上，用户访问其 Web 服务器进行在线的实时查询、转账、汇款和开户等业务。作为银行界共建的第三方专业认证机构，CFCA 支付类数字证书独有的“金融特色”，能够全面支持国内十余家银行 B2B、B2C 网上银行业务，极大地方便了数字证书使用者进行网上安全转账支付活动。

② 网上证券。网上证券交易可分为网上炒股和网上银证转账。网上炒股是股民和证券公司之间发生的两方交易。网上银证转账是指股民通过 Internet 将资金在银行股民

账户和证券公司账户之间划入或划出，是涉及股民、证券公司和银行的三方交易。

股民在使用数字证书进行网上交易时，对其网上交易指令也要进行加密和签名，以确保交易数据的有效性、机密性、完整性和不可抵赖性。网上证券交易对交易的实时性和方便性要求比较高，应用 CFCA 数字证书可以较好地解决安全和效率之间的矛盾。

③ 网上申报与缴税。网上申报及网上缴税是电子政务的一种应用，是指纳税人通过税务机关在 Internet 上的窗口（Web 站点）完成纳税申报、税款的缴纳及其他网上服务。网上申报过程涉及纳税人—税务，网上缴税涉及纳税人—税务—银行—国库，整个过程均需利用 CFCA 数字证书进行各方的身份鉴别、敏感信息的加密和解密及数字签名，以确保网上申报、缴税信息的安全。

作为能够全面支持国内银行 B2B、B2C 业务的唯一一家权威中立第三方认证机构，CFCA 所提交的仲裁依据具有公正性和权威性。因此，在采用证书系统来完成对网上纳税申报和缴费的身份认证及敏感信息的加、解密处理方面，CFCA 具有独特的优势。

④ 安全移动商务。CFCA 手机数字证书支持无线 PKI，提供基于 WAP 和短信息两种方式的手机数字证书，实现在移动商务中的身份验证、信息加密、数字签名，确保使用者能在任何地点、任何时间，方便、及时地进行安全接入信息与服务。

移动用户以短信息的形式将请求及指令发往移动运营商，移动运营商将信息进行转换，并使用 TCP/IP 发往移动商务平台，由该平台转发到对应的应用服务提供商，采用证书机制能够验证移动用户、移动设备的身份，以及认证经过加密发往各服务器的信息。

（2）CTCA

CTCA 安全认证系统于 1999 年 8 月 3 日通过国家信息产品安全认证中心的认证，并获得国家信息产品安全认证中心颁发的认证证书。目前，中国电信可以在全国范围内向用户提供数字证书服务。

CTCA 系统具有国内自主的知识产权，经过多种业务试用检验，功能完整、安全性好、运行稳定可靠。CTCA 安全认证系统采用可信任的第三方模式，适用于大型网络环境和大量用户使用的 CA 系统。系统采用国家密码管理委员会办公室鉴定的加密设备和加密算法，并且所有加、解密算法运算均可由硬件实现。

CTCA 安全认证系统遵循国际标准，签发的数字证书遵循的是 X.509 v3 标准。另外，根据不同情况，系统还可签发标准的 SSL 数字证书、S/MIME 数字证书，与标准的浏览器、Web 服务器实现互通。根据实际业务系统的不同需求，系统可以在 X.509 标准基础上进行数字证书属性的扩展，以适应不同业务系统的需求。此外，根据应用系统对安全强度的不同要求，系统还支持 512 位和 1024 位公开密钥数字证书的签发。

CTCA 系统有一套完善的数字证书发放体系和管理制度。该体系采用全国 CA、省级 RA 及地市级业务受理点，形成了覆盖全国的 CA 认证申请、发放、管理的完整体系。系统为参与电子商务的不同用户提供个人数字证书、企业数字证书和服务器数字证书。同时，中国电信还组织制定了《中国电信电子商务总体技术规范》、《中国电信 CTCA 接口标准》、《网上支付系统的接口标准》、《中国电信电子商务业务管理办法》等。同时，中国电信还向社会免费公布 CTCA 系统接口和 API（application programming interface，应用程序编程接口）软件包，为更多的电子商务应用开发商提供 CTCA 系统的支持与服务。

目前，中国电信已经与银行、证券、民航、工商、税务等多个行业联合开发出了网上安全支付系统、电子缴费系统、电子银行系统、电子证券系统、安全电子邮件系统、电子订票系统、网上购物系统、网上报税等一系列基于 CTCA 安全认证系统的电子商务应用系统，已经初步建立起中国电信电子商务平台。

CTCA 安全认证系统采用分级结构管理，形成覆盖全国的 CA 数字证书申请、发放、管理的完整体系，可以为全国的用户提供 CTCA 数字证书服务，使各类电子商务用户可以放心步入电子商务时代，享受电子商务为其带来的丰厚回报和巨大便利。中国电信电子商务 CA 认证系统由全国 CA、省级 RA 中心、地市级业务受理点组成，其结构如图 4-12 所示。

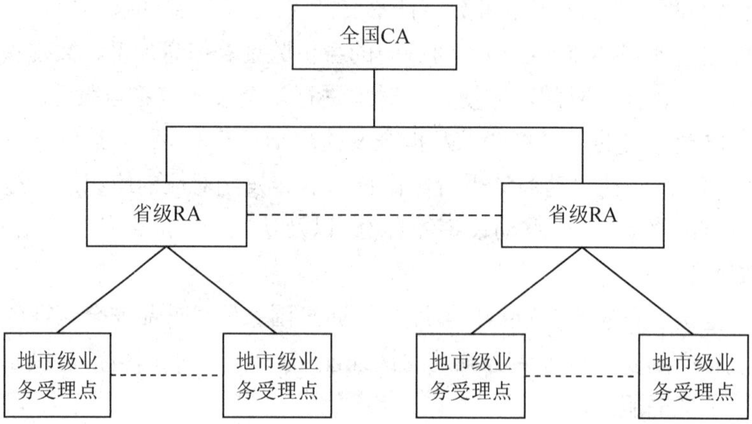

图 4-12　CTCA 的结构

（3）SHECA

SHECA 是信任服务和安全认证服务的专业提供商，通过提供在线的信任服务，为电子商务和网上作业保驾护航。SHECA 是国内较早建立的 CA，创建于 1998 年，经过国家批准并被列为信息产业部全国电子商务综合性示范工程的试点项目。图 4-13 为 SHECA 的主页。

SHECA 创建的跨行业、跨地区的 SHECA 认证体系，服务客户群体遍及全国，服务行业包括银行、证券、政府、企业等，面向单位、个人、网站、服务器、软件开发商、安全产品制造商、信息网络服务商等主体颁发 SHECA 数字证书。

SHECA 在为电子商务、电子政务、网上金融、网上证券、网上办公等提供安全可靠的认证和信息服务的同时，还提供证书管理器、SHECA 安全引擎、基于 SHECA 认证的简易支付、小额支付系统、防伪票据等各种产品和软件，以及电子公证、数字证书目录查询、数据库安全托管、密钥托管、企事业单位安全办公、政府安全上网、CA 架构及各类安全架构建设、VPN、培训等一系列服务和解决方案。

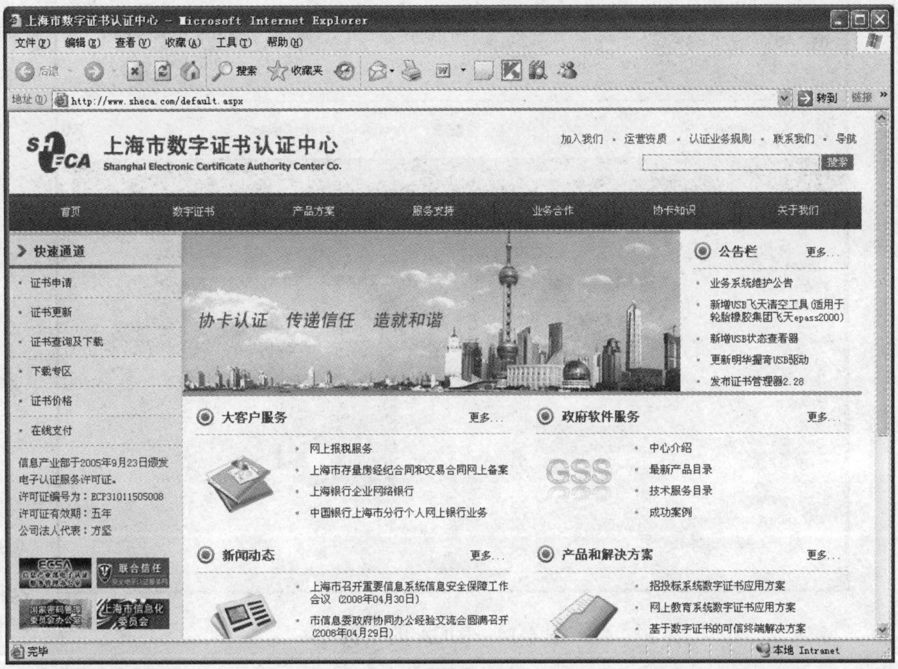

图 4-13　SHECA 的主页

SHECA 的认证体系架构，可以为全国各个地区提供 SHECA 安全认证服务，服务的行业遍及与电子商务有关的电子贸易、电子政务、公共服务、企业办公、证券交易、信息产业、电信等各个领域。目前已经颁发一系列完整的数字证书，包括与信用卡绑定的 SET 数字证书，以及不与业务挂钩的通用证书。发证对象包括个人、企事业单位、网站服务器、软件代码等，并提出了“一证在手，走遍天下”的理念。

为了推进电子商务的进程，SHECA 精心策划、提供安全和支付服务的 ECPASS 通道，已经完成基础建设，为商家、企业、个人提供高效、便捷、全面的服务，从安全方案到支付手段、网站建设、ICP 申请、证书申请等。

SHECA 提供了两种数字证书系统：①SET 数字证书系统。该系统符合 SET 协议，其特点是交易和信用卡绑定。②通用数字证书系统。该系统是结合国情自行设计开发的，其特点是和人或实体绑定，不仅可用于支付型的电子商务，也可用于政府办公网上作业。

（4）BJCA

BJCA（Beijing Certificate Authority，北京数字证书认证中心）是经北京市政府批准成立的认证机构，于 2001 年 2 月在北京正式成立。BJCA 是中国协卡认证（United Certificate Authority，UCA）体系的重要组成部分。作为权威、公正的第三方信任机构，BJCA 遵循国际标准，采用国内自主知识产权的高强度密码技术和其他相关安全技术，为用户提供数字证书的申请、审核、生成、颁发、存储、查询、废止等服务，并通过以数字证书为核心的信息安全解决方案为电子商务和电子政务提供安全保障。图 4-14 为 BJCA 的主页。

图 4-14　BJCA 的主页

BJCA 采用的相关技术如下。

1）安全代理软件（BJCA 安全组件之一）。针对 SSL 协议在国内网络应用中的局限和不足，并借鉴了 SSL 协议中的有关流程，BJCA 自主开发了 CapinfoProxy 安全代理软件，该软件由客户端安全软件和服务器端安全软件两部分构成，分别与浏览器和 Web 服务器协同工作。CapinfoProxy 能够为 Internet 上的信息传输提供完备和灵活的安全服务，并且为应用系统提供了丰富的后台接口。

2）数字证书开发接口 API。数字证书开发接口 API 是 BJCA 提供给软件开发商的一套 API，该接口是为所有应用程序开发者提供安全的平台接口，提供程序开发人员 1024/128 位强度的加密算法，任何使用 BJCA 数字证书的应用软件都可以实现无缝的切入，所有的安全机制都由该接口实现（包括数字证书验证、黑名单查询等）。本接口同时提供 Windows 98，Windows NT，UNIX 接口。随本接口发布数据库接口和 IC（integrated circuit，集成电路）卡接口，便于用户选择不同的数据库和 IC 卡。

BJCA 提供的数字证书包括个人数字证书、企业数字证书、服务器身份数字证书、安全 Web 站点数字证书、代码数字证书及安全电子邮件数字证书等。

目前，BJCA 与国内外许多著名企业建立了战略合作伙伴关系，开展了一些卓有成效的技术、产品和市场合作。BJCA 推出了适应不同行业的以数字证书为基础的安全解决方案，包括电子商务、电子政务的解决方案。这些方案已经成功地应用于网上报税、网上银行、网上证券、网上办公、网上交易等业务中。

（5）CNCA

CNCA 是经广东省人民政府批准成立的认证机构，其前身是中国电信南方电子商务中心，创立于 1998 年，是广东省政府唯一认可的安全认证机构。图 4-15 为 CNCA 的主页。

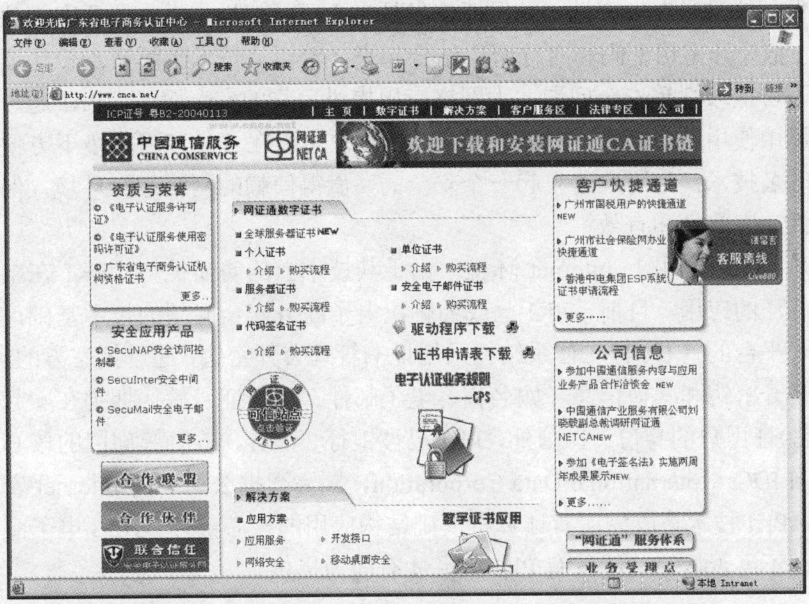

图 4-15　CNCA 的主页

CNCA 提供的电子商务应用方案包括针对网络安全、应用系统安全的产品和系统，同时还提供行业解决方案，如 B2B 电子商务系统、企业信息系统、网上政府采购系统、网上证券交易系统、网上报税系统等。CNCA 提供的数字证书分为个人数字证书、单位数字证书、服务器证书、安全电子邮件证书及代码签名证书。

随着中国 IT 网络业的飞速发展，作为中国南部首屈一指的安全认证机构，CNCA 联合海南、湖北、重庆、广西、河北等地的电子商务认证中心建立了全国最具影响力、最具权威性的电子认证体系之一的“网证通”认证体系，提供电子身份认证、数字证书签发、密钥与证书管理服务、电子商务解决方案和电子商务顾问咨询等服务。该体系于 2001 年 1 月通过了国家公安部计算机信息系统安全产品质量监督检测，被认定为安全可信的产品，从而实现了电子认证的互联互通和各区域的优势互补，共同为中国的电子商务、电子政务保驾护航。

4.4　PKI

4.4.1　PKI 概述

PKI 是利用公开密钥密码理论和技术建立的提供安全服务的基础设施，PKI 的简单定义是指一系列基础服务，这些基础服务主要用来支持以公开密钥为基础的数字签名和加密技术的广泛应用。

PKI 以公开密钥加密技术为基本技术手段来实现安全性。公开密钥体制是目前应用最广泛的一种加密体制，在这一体制中，加密密钥与解密密钥各不相同，发送信息的人利用接收者的公开密钥发送加密信息，接收者再利用自己专有的私有密钥进行解密。这种方式既保证信息具有机密性，又保证信息具有不可抵赖性。作为公开密钥理论的安全体系，PKI 把公开密钥密码和对称密码结合起来，希望从技术上解决身份认证、信息的完整性和不可抵赖性等安全问题，为网络应用提供可靠的安全服务。PKI 通过管理在开放网络环境中使用的公开密钥和数字签名，使用户可以在多种应用环境下方便地使用加密和数字签名技术，为用户建立起一个安全的、值得信赖的网络运行环境，保证网上数据的机密性、完整性和有效性。

PKI 最初主要应用于 Internet 环境，由于其技术上的明显优势，PKI 在电子商务领域得到了广泛的应用。目前，PKI 已成为解决电子商务安全问题的技术基础，是电子商务安全技术平台的基石。PKI 体系结构采用证书管理公开密钥，通过第三方的可信机构，把用户的公开密钥和其他信息（如名称、电子邮件、身份证号等）捆绑在一起，以便在 Internet 上验证用户的身份。在国外，PKI 已被银行、证券、政府等部门的核心应用系统采用。美国 IDC（International Data Corporation，国际数据公司）的 Internet 安全资深分析家认为，PKI 技术将成为所有计算机基础结构应用的核心部件。B2B 电子商务活动需要的认证、不可否认等功能只有 PKI 产品才有能力提供。

1. PKI 的功能

PKI 为电子商务提供了一整套安全机制，具体来说，这种安全机制主要包括以下一些功能。

（1）产生、验证和分发密钥

根据密钥生成模式的不同，用户公私有密钥对的产生、验证及分发的方式有以下两种。

1）用户自己产生密钥对。

这种方式适用于分布式密钥生成模式。用户选取产生密钥的方法，负责私有密钥的存放；还应向 CA 提交自己的公开密钥和身份证，CA 对用户进行身份认证，对密钥的强度和持有者进行审查；审查通过后，对用户的公开密钥产生数字证书；然后将数字证书发放给用户；最后 CA 负责将数字证书发布到相应的 LDAP 服务器上。

在某些情况下，用户自己产生了密钥对后到 RA 去进行数字证书申请。此时，RA 完成对用户的身份认证，通过后，以数字签名的方式向 CA 提供用户的公开密钥及相关信息；CA 完成对公开密钥强度检测后产生数字证书，并将签名的数字证书返回给 RA，再通过 RA 将数字证书发放给用户或者 CA 通过电子邮件方式将数字证书发放给用户。

2）CA 为用户产生密钥对。

这种方式适用于集中式密钥生成模式。用户到 CA 产生并获得密钥对之后，CA 应自动销毁本地的用户密钥对备份；用户取得密钥对后，保存好自己的私有密钥，将公开密钥送至 CA 或 RA，按上述方式申请证书。

（2）签名和验证

在 PKI 体系中，对信息和文件的签名，以及对数字签名的认证是很普遍的操作。PKI 成员对数字签名的认证是采用多种算法的，如 RSA、DES 等。这些算法可以由硬件、软件或硬软件结合的加密模式来完成。

（3）数字证书的获取

在验证信息的数字签名时，用户必须事先获取信息发送者的公开密钥证书，以对信息进行解密验证，并验证发送者身份的有效性。数字证书的获取可以有下面几种方式。

① 发送者发送签名信息时，附加发送自己的数字证书。

② 单独发送数字证书信息的通道。

③ 可以访问发布数字证书的 LDAP 服务器获得。

④ 从数字证书的相关实体（如 RA）处获得。

在 PKI 体系中，可以采取某种或某几种上述的方式获得数字证书。另外，发送数字证书的同时，可以发布数字证书链。这时，接收者拥有数字证书链上每一个数字证书，从而可以验证发送者的数字证书。

（4）验证数字证书

验证数字证书的过程是迭代寻找数字证书链中下一个数字证书和它相应的上级 CA 数字证书。在使用每个数字证书前，必须检查相应的 CRL（对用户来说，这种在线的检查是透明的）。用户检查数字证书的路径是从最后一个数字证书（即用户已确认可以信任的 CA 所签发的数字证书）有效性开始，检验每一个数字证书，一旦验证后，就提取该数字证书中的公开密钥，用于检验下一个数字证书，直到验证完发送者的签名数字证书，并将该证书中包括的公开密钥用于验证签名。

（5）保存数字证书

保存数字证书是指 PKI 实体在本地存储数字证书，以减少在 PKI 体系中获得数字证书的时间，并提高数字证书签名的效率。在存储每个数字证书之前，应该验证该数字证书的有效性。PKI 实体可以选择存储其数字证书链上其他实体所接收到的所有数字证书，也可以只存储数字签名发送者的数字证书。

数字证书存储单位应对数字证书进行定时管理维护，清除已作废的或过期的数字证书及在一定时间内未使用的数字证书。数字证书存储数据库还要与最新发布的 CRL 文件相比较，从数据库中删除 CRL 文件中已发布的作废数字证书。数字证书存储区存满之后，一般删除最少使用的那些数字证书。

（6）数字证书废止的申请

当 PKI 中某实体的私有密钥被泄漏时，被泄漏的私有密钥所对应的公开密钥数字证书应当作废。

对 CA 而言，私有密钥的泄密不大可能，除非是有意破坏或恶意攻击所造成的；对一般用户而言，私有密钥的泄密可能是因为存放介质的遗失或被盗。

另外一种情况是数字证书持有者已终止使用该数字证书或与某组织的关系已经中止，则相应的公开密钥数字证书也应该作废。

数字证书的作废方式有两种：①如果是密钥泄漏，数字证书的持有者应以电话或书面的方式通知相应的 CA；②如果是关系中止，应由原关系中组织方面出面通知相应的 RA 或 CA。

数字证书作废处理过程如下：如果 RA 得到通知，RA 应通知相应的 CA，在作废请求得到确认后，CA 将在数据库中为该数字证书记上作废标志，并在下次发布 CRL 时加入 CRL，并标明作废时间。作废数字证书信息在 CRL 中的时间有规定，过期后即可删除。

（7）密钥的恢复

在密钥泄密、数字证书作废后，为了恢复PKI中实体的业务处理和产生数字签名，泄密实体（包括个人用户）将获得一对新的密钥，并要求CA产生新的证书。每一个下属实体产生新的密钥时，都会获得CA用新私有密钥签发的新数字证书，而原来用泄漏密钥签发的旧数字证书将作废，并被放入CRL中。在具体做法上，可采取双CA的方式来进行泄密后的恢复，即每一个PKI实体的公开密钥都由两个CA签发数字证书，当一个CA泄漏密钥后，得到通知的用户可转向另一个CA的数字证书链，通知另一个CA签发的证书来验证签名。

（8）CRL的获取

CRL可以定期产生，也可以在每次有数字证书作废请求后实时产生。每一个CA均可以产生CRL，CA应将其产生的CRL及时发布到LDCP服务器上。CRL的获取可以有多种方式：如CA产生CRL后，自动发送给下属各实体；或由使用证书的各PKI实体自行从LDCP服务器中获得相应的CRL。

（9）密钥的更新

在密钥泄漏的情况下，可以产生新的密钥和新的数字证书。但在密钥没有被泄漏的情况下，密钥也应该定时更换。更换的方式有多种。PKI体系中的各实体可以在同一天，也可以在不同的时间内更换密钥。

其中有一个问题要注意，即密钥的更换时间，无论是签发者或是被签发者的密钥作废时间，都要与每个数字证书的有效截止日期保持一致。

如果CA及其下属的密钥同时到达有效截止日期，则CA及其下属实体将同时更换密钥，CA用自己的新私有密钥为其下属成员的新公开密钥签发数字证书；如果CA及其下属的密钥不是同时到达截止日期，则当用户的密钥到期后，CA将用它当前的私有密钥为用户新的公开密钥签发数字证书；而CA密钥先到达截止日期时，CA将用新私有密钥为所有用户的当前公开密钥重新签发数字证书。

无论是哪一种更换方式，PKI中的实体都应该在密钥截止日期之前取得新密钥对和新数字证书。在截止日期到达后，PKI中的实体便开始使用新的私有密钥进行对数据的签名，同时应注意将旧密钥对和数字证书归档保存。

2. PKI的组成

PKI是公开密钥的一种管理机制，宏观上呈现为域结构，即每个PKI都有一定的覆盖范围，形成一个管理域。这些管理域通过交叉认证相互关联，构成更大的管理域，最终形成全局性的公开密钥管理体系。不同的管理域对公开密钥的使用具有不同的要求，通过政策来表达。PKI的基本框架模型如图4-16所示。每个PKI都包含政策审批机构（Policy Approval Authority，PAA）、CA、RA等功能，这些功能的数量随管理域的规模而变化。任何一个管理域都有能力决定在别的域内哪一个数字证书管理可以信任及为什么可以信任。由于对数字证书的使用要附加特定的政策，因此不同的应用部门要使用不同的公开密钥数字证书。

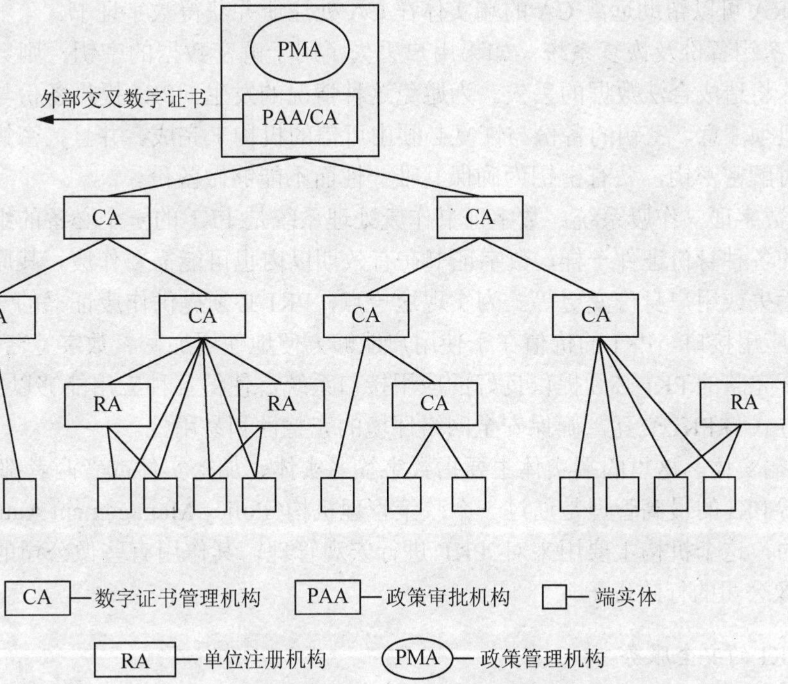

图 4-16　PKI 的基本框架模型

1）PAA 制定整个体系结构的安全政策，并制定所有下级机构都要遵循的规章制度，主要是数字证书政策和数字证书使用规定。数字证书政策（certificate policies，CP）是一组规则，指出一个数字证书对一组特定用户或应用的可适用性，表明它对于一个特定的应用和目的是否是可用的，它构成了交叉验证的基础。因此，公开密钥数字证书的含义就是用户实体和公开密钥之间一个符合 CP 的绑定。交叉数字证书实际上意味着一个 CA 对另一个 CA 的 CP 的承认，从而可以进行跨越 CA 管理域的认证。

2）数字证书使用规定（certification practice statements，CPS）比证书政策更详细，它综合描述了 CA 对 CP 的各项要求的实现方法。例如，CP 规定数字证书的安全等级，而 CPS 则说明如何实现要求的安全等级。一个 CPS 可对应多个数字证书政策；同时对于同一个 CP，不同的 CA 可以使用不同的 CPS，但一个 CA 只能有一个 CPS。交叉验证以 CP 为基础，CPS 并不能确定 CA 之间的信任关系。

3）CP 是信息管理和信息技术基础设施的一个组成部分，使得这个基础设施从整体上能够安全地实现公开环境中的服务提供、管理和通信；用电子形式的认证代替书面形式的认证，从而加快信息流通速度，提高效率，降低成本；鼓励使用基于开放标准的技术；建立与其他开放安全环境的互操作。

4）CA 负责具体的数字证书颁发和管理，它是可信任的第三方，其作用就像颁发护照的部门。CA 证书要求是对称颁发的，因为每个证书只是证明了一个 CA 对另一个 CA 的信任关系。CA 既包括一些辅助功能，也包括基本的数字证书发放和管理功能，它可以具有层次结构，在自身直接管理一些具体的 CA 之外，还管理一些下级 CA。政策审批机构通常也作为根证书管理中心（Root CA），它向下一级 CA 发放数字证书。

5）RA 可以帮助远离 CA 的端实体在 CA 处注册并获得数字证书。

6）密钥备份及恢复系统。如果用户丢失了用于解密数据的密钥，则数据将无法被解密，这将造成合法数据的丢失。为避免这种情况的发生，PKI 提供备份与恢复密钥的机制。但须注意，密钥的备份与恢复必须由可信的机构来完成。并且，密钥备份与恢复只能针对解密密钥，私有密钥为确保其唯一性而不能够做备份。

7）数字证书作废系统。数字证书作废处理系统是 PKI 的一个必备的组件。与日常生活中的各种身份证件一样，数字证书在有效期以内也可能需要作废，其原因可能是密钥介质丢失或用户身份变更等。为实现这一点，PKI 必须提供作废证书的一系列机制。

8）应用接口。PKI 的价值在于使用户能够方便地使用加密、数字签名等安全服务，因此一个完整的 PKI 必须提供良好的应用接口系统，使得各种应用能够以安全、一致、可信的方式与 PKI 交互，确保安全网络环境的完整性和易用性。

9）端实体。这里的端实体主要指数字签名实体、加密实体或者两者都有。

通常 PKI 的最高管理是通过一个政策管理机构（Policy Management Authority，PMA）来体现的，这个机构主要用来对 PKI 进行宏观管理，其作用有些像公司的董事会，而 PAA 则像公司的行政班子。

3. PKI 的安全服务

PKI 作为安全基础设施，能为不同的用户实体提供多种安全服务，其中分为核心服务和附加服务。一般认为，PKI 所提供的核心服务包括三种：①认证服务，即身份鉴别，证实用户的真实身份与其所声称的身份是否相符。②数据完整性服务，就是确认数据没有被修改，即数据无论是在传输还是在存储过程中经过检查没有被修改。显然，在电子商务活动和网上银行交易中，这种确认是非常重要的。③机密性服务，就是确保传输、存储的数据不被非法泄漏。

PKI 的附加服务也称为 PKI 的支撑服务。这些服务并不是任何 PKI 都具备的或本身固有的功能，但这些服务都建立在 PKI 的核心服务之上。有些 PKI 支持这些服务，有些则不支持。PKI 所提供的附加服务包括：①不可否认性服务，指从技术上保证实体对其行为的认可。其中，人们更关注的是数据来源的不可否认性、接收的不可否认性及接收后的不可否认性。此外，还有传输的不可否认性、创建的不可否认性和同意的不可否认性。②安全时间戳服务，安全时间戳就是一个可信的时间权威，它用一段可认证的完整的数据表示时间戳，来证明数据处理所发生的时间。③公证服务，PKI 中的公证服务与一般社会公证人提供的服务有所不同，PKI 中支持的公证服务是指数据认证，也就是说，公证人要证明的是数据的有效性和正确性，这种公证取决于数据验证的方式。例如，在 PKI 中被验证的数据是基于散列值的数字签名、公开密钥在数学上的正确性和私有密钥的合法性。

4.4.2 PKI 的信任模型

从互操作的角度看，一个信任模型代表了一个独立的信任域，建立域间操作就是将这些独立的域连接起来，在不同的域之间建立信任关系，从而形成更大的 PKI 框架。这个连接后形成的新框架称为互操作模型。互操作模型实际上是扩展信任模型。在互操作模型中，需要解决用户信任的起点不变和信任的传递两个问题。保持信任起点不变和信任传递路径的简捷是建立互操作信任模型的基本原则。

这里，首先介绍认证路径的概念。如果能建立一个可以给世界上所有的用户发放数字证书的认证机构，并且如果所有的用户都信任该认证机构，那么数字证书的认证问题就变得非常简单了。但遗憾的是，这是不可能的。要求一个认证机构能够对所有的潜在用户都进行充分的了解并建立适当的联系，而这些潜在的用户又都允许该机构来发放和管理证书，且证书又能被所有的用户接受，这是不切实际的。因此，在电子商务中也就必然存在着多个认证机构。

既然有多个认证机构，那么要假设某一用户已经安全地拥有了某个特定认证机构的公开密钥，而该认证机构又恰巧是给此用户的安全通信方发放数字证书的认证机构，也是不切实际的。不过，为了获得那个特定认证机构的公开密钥，用户也许可以找到并使用另一份数字证书，即由另一个认证机构（用户已安全地拥有了该认证机构的公开密钥）所发放的包含了那个特定认证机构公开密钥的数字证书。这就引出了交叉认证的问题。

根据 IETF（Internet Engineering Task Force，Internet 工程任务组）的 PKIX（public key infrastructure on X.509）工作小组的定义，所谓交叉认证数字证书，是由一个认证机构对另一个认证机构签发的包含了该 CA 的签名密钥的数字证书。换言之，交叉认证数字证书就是在认证过程中用到的由一个认证机构对另一个认证机构签发的证明书。

在认证过程中，我们可以这样来考虑。先在某个认证机构处申请一份数字证书，然后循环地获得越来越多的认证机构的数字证书。相应地，也就获得了大量的密钥对持有者的公开密钥。这就引出了被称为数字证书链或认证路径的问题，而认证路径是建立大规模 PKI 的基础。一开始某个用户需要可靠地获得某个可信任的根认证机构的公开密钥，然后，只要在该公开密钥用户所信任的根认证机构和一些密钥对持有者之间存在认证路径（当然，中间可能会经过任意数目的中间认证机构），则该公开密钥用户就可以获得并使用这些密钥对持有者的公开密钥。

为了使用某个异地通信方的公开密钥，数字证书用户（使用方）必须找到一条有效的完整的认证路径，将公开密钥从一个或多个认证机构传送到可信任的根 CA（数字证书用户持有该 CA 的公开密钥并信任该 CA）。在建立 PKI 的过程中，一个主要的挑战就是如何使得寻找有效认证路径的过程变得简单、方便和高效，这在很大程度上依赖于 CA 间的结构关系。

CA 间的结构关系，也被称为 CA 间的信任模型。下面对几种常见的信任模型进行介绍。

1. *严格层次结构模型*

CA 的严格层次结构可以被描绘为一颗倒转的树，根在顶上，树枝向下伸展，树叶在下面。严格层次结构模型也称为树型结构模型。在这颗倒转的树上，根代表一个对整个 PKI 域内的所有实体都有特别意义的 CA——根 CA（root CA），它充当信任的根或称信任锚（trust anchor），也就是认证的起点或终点。在根 CA 的下面是零层或多层中介 CA（intermediate CA），也被称作子 CA（subordinate CA），因为它们从属于根 CA。子 CA 用中间节点表示，从中间节点再伸出分支。与非 CA 的 PKI 实体相对应的树叶通常被称作终端实体或终端用户。在这个模型中，层次结构中的所有实体都信任唯一的根CA，这个层次结构按如下规则建立。

1）根 CA 认证（更准确地说是创立和签署数字证书）直接连接在它下面的 CA。

2）每个 CA 都认证零个或多个直接连接在它下面的 CA。

3）倒数第二层的 CA 认证终端实体。

在层次结构中的每个实体（包括中介 CA 和终端实体）都必须拥有根 CA 的公开密钥。该公开密钥的安装是在这个模型中为随后进行的所有通信进行数字证书处理的基础。因此，它必须通过一种安全的方式来完成。

值得注意的是，在一个多层的严格层次结构中，终端实体直接被其上层的 CA 认证（也就是颁发数字证书），但是它们的信任锚是另一个不同的 CA（根 CA）。如果是没有子 CA 的较浅的层次结构，对所有终端实体来说，根 CA 和证书颁发者是相同的。这种层次结构被称作可信颁发者层次结构。

图 4-17 为严格层次结构的信任模型。

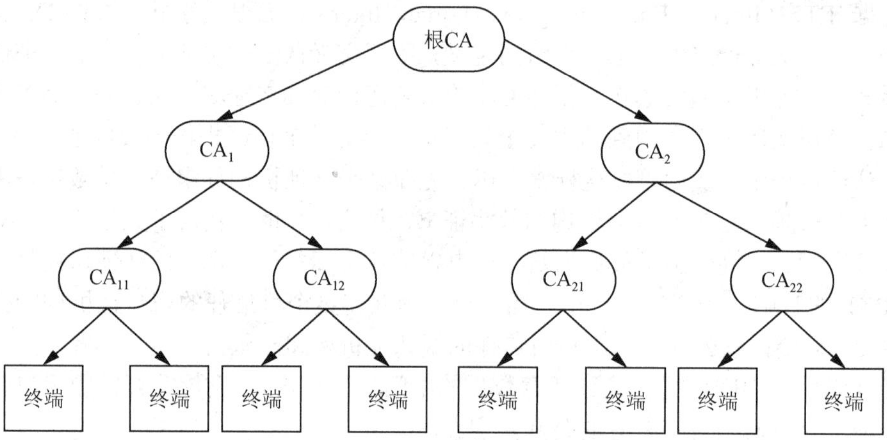

图 4-17　严格层次结构的信任模型

这种模型的数字证书链始于根 CA，并且从根 CA 到需要认证的终端用户之间只存在唯一的一条路径，在这条路径上的所有数字证书就构成了一个数字证书链。这种模型结构清晰，便于全局管理。但对于大范围内的商务活动，难以建立一个所有用户都信任的根 CA，并且，如果根 CA 的私有密钥泄漏，整个 PKI 体系将崩溃。

2. 分布式信任结构模型

分布式信任结构模型也称森林型层次结构。与在 PKI 系统中的所有实体都信任唯一一个 CA 的严格层次结构相反，分布式信任结构把信任分散到两个或多个 CA 上。也就是说，A 把 CA_1 作为他的信任锚，而 B 可以把 CA_2 作为他的信任锚。因为这些 CA 都作为信任锚，所以相应的 CA 必须是整个 PKI 系统的一个子集所构成的严格层次结构的根 CA（CA_1 是包括 A 在内的严格层次结构的根 CA，CA_2 是包括 B 在内的严格层次结构的根 CA）。

一方面，如果这些层次结构都是浅层的可信颁发者层次结构，那么该信任总体结构被称作完全同位体结构，因为所有的 CA 实际上都是相互独立的同位体（在这个结构中没有子 CA）。而另一方面，如果所有的层次结构都是多层结构，那么最终的信任总体结构就被称作满树结构（注意，根 CA 之间是同位体，但是每个根又是一个或多个子 CA 的上级）。

当然，混合式的信任结构也是可能的。在混合总体结构下，既具有一个或多个可信颁发者层次结构，同时也具有一个或多个多层严格层次结构。图 4-18 为分布式信任结构的模型。

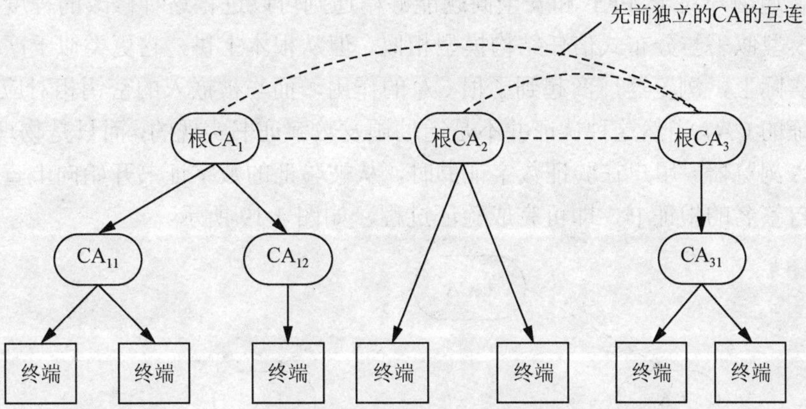

图 4-18　分布式信任结构模型

在图 4-18 中，根 CA_1、CA_2 和 CA_3 是同位体根 CA，它们之间的互联过程通常被称作交叉认证。在交叉认证过程中，通常有两种不同的配置方法，即网状配置和中心辐射配置。

（1）网状配置

在网状配置中，所有的根 CA 之间都有可能交叉认证。特别是在任何两个根 CA 之间都需要安全通信时，它们就需要进行交叉认证。在完全连接的情况下，如果有 n 个根 CA，那么这就要求建立 $n(n-1)$ 个交叉认证协议，当然在实际应用中总希望建立比完全连接要少的连接（部分连接）。图 6-3 中说明了一个部分连接的混合分布式信任结构（它不是一个完全连接，因为根 CA_1 和 CA_2 之间没有直接的交叉认证）。

（2）中心辐射配置

在中心辐射配置中，每一个根 CA 都与单一的用作相互连接的处于中心地位的 CA 进行交叉认证。这个处于中心地位的 CA 有时被称作中心 CA，其呈辐射状地与其他的 CA 相连（这就是该配置方式名称的由来）。中心 CA 有时也被称为桥 CA，其用作沟通任何一对根 CA 之间的联系。这种配置的吸引力在于对于 n 个根 CA 来说，完全连接时仅需要 n 个交叉认证协议（因为每个根 CA 只要与中心进行交叉认证）。

注意，中心 CA 不应被视为通过它进行交叉认证的系统的根 CA；中心辐射配置并未建立一个层次结构。在严格层次结构中，所有的实体都以根 CA 的可信密钥作为锚（更准确地说，是认证路径处理的起点或终点）；而在中心辐射配置中，没有终端实体以中心 CA 的密钥为锚。而是每个终端实体持有在它所在域的根 CA 的密钥，之后通过认证路径处理取得中心 CA 的密钥，然后是另一个域中的一个 CA 的密钥，最后是在那个域中的目标终端实体的密钥。

3. Web 信任模型

Web 信任模型是在 WWW 上诞生的，而且依赖于流行的浏览器，如 Microsoft 公司的 Internet Explorer。在这种模型中，许多 CA 的公开密钥被预装在标准的浏览器上。这些公开密钥确定了一组浏览器最初信任的 CA。尽管这组根密钥可以被用户修改，然而几乎没有普通用户对于 PKI 和安全问题能够精通到可以进行这种修改的程度。初看起来，这种模型似乎与分布式信任结构模型相似，但从根本上讲，它更类似于严格层次结构模型。实际上，浏览器厂商起到了根 CA 的作用，而与被嵌入的密钥相对应的 CA 就是它所认证的 CA，当然这种认证并不是通过颁发数字证书实现的，而只是物理地把 CA 的密钥嵌入浏览器。用户在验证数字证书时，从被验证的数字证书开始向上查找，直到找到一个自签名的根证书，即可完成验证过程，如图 4-19 所示。

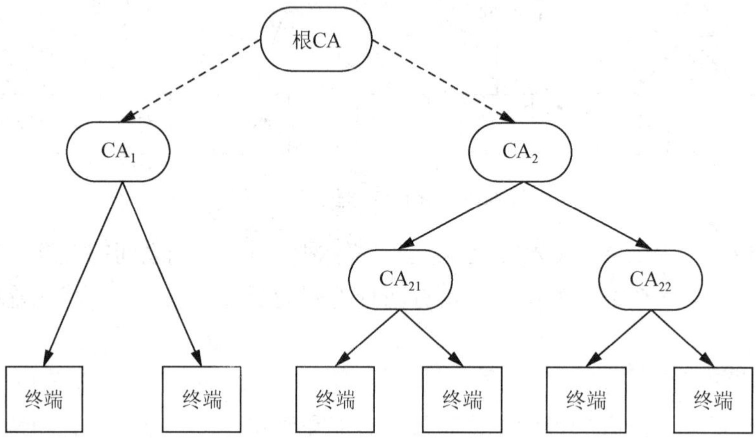

图 4-19　Web 信任模型

Web 信任模型在方便性和简单互操作性方面有明显的优势，但是也存在许多安全隐患。首先，浏览器的用户自动地信任预安装的所有公开密钥，所以即使这些根 CA 中有一个是"坏的"（例如，该 CA 从没有认真核实被认证的实体），其安全性将被完全破坏。其次，没有实用的有效机制来撤销嵌入到浏览器中的根密钥。如果发现一个根密钥是"坏的"或者与根的公开密钥相对应的私有密钥被泄密了，要使全世界数百万个浏览器都自动地废止该密钥的使用是不可能的。最后，Web 信任模型还缺少有效的方法在 CA 和用户之间建立合法协议，该协议的目的是使 CA 和用户共同承担责任。因为，浏览器可以自由地从不同站点下载，也可以预装在操作系统中；但 CA 不知道（也无法确定）它的用户是谁，并且一般用户对 PKI 也缺乏足够的了解，因此不会主动与 CA 直接接触。这样，所有的责任最终或许都会由用户承担。

4. 以用户为中心的信任模型

在以用户为中心的信任模型中，每个用户自己决定信任哪些数字证书。通常，用户的最初信任对象包括自己的朋友、家人或同事，但是能否信任某证书则被许多因素所左右。

著名的安全程序软件 PGP 最能说明以用户为中心的信任模型。在 PGP 中，一个用户通过担当 CA（签署其他实体的公开密钥）并使其公开密钥被其他人所认证来建立（或参加）所谓的“信任网”（web of trust）。例如，当 A 收到一个据称属于 B 的证书时，她将发现这个证书是由她不认识的 D 签署的，但是 D 的证书是由她认识并信任的 C 签署的。在这种情况下，A 可以决定信任 B 的密钥（即信任从 C 到 D 再到 B 的密钥链），也可以决定不信任 B 的密钥（认为“未知的”B 与“已知的”C 之间的“距离太远”。由于要依赖用户自身的行为和决策能力，因此以用户为中心的模型在技术水平较高和利害关系高度一致的群体中是可行的，但是在一般的群体（它的许多用户有极少或者没有安全及 PKI 的概念）中是不现实的。而且，这种模型一般不适合用在贸易、金融或政府环境中，因为在这些环境下，通常希望或需要对用户的信任实行某种控制，显然这样的信任策略在以用户为中心的模型中是不可能实现的。

4.4.3　PKI 的标准

伴随着 PKI 技术的不断完善与发展、应用的日益普及，为了更好地为社会提供优质服务，水平参差不齐的 PKI 产品迫切需要解决互联互通问题，而且 PKI 产品自身的安全性也受到越来越多的生产厂商和用户的关注，这都要求专门的第三方制定相应的标准规范对其安全性能进行测评认定。因此，PKI 的标准化是电子商务安全认证的前提和基础。只有符合一定的标准，才能保证不同的 PKI 产品之间的正常交互。目前出现并且已投入使用的标准有以下几个。

（1）X.509 标准

ITU 制定的 X.509 标准是 PKI 体系中应用最为广泛也是最为基础的一类国际标准。它的主要目的是定义一个规范的数字证书格式，以便为基于 X.500 协议的目录服务提供一种强认证手段。但是，该标准并非要定义一个完整的、可互操作的 PKI 认证体系。

X.509 的最初版本公布于 1988 年。X.509 证书由用户公开密钥和用户标识符组成。此外还包括版本号、证书序列号、认证中心标识符、签名算法标识、签发者名称、证书有效期等信息。X.509 目前有 3 个版本：X.509 v1、X.509 v2 和 X.509 v3。其中，最新版本是 X.509 v3，它定义了包含扩展信息的数字证书。该版数字证书提供了一个扩展信息字段，用来提供更多的灵活性及特殊应用环境下所需的信息传送。

目前，X.509 标准已经被广泛使用，其实用性来源于它的第 3 版（v3）和第 2 版（v2）中 CRL 所定义的强有力的扩展机制。这一机制是通用的，并且指明数字证书和验证者是否必须理解，以及如何在认证过程中校验这些扩展。

（2）PKCS 系列标准

PKCS（public key cryptography standard，公开密钥加密标准）系列标准是由美国 RSA 数据安全公司及其合作伙伴制定的一组公开密钥密码学标准，其中包括数字证书申请、数字证书更新、CRL 的发布、扩展的数字证书内容及数字签名、数字信封的格式等一系列相关协议。

（3）OCSP

OCSP（online certificate status protocol，在线证书状态协议）是 IETF 颁布的用于检查数字证书在某一交易时刻是否依然有效的标准。该标准提供给 PKI 用户一条方便快捷的数字证书状态查询通道，使 PKI 体系能够更有效、更安全地在各个领域中被广泛应用。

（4）LDAP

LDAP 规范简化了复杂的 X.500 目录访问协议，并且在功能性、数据表示、编码和传输方面都进行了相应的修改。1997 年，LDAP v3 成为互联网标准。目前，LDAP v3 已经在 PKI 体系中被广泛应用于数字证书信息发布、CRL 信息发布、认证中心政策及与信息发布相关的各个方面。

除了以上 PKI 标准以外，目前还有一些构建在这些 PKI 体系上的安全标准和协议，这些标准和协议是 PKI 体系在相关领域的应用，包括 SSL 协议、SET 协议、S/MIME 协议、IPSec 协议等。目前，PKI 体系中已经包含了众多的安全标准和协议，随着 PKI 的不断发展及其应用的不断普及，将来还会有更多的安全标准和协议加入 PKI 体系。

4.4.4 PKI 的应用

目前，PKI 技术在国外已经开始得到实际应用。例如，在美国，电子签名和数字认证已经在电子商务活动中得到了一定程度的应用，一些法院也已经开始接受电子签名的档案。其实，PKI 的应用范围非常广泛，绝不限于电子签名。以下介绍几种比较典型的应用。

（1）VPN

VPN 是一种构建在公用通信基础设施上的专用数据通信网络，同租用线路相比，具有既节省开销又易于安装和使用的特点，已成为企业构建 Intranet 和 Extranet 的首选方案。传统的 VPN 常利用防火墙和访问控制技术来提高其安全性，但这种安全技术存在很多漏洞。首先，它很难防范来自公司内部的攻击，因为在公司内部的口令系统是非常脆弱的；其次，数据在网络上传输时，无论是 Intranet 还是 Extranet，任何个人都可以进行非法截取或篡改，而通信双方却可能对此一无所知；最后，如果企业要进行网上交易，还会遇到更多的安全需求，如身份认证、机密性、完整性、不可抵赖性等，对这类问题，防火墙和访问控制技术是束手无策的。现在，基于 PKI 技术的 IPSec 协议已经成为构建 VPN 的基础，它可以在路由器之间、防火墙之间或路由器与防火墙之间提供经过加密和认证的通信。IPSec 协议不仅具有非常好的通用性，还支持下一代互联网协议 IPv6，因而具有广阔的发展前景。

（2）安全电子邮件

随着 Internet 的持续发展，商业机构和政府机构都开始用电子邮件交换一些秘密的或具有商业价值的信息，这就引出了一些安全问题，即消息和附件可以在不为通信双方所知的情况下被读取、篡改或拦截；没有办法可确定一封电子邮件是否真的来自某人，也就是说发信者的身份可能被人伪造。前一个问题是安全问题，后一个问题是信任问题，正是由于安全和信任的缺乏使得公司、机构一般都不用电子邮件交换关键的商务信息。

其实，电子邮件的安全需求可以利用 PKI 技术来满足。具体来说，利用数字证书和私有密钥，用户可以对自己所发的电子邮件进行数字签名，这样就可以保证身份认证、完整性和不可抵赖性，如果证书是由其所属公司或某个可信第三方颁发的，收到电子邮件的人就可以信任该电子邮件的来源，无论他是否认识发电子邮件的人；另一方面，在政策和法律允许的情况下，用加密的方法就可以保证信息的机密性。目前，发展很快的安全电子邮件协议是 S/MIME 协议，这是一个允许发送加密和带签名邮件的协议。该协议的实现需要依赖 PKI 技术。

（3）Web 安全

一般来说，Web 上的交易可能带来的安全问题有诈骗、泄漏、篡改和攻击。

为了透明地解决 Web 的安全问题，最合适的入手点是浏览器。现在，无论是 Internet Explorer 还是 Netscape Navigator，都支持 SSL 协议。SSL 是一个在传输层和应用层之间的安全通信层，在两个实体进行通信之前，先要建立 SSL 连接，以此实现对应用层透明地安全通信。利用 PKI 技术，SSL 协议运行在浏览器和服务器之间进行加密通信。此外还可以利用数字证书保证通信安全，服务器端和浏览器端分别由可信的第三方颁发数字证书，这样在交易时，双方可以通过数字证书确认对方的身份。

结合 SSL 协议和数字证书，PKI 技术可以保证 Web 交易多方面的安全需求。

（4）电子商务应用

PKI 技术是解决电子商务安全问题的关键，它本身就是为实现电子商务而产生的。综合 PKI 的各种应用，可以建立一个可信任和足够安全的电子商务网络。用 PKI 可建立不同实体间的“信任”关系，它的基础是加密技术，核心是证书服务。用户使用由证书授权 CA 签发的数字证书，结合加密与签名技术，可以保证通信内容的机密性、完整性、可靠性及交易的不可抵赖性，并进行用户身份的识别，从而有效地解决电子商务应用中的机密性、真实性、完整性、不可抵赖性和存取控制等安全问题。

（5）电子政务应用

近几年，随着电子政务的快速发展，大规模、分布式的应用系统越来越多，用户跨地域、跨部门和跨应用系统进行业务交互的需求越来越旺盛，仅靠单一的密码技术和分散的用户管理已经不能适应发展的要求。安全机制成为制约电子政务发展的最大障碍。

由于 PKI 是目前解决网络信任问题的最佳方案，因此，PKI 技术的使用范围已逐渐覆盖了电子政务、电子商务及企业信息化等众多领域。各国政府和许多民间机构都在积极研究开发 PKI 相关技术和产品，许多企业和个人已经从 PKI 技术的使用中获得了巨大的效益。目前，美国联邦 PKI 体系、加拿大政府 PKI 体系、韩国和日本的 PKI 体系已经发展得比较完善，为用户提供了一系列的客户端和服务器端的安全产品，为网络和电子商务的发展及政府办公网和 EDI 等提供了安全保证。

本章小结

认证机制是解决电子商务交易安全与信任问题的基石，为此需建立 CA 以便为交易各方颁发数字证书并制定相应标准与法规。数字证书是电子交易中标识实体身份的凭据，是用户在虚拟的网络世界中表明自己身份最有效的方法。CA 作为数字证书的颁发和维护机构，其作用和性质同颁发护照和身份证的政府机关和权威机关类似，从技术上采用先进的安全保密技术对网络上的数据发送方、接收方进行身份确认，保证交易各方信息的安全性、保密性和可靠性。另外，本章以国内几种著名 CA 为例，对我国 CA 的发展情况进行了详细的介绍。

在基于数字证书的安全认证基础上，本章最后介绍了 PKI。PKI 体系就是一种遵循标准的利用公开密钥加密技术为电子商务的开展提供一套安全基础平台的技术和规范。PKI 可以构建一个可管、可控、安全的互联网，同时可以建设一个普适性好、安全性高的安全认证平台。PKI 的核心机构是认证中心，基于 PKI 的信任模型可以实现不同认证中心之间的用户证书的认证。目前流行的四种信任模型分别是：严格层次结构模型、分布式信任结构模型、Web 信任模型、以用户为中心的信任模型。目前，PKI 在 VPN、安全电子邮件、Web 安全、电子商务和电子政务等领域都有实际的应用。

本 章 习 题

1. 什么是数字证书？数字证书的作用是什么？数字证书包含哪些主要内容？
2. 简述 X.509 证书格式各项的意义。
3. 何谓 CA？CA 的主要功能是什么？
4. 简述对数字证书验证的步骤。
5. 数字证书设定有效期的作用是什么？
6. 试述 CA 的组成及各部分的作用。
7. 我国的 CA 大致可以分为哪几类？在每一类中选择一个 CA，访问其网站。
8. 除了本章已列出的 CA，你还能在每一类中各找出一个 CA 的例子吗？
9. 简述 CFCA 的体系结构及 CFCA 证书的典型应用。
10. 简述 CTCA 的组成及功能。
11. 登录网证通认证网站，为自己申请一个免费的数字证书。
12. 在网上搜索一下，还有什么网站可以提供免费的数字证书？为自己申请一个数字证书，并用该证书发送加密和数字签名的电子邮件。
13. 什么是 PKI？PKI 应用系统具有哪些功能？
14. PKI 包括哪些组成部分？
15. 什么是认证路径？确认认证路径的工作包括哪些步骤？
16. 信任模型是什么？有哪几种典型的信任模型？
17. 说明严格层次结构模型中进行认证的过程。
18. 分析和比较常用的四种信任模型的优缺点。
19. 结合自己的理解，阐述我国 PKI 的应用现状和发展前景。
20. PKI、CA 和数字证书三者之间的关系是怎样的？
21. 简述 PKI 的应用。
22. 小李获得了广州的 CA 颁发的数字证书，但他想要通过该证书在北京、上海等不同城市也同样能够获得认证，该如何实现呢？请讨论在我国不同城市 CA 或者不同 CA 发出的数字证书是如何相互认证的。
23. A 与 B 的数字证书分别是由 VeriSign、Thawte 公司颁发的，如果 A 与 B 想进行安全通信，他们应如何利用不同公司颁发的证书进行认证？

第 5 章　电子支付与安全支付协议

电子商务活动必然涉及电子支付，如何实现在线支付功能及其安全是电子商务中最为关键的问题。本章介绍电子商务的电子支付系统，包括电子支付的概念和发展、电子支付方式等。同时，如何为电子支付过程提供安全保障是电子商务安全研究的重点和核心内容。在介绍电子支付系统的基础上，本章介绍了两种电子支付的安全协议，即 SSL 协议和 SET 协议，最后对这两种安全协议进行比较。

5.1　电子支付的概念与发展

5.1.1　电子支付的定义和特点

电子支付是以金融电子化网络为基础，以商用电子化设备和各类交易卡为媒介，以计算机技术和通信技术为手段，将货币以电子数据（二进制数据）形式存储在银行的计算机系统中，并通过网络系统以电子信息传递形式实现流通和支付。

电子支付从基本形态上看是电子数据的流动，它以金融专用网络为基础，发送方通过支付命令把存放于商业银行的资金，通过一条线路划入收益者开户方银行，以支付给收益方的一系列转移过程。在线支付是电子商务的关键环节，是电子商务得以顺利发展的前提条件。

电子支付的类型：按电子支付指令发起方式，分为网上支付、电话支付、移动支付、销售点终端交易和其他电子支付；按照支付指令的传输渠道，电子支付可以分为卡基支付（银行专用网络）、网上支付（Internet）和移动支付（移动通信网络）。

与传统的支付方式相比，电子支付具有以下特征。

1）电子支付是采用先进的技术通过数字流转来完成信息传输的，其各种支付方式都采用数字化的方式进行款项支付；而传统的支付方式则是通过现金的流转、票据的转让及银行的汇兑等物理实体的流转来完成款项支付。

2）电子支付的工作环境是基于一个开放的系统平台（即 Internet）之中；而传统支付则是在较为封闭的系统中运作。

3）电子支付对软、硬件设施的要求很高，一般都要求有联网的计算机、相关的软件及其他一些配套设施；而传统支付则没有这么高的要求。

4）电子支付具有方便、快捷、高效、经济的优势。用户只要拥有一台联网的 PC，便可足不出户，在很短的时间内完成整个支付过程。支付费用仅相当于传统支付的几十分之一甚至几百分之一。

电子支付与传统支付从不同角度进行对比，如表 5-1 所示。

表 5-1　电子支付与传统支付的比较

支付方式 特点	电子支付	传统支付
信息传输途径	数字流传输技术	物理实体
工作环境	Internet	封闭系统
对软、硬件的要求	高（计算机、相关软件及配套设施）	低
方便、快捷性	好，高效，成本低	差，成本高
安全性保障	加密、CA 认证、信用要求高	防伪技术

就目前而言，电子支付仍然存在一些缺陷，如安全问题，一直是困扰电子支付发展的关键性问题。大规模地推广电子支付，必须解决防止黑客入侵，防止内部作案，防止密码泄漏等涉及资金安全的问题。还有一个支付的条件问题，消费者所选用的电子支付工具必须满足多个条件，包括要有消费者账户所在的银行，有相应的支付系统和商家所在银行的支持，被商家所认可等。如果消费者的支付工具得不到商家的认可，或者缺乏相应的系统支持，电子支付也就难以实现。

5.1.2　电子支付的发展

银行采用信息技术进行电子支付的形式有五种，分别代表着电子支付发展的不同阶段。

1）第一阶段是银行间采用安全的专用网络进行电子资金转账（electronic fund transfer，EFT），即利用通信网络进行账户交易信息的电子传输，办理结算。EFT 的好处包括减少了管理费用，提高了效率，简化了簿记并且更加安全。

2）第二阶段是银行计算机与其他机构计算机之间资金的结算，如代发工资，代交水费、电费、煤气费、电话费等业务。

3）第三阶段是利用网络终端向用户提供各项银行服务，如用户在 ATM 上进行取、存款操作。它是由计算机控制的持卡人自我服务的金融专用设备，ATM 可以向持卡人提供提款、存款、查询余额、更改密码等功能。

4）第四阶段是利用银行 POS 向用户提供自动扣款服务。金融（POS）系统是由银行计算机与商业网点、收费网点、金融网点之间通过公用电话线或网络进行联机业务处理的银行计算机网络系统。

5）第五阶段是最新发展阶段，电子支付可随时随地通过互联网络进行直接转账结算，这一阶段的电子支付称为网上支付。目前国际通行的网上支付工具主要有电子信用卡、电子借记卡，电子支票和电子现金等。

另外，电子支付可以分为非 Internet 环境下的电子支付和 Internet 环境下的电子支付。电子支付发展的前四个阶段属于非 Internet 环境下的电子支付，而第五个阶段属于 Internet 环境下的电子支付，它形成了电子商务的环境，也称为电子商务的网上支付（本章介绍的电子支付即指网上支付），网上支付是电子商务的关键环境之一。网上支付的形式称为网上的支付工具，主要有信用卡、电子现金、电子支票等。

5.2　电子支付方式

5.2.1　电子支付系统

1. 电子支付系统的构成

电子商务支付系统是电子商务系统的重要组成部分，它指的是消费者、商家和金融机构之间使用安全电子手段交换商品或服务，即把新型支付手段（包括电子现金、电子支票、信用卡等）的支付信息通过网络安全传送到银行或相应的处理机构，来实现电子支付；是融购物流程、支付工具、安全技术、认证体系、信用体系及现在的金融体系为一体的综合系统。

电子支付系统的基本构成如图 5-1 所示。

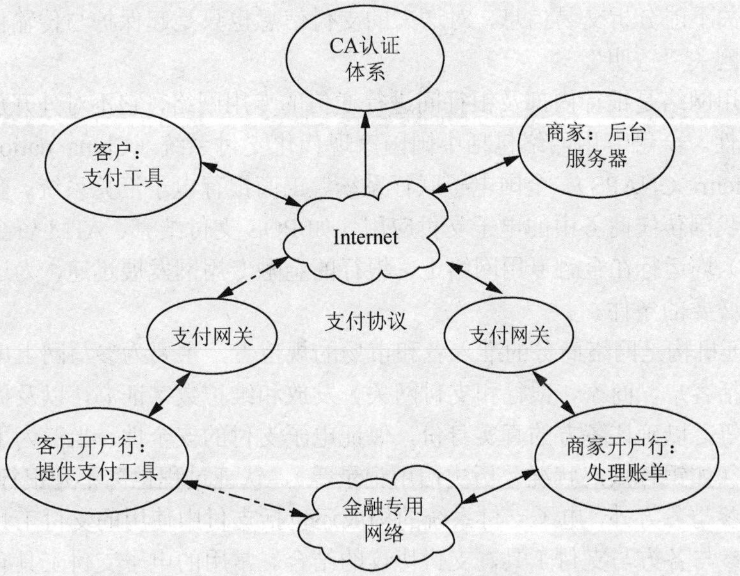

图 5-1　电子支付体系的基本构成

客户是指在 Internet 上与某商家或企业由商务交易关系并且存在未清偿的债权、债务关系的一方（一般是债务）。客户用自己已拥有的支付工具（如信用卡、电子钱包等）来发起支付，是支付体系运作的原因和起点。

商家则是拥有债权的商品交易的另一方，可以根据客户发起的支付指令向中介的金融体系请求获取货币给付。商家一般设置专门的后台服务器来处理这一过程，包括协助身份认证及不同电子支付工具的处理。

客户开户行是指客户在其中拥有资金账户的银行，客户所拥有的电子支付工具主要是由开户银行提供的。客户开户行在提供网上支付工具的同时，还提供一种银行信用，即保证支付工具是真实并可兑付的。在利用金融卡进行电子支付的体系中，客户开户行又被称为发卡行。

商家开户行是商家在其中开设资金账户的银行，其账户是整个支付过程中资金流向的地方或目的地。商家将收到的客户支付指令提交其开户行后，就由开户行支付授权的请求，以及进行商家开户行与客户开户行之间的清算工作。商家开户行是依据商家提供的合法账单来工作的，因此又被称为收单行。

支付网关（payment gateway）是 Internet 公共网络平台和银行内部的金融专用网络平台之间的安全接口，网上支付的电子信息必须通过支付网关进行处理后才能进入安全的银行内部支付结算系统，进而完成支付的授权或获取。支付网关的建设关系着整个网上支付结算的安全及银行自身的安全，关系着电子商务支付结算的安排及金融体系的风险，必须十分谨慎。在电子商务交易过程中，网络平台上同时传输两种电子信息，即交易信息与支付信息，必须保证这两种电子信息在网络传输过程中不被无关的第三者查看。同时，商家不能看到其中客户的支付信息（如客户信用卡号、密码等），而银行不能看到其中的交易信息（如商品种类、商品价格），以保护客户和商家交易的隐私。这就要求支付网关必须由商家以外的第三方银行或其委托的卡发银行机构来建设。另一方面，支付网关不能分析交易信息，对送来的支付信息也只是起保护与传输作用，即这些保密数据对网关“透明”。

金融专用网络是银行内部及银行间进行通信的专用网络，它不对外开放，因此具有很高的安全性。金融专用网络包括中国国家现代化支付系统（China national advanced payment system，CNAPS）、全国电子联行系统、工商银行电子汇兑系统、金融卡授权系统等。目前我国传统商务中的电子支付应用（如 POS 支付结算、ATM 资金存取、电话银行等系统）均运行在金融专用网络上。银行的金融专用网发展迅速，为逐步开展电子商务提供了必要的条件。

CA 认证机构是网络商务的准入者和市场的规范者，主要为参与网上电子商务活动的各方（包括客户、商家、银行和支付网关）发放和维护数字证书，以及提供数字签名服务的支持等，以确认各方的真实身份，保证电子支付的安全性。当然为了确认参与者的资信状况（如银行账户状况、历史信用记录等），认证过程也离不开银行的参与。

除以上参与各方外，电子支付系统的构成还包括支付中使用的支付工具及遵循的支付协议，是参与各方与支付工具、支付协议的结合。常用的电子支付工具有信用卡、电子现金、电子发票等。除此之外，网上银行也可以被看作一种电子支付工具。支付协议主要指支付的安全通信与控制协议，如 SSL 协议与 SET 协议等。

2. 电子支付系统的功能

虽然货币的不同形式会导致不同的支付方式，但安全、有效、便捷是各种支付方式追求的共同目标。对于一个支付系统而言（可能专门针对一种支付方式，也可能兼容几种支付方式），它应具有以下功能。

1）使用数字签名和数字证书实现对各方的认证。为实现交易的安全性，对参与贸易的各方身份的有效性进行认证，通过认证机构或注册机构向参与各方发放数字证书，以证实其身份的合法性。

2）使用加密技术对业务进行加密。可以采用对称密钥体制或公开密钥体制来进行信息加密，并采用数字信封、数字签名等技术来加强数据传输的保密性，以防止未经授权的第三者获取消息的真正含义。

3）使用消息摘要算法以确认业务的完整性。为保护数据不被未授权者建立、嵌入、删除、篡改、重放，而是完整无缺地到达接受者一方，可以采用数字摘要技术；通过对原文进行散列映射生成消息摘要一并传送给接收者，接收者就可以通过摘要来判断所接收的消息是否完整。若发现接收的消息不完整，应要求发送者重发以保证其完整性。

4）当交易双方出现纠纷时，保证对业务的不可否认性。这用于保护通信用户对付来自其他合法用户的威胁，如发送用户否认自己所发送的消息，接收者否认自己已接收的消息等。支付系统必须在交易的过程中生成或提供足够充分的证据来迅速辨别纠纷中的是非，可以用仲裁签名、不可否认签名等技术来实现。

5）能够处理贸易业务的多边支付问题。由于网上贸易的支付要牵涉客户、商家和银行等多方，其中传送的购货信息与支付指令必须连接在一起，因为商家只有确认了支付指令后才会继续交易，银行也只有确认了支付指令后才会提供支付。但同时，商家不能读取客户的支付指令，银行不能读取商家的购货信息，这种多边支付的关系就可以通过双重签名等技术来实现。

5.2.2　信用卡支付方式

在信用卡支付系统中，客户使用信用卡作为支付工具。信用卡是当前基于 Internet 的电子支付系统最为常见的支付手段，是现实世界信用卡的替代者。信用卡支付系统的支付模式分为两种类型：具有 SSL 协议的信用卡支付模式和基于 SET 协议的信用卡支付模式。

1. 基于 SSL 协议的信用卡支付模式

SSL 是设计用来保证互联网信息传递的保密性的，而不是专门用于电子支付的技术。通过 SSL，消费者在浏览商家页面信息的时候，其客户端的浏览器与商家服务器通过一个加密的安全通道进行信息交换，第三者无法通过窃听的方法把得到的加密数据还原成明文。同样，消费者的信用卡授权信息也将在安全的通道中传递。

（1）SSL 协议的运行过程

SSL 协议在运行过程中可分为以下六个阶段。

1）连接建立阶段：客户通过网络向服务器打招呼，服务商回应。

2）交换密码阶段：客户与服务商之间交换双方认可的密码。

3）会话密码阶段：客户与服务商之间产生彼此交谈的会谈密码。

4）检验阶段：检验服务商取得的密码。

5）客户认证阶段：验证客户的可信度。

6）结束阶段：客户与服务商之间相互交换结束信息。

SSL 在信息传递上的安全性，刚好适应了电子支付的需要，又由于其架构简单，处理的步骤少，速度快，所以虽然存在较大的安全性漏洞，但依然被广泛地应用于信用卡在线支付模式中。

（2）基于 SSL 协议的信用卡支付的工作流程

基于 SSL 协议的信用卡支付流程及通信过程如下。

1）身份认证：SSL 模式的身份认证机制比较简单，只是持卡人与在线商店在建立“握手”关系时交换数字证书。

2）持卡人建立起与在线商店之间的加密传输通道之后，将商品订单和信用卡转账授权传递给在线商店。

3）在线商店通过支付网关将转账信息传递给其收单行。

4）收单银行通过信用卡清算网络向发卡银行验证授权信息，发卡银行验证信用卡相关信息无误后，通知收单银行。

5）收单银行通知在线商店电子支付成功，在线商店向收单银行请款。

其整个在线支付工作流程如图 5-2 所示。

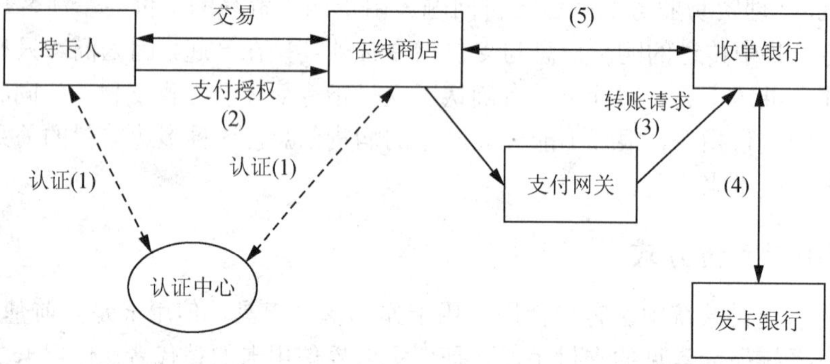

图 5-2　基于 SSL 协议的信用卡支付流程

基于 SSL 协议的信用卡支付流程简单，认证过程比较简便，处理速度快，费用较低；使用也比较方便，付款人只需在选购商品后输入卡号、有效期、姓名等资料后，立即就可以完成付款。但也存在一些缺点，如只能提供交易中客户与服务器间的双向认证，在涉及多方的电子交易中，SSL 协议并不能协调各方间的安全传输和信任关系。因此无法达到电子支付的“不可否认性”要求。

2. 基于 SET 协议的信用卡支付模式

为了提供更好的网络交易与电子支付的安全性，采用 SET 协议是个很好的选择。SET 协议是专门用于信用卡支付的协议，可更好地保证信用卡在 Internet 环境下进行网上支付，现在已经成为网上银行支付的安全标准。它的应用将可以为网上信用卡支付提供信息的机密性、数据的完整性、消费者账号的可确认性、商家的确定性和可靠的互操作性。

根据 SET 协议的工作流程图，可以将整个工作程序分为下面 7 个步骤。

1）持卡人通过浏览器在网上商店选择完所要购买的商品（即传送订单），结账时会激活电子钱包，持卡人在输入自己的电子钱包密码后，可以选择任何一张经 SET 协议认证的信用卡来支付。

2）网络商店此时便将通过数字签名及加密过的信用卡数据，通过电子收款机及付款网关将数据格式加以转换，通过金融网络，传送到收单行申请授权。

3）收单银行通过信用卡发卡组织的金融网络，连接到发卡银行向发卡银行申请授权。

4）当发卡银行检查信用卡持卡人的卡号真伪、信用额度、有效期限皆有效后，即核发授权给收单银行。

5）当收单银行获取由发卡银行授权成功的数据，便将授权成功的信息转送给网络商店。

6）此时网络商店立即将客户的订单回复给持卡人，并显示交易码、交易金额、商店代号及商店名称，以通知持卡人交易已成功。同时网络商店也将客户的订单转成送货单并通知商店的仓储系统出货。

7）收单银行将货款数据汇总处理后，将货款转入商店户头。收单银行与发卡银行通过国际信用卡发卡组织进行清算，发卡银行累计消费者的消费款项数据，以账单形式通知消费者。

其整个在线支付工作流程如图 5-3 所示。

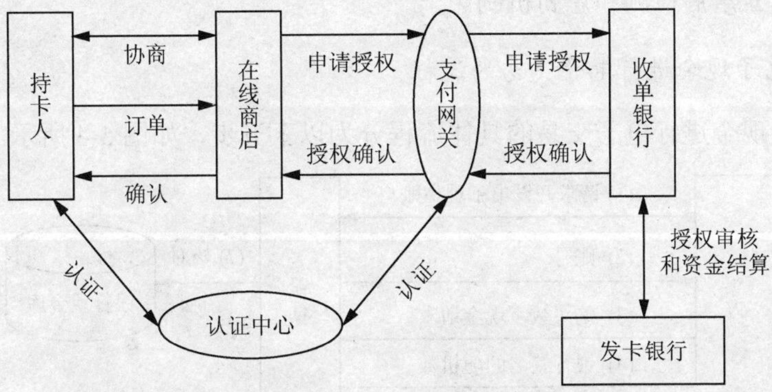

图 5-3　基于 SET 协议的信用卡支付流程

SET 支付系统的保密性好，具有一定的不可否认性。尤其是 SET 的出现为更多的信用卡公司及特约商户能按统一的标准处理信用卡结算的信息，提高 Internet 上信用卡结算的协调性和方便性，完善了电子货币的应用环境。安全性高是 SET 的优势，但为此也付出了过于复杂、使用麻烦、成本高、与别的支付协议难以兼容等代价。但这种统一的国际标准无论对顾客、商家、信用卡公司或银行都是有利的。

5.2.3　电子现金支付方式

电子现金（E-cash）又称电子货币（E-money）或数字货币（digital cash），被看作现实货币的电子或数字模拟，它以数字形式存在，以数据形式流通，是通过 Internet 购买商品或服务时使用的货币。随着贸易向无纸化方向发展，电子现金在电子支付中起着越来越大的作用。电子现金具有多用途、使用灵活、匿名性、快速简便的特点，无须直接与银行连接便可使用，适用于小额交易。在网上付款方式上，电子现金可能是最主要的取代纸钞的付款方式。它尤其适合在 Internet 上进行小数目金额的实时支付，极有可能成为网络贸易应用中个人消费者的最常用的一个支付工具。

1. 电子现金的特征

电子现金具有以下特性。

1）具有货币价值。电子现金必须有一定的现金、银行授权的信用或银行证明的现金支票进行支持。

2）可交换性。电子现金可以与纸币、商品/服务、网上信用卡、银行账户存储金额、支票或负债等进行互换。

3）可存储性。可存储性将允许用户在家庭、办公室或途中对存储在一个计算机的外存、IC 卡，或者其他更易于传输的标准及特殊用途的电子现金进行存储和检索。电子现金的存储是从银行账户中提取一定数量的电子现金，存入上述设备。

4）匿名性。由于无须签名，因此不能跟踪付款人，这在某些场合下可以使个人的隐私权得到尊重。

5）重复性。必须防止电子现金的复制和重复使用。因为买方可能用同一电子现金在不同国家或地区上的网上商店同时购物，这就造成电子现金的重复使用。一般的电子现金系统会建立事后检测和惩罚机制。

2. 应用电子现金进行电子交易的流程

应用数字现金进行电子交易的具体流程分为以下五步，如图 5-4 所示。

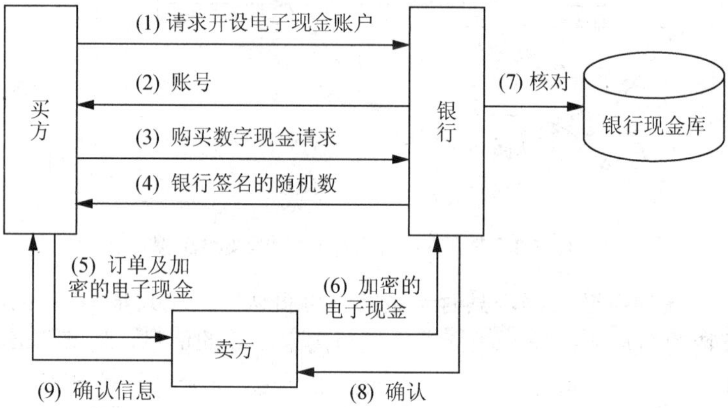

图 5-4　应用电子现金进行电子交易的流程图

（1）购买电子现金

买方在电子现金发布银行开设电子现金账号，并购买电子现金。用户需从网上的货币服务器（或银行）购买电子现金，首先要在该银行建立一个账户，将足够资金存入该账户以支持今后的支付。

（2）存储

使用计算机的电子现金终端软件，从电子现金银行取出一定数量的电子现金存储在硬盘上。一旦账户被建立起来，买方就可以使用电子现金软件产生一个随机数，这个随机数是银行使用私有密钥进行数字签名的随机数，通常少于 100 美元时作为货币，再把货币发回给买方。

（3）购买商品或服务

买方同意接收电子现金的卖方订货，用卖方的公开密钥加密电子现金后，传送给卖方。

（4）资金清算

接收电子现金的商家与电子现金发放银行之间进行清算，电子现金银行将用户购买商品的金额支付给商家。

（5）确认订单

卖方获得付款后，向买方发送订单确认信息。

3. 电子现金支付方式的特点

与其他电子支付方式相比，电子现金支付方式具有以下特点。

1）银行和卖方之间应有协议和授权关系。

2）买方、卖方和电子现金银行均需使用电子现金软件。

3）因为电子现金可以申请到非常小的面额，所以适用于小的交易量。

4）身份验证是由电子现金本身完成，电子现金银行再发放电子现金时使用了数字签名，卖方在每次交易中将电子现金传送给电子现金银行，由电子现金银行验证买方支持的电子现金是否有效。

5）电子现金银行负责买方和卖方之间的资金的转移。

6）具有现金特点，可以存、取、转让。

7）买卖双方都无法伪造银行的数字签名，而且双方都可以确信支付是有效的。

8）电子现金与普通的现金一样会丢失，如果买方的硬盘出现故障并且没有备份的话，电子现金就会丢失。

4. 典型的电子现金系统

目前，典型的电子现金系统有以下三种。

（1）E-cash

E-cash 是一种实现无条件匿名的电子现金系统。由 Digicash 公司开发，也是最早的电子现金系统。目前使用该系统发布电子现金的银行有 Mark Twain，Eunet，Advance 等世界著名银行。在使用 E-cash 时，买方和卖方必须在发放电子现金的银行建立一个账户，银行向他们提供 Purse 软件，用于管理和传送电子现金。然后，资金从常规账户输入到 Purse 软件上，并且在被支出前存储在买方的内置硬盘上。

（2）CyberCash

1994 年，CyberCash 开始提供一种 CyberCoin 软件，用于处理小额电子现金事务。在资金传输方面，CyberCoin 与 DigiCash 相似，资金从常规银行账户上传输给 CyberCoin 钱夹，然后，买方能用这些钱进行各种事务处理。

（3）Mondex

Mondex 是由英国最大的 West Minster 银行和 MidLand 为主开发和倡议的以智能卡为存储介质的电子现金系统，它属于预付式电子现金系统的一种，类似智能卡的应用模式。Mondex 于 1995 年 7 月在英国斯温顿市正式开始使用，可以说是全球唯一的国际性电子现金系统。

目前电子现金支付方式存在的问题主要有两个方面。首先，电子货币没有一套国际标准，只有少数商家接受电子现金，而且只有少数几家银行提供电子现金开户服务。其次，应用电子现金对于客户、银行和商家都有较高的软、硬件要求，成本较高。尽管如此，电子现金的应用仍呈现增长势头。随着较为安全可行的电子现金解决方案的出台，电子现金一定会像商家和银行界预言的那样，成为未来网上贸易通用、方便的交易手段。

5.2.4　电子支票支付方式

1. 电子支票的概念

电子支票是客户向收款人签发的无条件的数字化支付指令，它通过 Internet 或无线接入设备来完成传统支票的所有功能，是一种借鉴纸张支票转移支付的优点，利用数字传递将账款从一个账户转移到另一个账户的电子付款形式。

使用电子支票付款的时候，客户手中使用的不再是传统的支票簿，而是电子的支票簿。电子支票簿只是一个形象的称谓，它是手中类似于 IC 卡的一个硬件装置。这个卡片大小的装置中有一系列程序和设备，插入客户的电子计算机的插口以后，客户通过密码或其他手段激活这个装置，使其正常运作。这个装置就能像传统的支票簿一样“制造”出支票来。这张支票不再是纸质的，而是显示在计算机屏幕上，像填传统的支票一样，客户在电子支票上填写完整应该填的信息，之后还要进行数字签名。

客户的电子支票簿中装有客户的私人密钥，可以自动生成客户的数字签名。同时，把购货信息、电子支票等一同做成数字签名，像一个信封一样，把所有的信息都缄封起来。完成电子签名以后，客户则把这张电子支票通过网络传给商家。商家收到电子支票以后，再使用同样的数字签名技术在电子支票上进行数字签名，把经过签名的电子支票交给自己的开户银行，开户银行通过银行间的清算设备和网络同客户的开户行进行结算。最后，通知商家款项已经到了商家的账户上，客户的开户行也会通知客户，支票上的款项已经付给对方。

客户在电子支票上进行签名，采用数字签名技术。鉴别客户身份的真伪，则借助认证中心的功能。电子支票的运作，涉及了数字签名的多次运用，甚至是“双重”签名，其技术较为复杂。电子支票的运作，需要公开密钥、数字证书的广泛使用，同时也需要比较良好的管理。通常的情况是：银行负责管理自己客户的公开密钥，如商家的开户行负责管理商家的公开密钥，为商家发放认证的数字证书；客户的开户行负责管理客户的公开密钥，为客户发放认证的数字证书；而银行之间的联合组织，如负责银行间清算的自动清算所（automatic clearing house），除了负责清算之外，还负责管理银行的公开密钥，发放数字证书。整个电子支票系统形成了一种网络状的结构，保障了电子交易的安全、可靠。

从以上讨论可以看出，电子支票的优势表现在以下五个方面。

1）加密的电子支票使它们比基于公共密钥加密的电子现金更易于流通，买卖双方的银行只要用公共密钥认证确认支票即可，数字签名也可以被自动验证。

2）电子支票适用于各种市场，可以很容易地与 EDI 应用结合，推动 EDI 基础上的电子订货和支付。

3）第三方金融服务者不仅可以从交易双方处取固定交易费用或按一定比例抽取费用，还可以以银行身份提供存款账目，且电子支票存款账户很可能是无利率的，因此给第三方金融机构带来了收益。

4）电子支票与传统支票工作方式相同，易于理解和接受。

5）电子支票技术将公共网络联入金融支付和银行清算网络。

2. 电子支票的支付过程

电子支票的支付是在与商家及银行相连的网络上以密码方式传递的，多数使用公用关键字加密签名或 PIN 代替手写签名。用电子支票支付，事务处理费用较低，而且银行也能为参与电子商务的商家提供标准化的资金信息，故而用电子支票支付有可能成为最有效率的支付手段。

使用电子支票进行支付，消费者可以通过计算机网络将电子支票发到商家的电子信箱，同时把电子付款通知单发到银行，银行随即把款项转入商家的银行账户。这一支付过程在数秒内即可实现。

电子支票交易的过程可分为以下几个步骤，如图 5-5 所示。

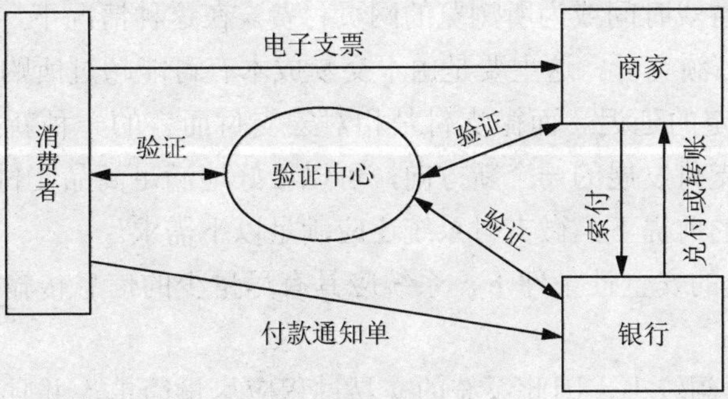

图 5-5　电子支票交易流程

1）消费者和商家达成购销协议并选择使用电子支票支付。

2）消费者通过网络向商家发出电子支票，同时向银行发出付款通知单。

3）商家通过验证中心对消费者提供的电子支票进行验证，验证无误后将电子支票送交银行索付。

4）银行在商家索付时通过验证中心对消费者提供的电子支票进行验证，验证无误后即向商家兑付或转账。

3. 电子支票的发展状况

电子支票的支付目前一般是通过专用网络、设备、软件及一套完整的用户识别、标准报文、数据验证等规范化协议完成数据传输，从而控制安全性。这种方式已经较为完善。电子支票支付现在发展的主要问题是今后将逐步过渡到在公共互联网络上进行传输。目前的 EFT 或网上银行（Internet Banking）服务方式，是将传统的银行转账应用到公共网络上进行的资金转账。一般在专用网络上应用具有成熟的模式（如 SWIFT）系统；公共网络上的电子资金转账仍在实验之中。目前大约 80%的电子商务仍属于贸易上的转账业务。

近期，向 Internet 站点提供后端付款和处理服务的 PaymentNet 将开始处理电子支票。

PaymentNet 采用 SSL 标准保证交易安全，美国最大的支票验证公司 Telecheck 通过存储在数据库中的购物者个人信息及风险可靠度进行交叉检验来确认其身份。

1998 年，CheckFree 公司处理了 8500 万宗电子交易，总额达 150 亿美元。不过，目前还没有人试过在电子商务站点通过 Internet 直接使用支票。只有美国银行支持的支票才能在 Internet 上被接受，因为在线检验需要依赖美国的支票兑现基础设施。

因此，尽管电子支票可以大大节省交易处理的费用，但是，对于在线支票的兑现，人们仍持谨慎的态度。电子支票的广泛普及还需要有一个过程。

电子支票支付遵循金融服务技术联盟（Financial Services Technology Consortium，FSTC）提交的 BIP（bank internet payment，银行互联网支付）标准（草案）。典型的电子支票系统有 NetCheque、NetBill、E-check 等。

5.2.5 微支付方式

随着网络中一些中小商家的不断加入，交易额有时只有几元或几分，如客户从某商家中购买几分钟的游戏时间或为所浏览的网页付费。在这种情况下，信用卡支付将不适用于 Internet 上的小额支付。这主要是由于交易成本有可能超过所购买商品的费用，并且授权处理也有一定的延迟。而微支付是相对宏支付而言的一种新型电子商务支付方式。它是目前电子支付发展的一个新方向，可以很好地满足商品支付的需求。

在满足安全性的前提下，微支付系统还应满足以下需求。

1）在满足一定的安全性条件下，系统应具有尽量少的信息传输量、较低的管理和存储要求。

2）由于交易金额较小，因此系统的交易过程应尽量简单，并且完成每一笔交易所需要的费用也应尽量低。

3）支付过程应具有较高的实时性、处理速度和效率，可以在网络环境下实现电子交易的实时支付。

4）应用范围特殊。由于微支付的特点，其应用也具有特殊性，如信息产品支付（新闻、信息查询和检索、广告点击付费等）、移动计费和认证，以及分布式环境下的认证等，微支付一般不适用于实物交易中的电子支付。

通用的微支付模型如图 5-6 所示，其中虚线表示离线方式。微支付模型一般涉及顾客（consumer）、商家（merchant）和代理（broker）三方。顾客是使用微电子货币购买商品的主体；商家为用户提供商品并接收支付；代理是作为可信第三方存在的，用于为顾客和商家维护账号、通过证书或其他方式认证顾客和商家的身份、进行货币销售和清算，并解决可能引起的争端，它可以是一些中介机构，也可以是银行等。

根据不同的支付类型，微支付中的货币可以由票据（script）和散列链等组成，可以由商家产生，也可以由代理（一般代理商家）和顾客产生。由商家或代理产生的微电子货币一般与特定的商家有关，如 Millicent 和 SubScrip 等；代理作为可信机构，也可独立产生电子货币，它一般与特定的商家类型无关，如 MicroMint 等；顾客也可以根据代理的授权（如通过颁发证书）来独立制造货币，它一般是基于散列链形式的，可以与特定的商家有关，也可以无关，并具有灵活的扩展形式，如 PayWord 和 Paytree 等。

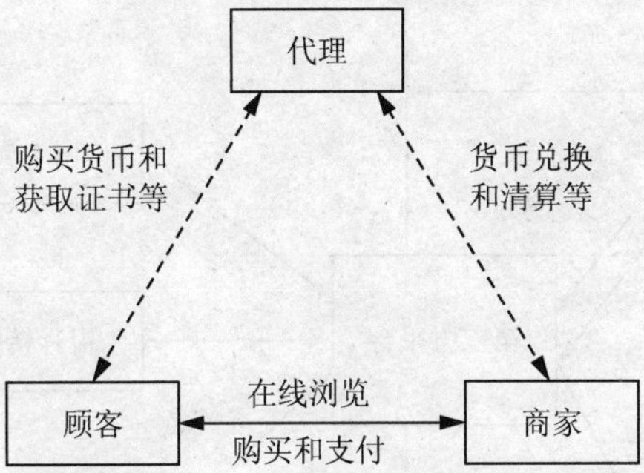

图 5-6　典型的微支付模型

在进行支付之前，顾客一般通过离线方式获取微电子货币，或交易中使用的数字证书。在一般情况下，顾客和代理之间可以通过宏支付或其他方式建立联系，以在代理处建立账户。顾客通过在线方式同商家进行联系，浏览所选择的商家信息和进行支付。商家一般可以在本地验证电子货币的真伪，但一般不能判断顾客是否在重复消费（除非对特定商家的货币）。每隔一定的时间，如一天或一周等，商家会把顾客支付的微电子货币提交给代理进行兑现；代理可以对电子货币进行验证，以防止商家的欺骗和顾客的重复消费，这个步骤一般通过离线方式完成。另外，还有其他的微支付模型，如μ-iKP 和 LITESET，它们建立在宏支付基础之上，利用宏支付协议和消息来完成微支付过程。有些微支付机制（如 SubScrip）更简单，甚至不需要代理的参与，交易中只涉及顾客和商家。

5.2.6　第三方平台结算支付方式

1. 第三方平台结算支付流程

第三方支付机构是最近几年出现的新的支付清算机构，它是为银行业金融机构或其他机构及个人之间提供电子支付指令交换和计算的法人组织。在第三方支付模式下，支付者必须在第三方支付机构平台上开立账户，向第三方支付机构平台提供信用卡信息或账户信息，在账户中“充值”，通过支付平台将该账户中的虚拟资金划转到收款人的账户，完成支付行为。收款人可以在需要时将账户中的资金兑成实体的银行存款。

第三方支付平台属于第三方的服务型中介机构，它主要面向开展电子商务业务的企业提供电子商务支付活动有关的基础支撑与应用支撑的服务。提供第三方支付的服务商中立于网上交易买卖双方，中立于电子商务企业与银行，自行建立支付平台连接买卖双方，连接商家与银行，提供网上购物资金划拨渠道的独立法人。

第三方平台结算支付模式的资金划拨是在平台内部进行的，此时划拨的是虚拟的资金，真正的实体资金还需要通过实际支付层来完成。图 5-7 显示的是有担保功能的第三方平台结算支付的流程。

图 5-7 中数字序号的含义如下。

1）付款人将实体资金转移到支付平台的支付账户中。

2）付款人购买商品（或服务）。

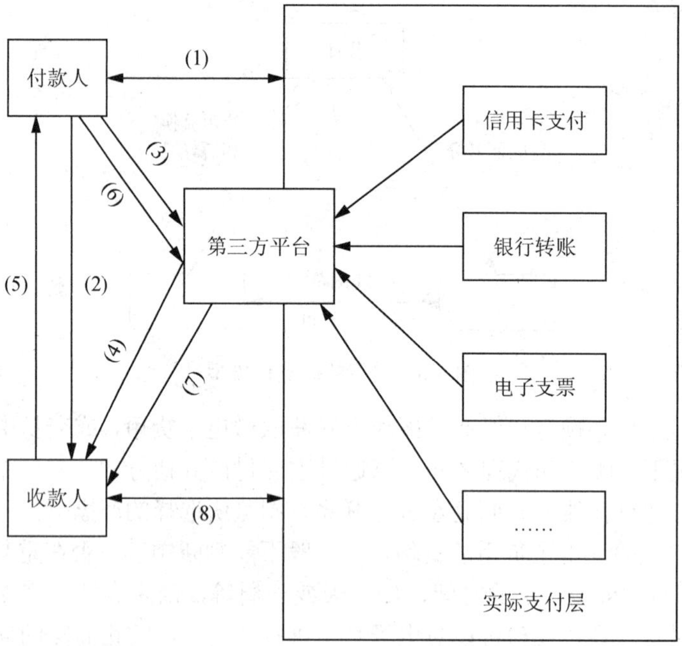

图 5-7　第三方平台结算支付的流程

3）付款人发出支付授权，第三方平台将付款人账户中相应的资金转移到自己的账户中保管。

4）第三方平台告诉收款人已经收到货款，可以发货。

5）收款人完成发货许诺（或完成服务）。

6）付款人确认可以付款。

7）第三方平台将临时保管的资金划拨到收款人账户中。

8）收款人可以将账户中的款项通过第三方平台和实际支付层的支付平台兑换成实体货币，也可以用于购买商品。

2. 第三方平台结算支付模式优缺点

（1）优点

第三方平台结算支付模式具有如下优点。

1）比较安全。信用卡信息或账户信息仅需要告知支付中介，而无须告诉每一个收款人，大大减少了信息卡信息和账户信息失密的风险。

2）支付成本较低。支付中介集中了大量的电子小额交易，形成了规模效应，因而支付成本较低。

3）使用方便。对支付者而言，所面对的是友好的界面，不必考虑背后复杂的技术操作过程。

4）支付担保业务可以在很大程度上保障付款人的利益。

（2）缺点

当然，第三方平台结算支付也存在以下缺点。

1）这是一种虚拟支付层的支付模式，需要其他的“实际支付方式”完成实际支付层的操作。

2）付款人的银行卡信息将暴露给第三方平台，如果这个第三方平台的信用度或者保密手段欠佳，将带给付款人相关风险。

3）第三方支付平台的法律地位缺乏规定，一旦该中介机构破产，消费者所购买的“电子货币”可能成为破产债权，没有保障。

另外，由于有大量资金存在支付平台账户内，而第三方平台非金融机构，所以有资金寄存的风险。

3. 第三方支付的发展

第三方支付企业在 2000 年前后出现并开始运行。北京首信易支付、上海环迅 IPS、银联电子支付、云网是早期的第三方支付服务提供商。2000～2002 年中国电子商务遭遇低潮，电子商务整体发展环境不佳，年电子支付额仅为 18 亿元，这一阶段第三方支付企业基本处于维持生存的状态。随着 2003 年电子商务的复苏，电子商务交易额成本增长，第三方支付企业获得了快速增长的机会。第三方支付企业除一次性为商户提供所有银行的接口以外，还提供了商户工具便于客户查询对账，这种类型的服务方式受到了商户的欢迎。第三方支付以每年 50%以上的增速快速发展着，到 2005 年第三方网上支付平台交易额已经占当年网上支付总额的 34.2%，终于成为互联网支付产业中重要的组成部分。自 2001 年起，各年度第三方网上支付平台占网上支付市场规模的比例逐渐增加。

第三方支付平台在 2005 年有了出色的表现，是中国第三方支付企业的良性发展时期，当时从事第三方支付的企业在 10 家左右，其中规模较大的企业包括上海环迅、北京首信、银联电子支付、iPay 和网银在线等。大部分公司处于一个相对公平的竞争环境，企业利润也非常可观，商户同第三方支付企业之间除了年费之外的利润分成大致在 1%～2%。

但随着银行本身对网上支付的觉醒和热衷，以及支付宝、贝宝等多家国内外电子支付企业进入中国市场，整个行业处于“价格战”之中。为了抢占市场，很多第三方支付企业采取降低交易手续费的策略，有些企业甚至不惜“倒贴”，以零利润或者负利润吸引商户。2006 年年初，北京首信集团将其电子支付平台“易支付”以 250 万美元卖给香港公司 PayEase，被称为国内电子支付企业洗牌的开始。2006 年 3 月，YeePay 又并购了西部支付，国内的其他支付企业，也都在借助种种方式扩张自己的规模。但即使如此，截至 2006 年 7 月仍有支付宝、贝宝、首信易支付、腾讯财富通、环迅、网银在线、云网、上海快钱、YeePay、汇付天下等 50 余家第三方网上支付平台活跃在网上支付市场。绝大多数企业都受限于盈利难题，盲目的无序竞争使各企业的利润大幅缩水。而第三方网上支付平台的性质到底是金融公司还是技术公司，也尚未形成一个统一的认识。面对种种不确定的政策与法律风险，电子支付企业在业务选择和创新上也是小心翼翼。因此，随着这一新型的支付模型出现，以及其他的网络交易模式的兴起，依靠科学技术、法律理论和依据来解决网上支付出现的问题，任重而道远。

5.3 SSL协议

5.3.1 SSL 概述

SSL 协议是 Netscape 公司于 1994 年推出的一种安全通信协议。在 SSL 中，采用了公开密钥和私有密钥两种加密方式，它对计算机之间整个会话进行加密，从而保证了安全传输。SSL 的安全服务位于 TCP 和应用层之间，可为应用层（如 HTTP、FTP、SMTP）提供安全业务，服务对象主要是 Web 应用，即客户浏览器和服务器。SSL 协议现已成为保密通信的工业标准，目前使用的版本为 3.0 版本。

SSL 服务器认证允许用户确认服务器身份。支持 SSL 协议的客户机软件能使用公开密钥密码标准技术（如 RSA 和 DSS 等）检查服务器证书、公用 ID 是否有效和是否由客户信任的 CA 列表内的认证机构发放。

SSL 客户机认证允许服务器确认用户身份。使用应用于服务器认证同样的技术，支持 SSL 协议的服务器软件能检查客户证书、公用 ID 是否有效和是否由在服务器信任的 CA 列表内的认证机构发放。

一个加密的 SSL 连接要求所有在客户机与服务器之间发送的信息由发送方软件加密和由接收方软件解密，用对称加密算法（如 DES 和 RC4 等）进行数据加密，从而连接是保密的。所有通过加密 SSL 连接发送的数据都被一种检测篡改的机制所保护，使用消息认证码（MAC）的消息完整性检查、安全散列函数（如 SHA 和 MD5 等）进行 MAC 的计算，这种机制自动地决定传输中的数据是否已经被更改，从而连接是可靠的。

1. SSL 的工作流程

SSL 的主要工作流程：网络连接的建立；与该连接相关的加密方式和压缩方式的选择；双方的身份识别；本次传输密钥的确定；加密的数据传输；网络连接的关闭。

应用数据的传输过程如下。

1）应用程序把应用数据提交给本地的 SSL。

2）发送方根据需要，使用指定的压缩算法，压缩应用数据。

3）发送方使用散列函数对压缩后的数据进行散列，得到数据的散列值。

4）发送方把散列值和压缩后的应用数据一起用加密算法加密。

5）发送方通过网络将密文传给接收方。

6）接收方用相同的加密算法对密文解密，得到明文。

7）接收方用相同的散列算法对明文中的应用数据散列。

8）计算得到的散列值与明文中的散列值进行比较。如果一致，则明文有效，接收方的 SSL 把明文解压后得到的应用数据上交给接收方的应用层。否则就丢弃数据，并向发送方发出报警信息。严重的错误有可能引起再次的协商或连接中断。

SSL 协议是一个两层协议，包括 SSL 握手层协议和 SSL 记录层协议。SSL 握手层有 SSL 握手协议（SSL handshake protocol）、SSL 报警协议（SSL alert protocol）、SSL 更改密码说明协议（SSL change cipher spec protocol）；SSL 记录层有 SSL 记录协议（SSL record protocol），它为更高层提供基于 C/S 模式的安全传输服务。

SSL 协议与 TCP/IP 的关系如图 5-8 所示。

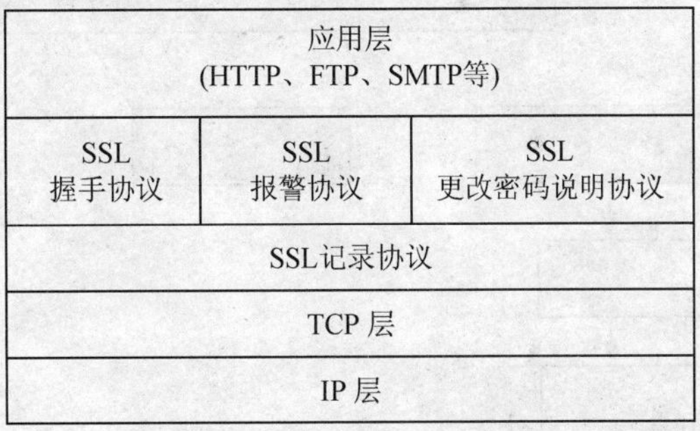

图 5-8　SSL 协议与 TCP/IP 的关系

2. SSL 协议提供的服务

SSL 协议提供的服务可以归纳为如下三个方面。

（1）用户和服务器的合法性认证

使得用户和服务器能够确信数据将被发送到正确的客户机和服务器上。客户机和服务器都有各自的识别号，由公开密钥编排。为了验证用户，SSL 协议要求在握手交换数据中做数字认证，以此来确保用户的合法性。

（2）加密数据以隐藏被传送的数据

SSL 协议采用的加密技术既有对称密钥，也有公开密钥。具体来说，就是客户机与服务器交换数据之前，先交换 SSL 初始握手信息。在 SSL 握手信息中采用了各种加密技术，以保证其机密性和数据的完整性，并且经数字证书鉴别，这样就可以防止被非法用户破译。

（3）维护数据的完整性

SSL 协议采用散列函数和机密共享的方法，提供完整信息服务，来建立客户机与服务器之间的安全通道，使所有经过 SSL 协议处理的业务在传输过程中都能完整、准确无误地到达目的地。

5.3.2　SSL 协议规范

SSL 协议由 SSL 记录协议和 SSL 握手协议两部分组成。

1. SSL 记录协议

SSL 记录协议基于 TCP 之上进行消息收发，它为 SSL 连接提供保密性和消息完整性这两种服务。通过握手协议建立的一个共享密钥，通过对传送的消息加密来实现保密性，通过 MAC 实现消息完整性。

SSL 记录协议将高层的协议数据分成较小的单元，并对它进行压缩、附加 MAC、加密、附加 SSL 记录头，然后通过低层的传输层协议发送，其过程如图 5-9 所示。接收消息的过程正好与发送消息的过程相反，即解密、验证、解压和拼装，然后送给高层协议。

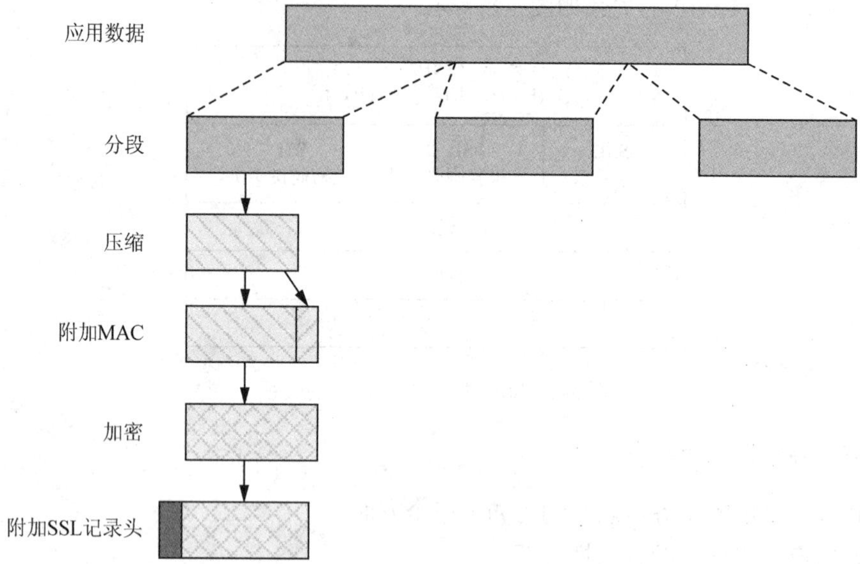

图 5-9　SSL 记录协议发送消息的过程

1）分段：把上层传送来的数据信息块切分为小于或等于 2^{14} 字节的 SSL 明文记录。

2）压缩：使用当前会话状态中定义的压缩算法对被切分后的记录块进行压缩。压缩算法将 SSL 明文记录转化为 SSL 压缩记录。压缩必须是无损压缩，且对原文长度的增加不超过 1024 位。

3）加密与 MAC：所有的记录均采用在当前的加密约定中定义的加密算法和 MAC 算法加以保护。当握手结束后，参与双方共享一个用于加密记录和计算 MAC 的公共密钥。加密和 MAC 函数将一个 SSL 压缩记录转换为一个 SSL 密文记录。传输时将包含一个序列号，这样即使数据包丢失、被改变或数据包被重复收到时也可以及时发现。

4）SSL 记录头：由 5 个字节组成，第一个字节说明使用 SSL 记录协议的上层协议类型，如 20 表示更改密码说明协议、21 表示报警协议、22 表示握手协议、23 表示应用；第二、第三字节表示版本号，如 SSL 2.0 或 SSL 3.0；第四、第五个字节表示消息的长度。

2. SSL 握手协议

SSL 握手协议包含两个阶段，第一阶段用于建立私密性通信信道，第二阶段用于客户认证。

（1）第一阶段

第一阶段是通信的初始化阶段，通信双方都发出 HELLO 消息。当双方都接收到 HELLO 消息时，就有足够的信息确定是否需要一个新的密钥。若不需要新的密钥，双方立即进入握手协议的第二阶段。否则，此时服务器方的 SERVER－HELLO 消息将包含足够的信息使客户方产生一个新的密钥，这些信息包括服务器所持有的证书、加密规约和连接标识。若密钥产生成功，客户方发出 CLIENT－MASSTER－KEY 消息，否则发出错误消息。最终当密钥确定以后，服务器方向客户方发出 SERVER－VERIFY 消息。因为只有拥有合适公开密钥的服务器才能解开密钥。图 5-10 为第一阶段的流程。

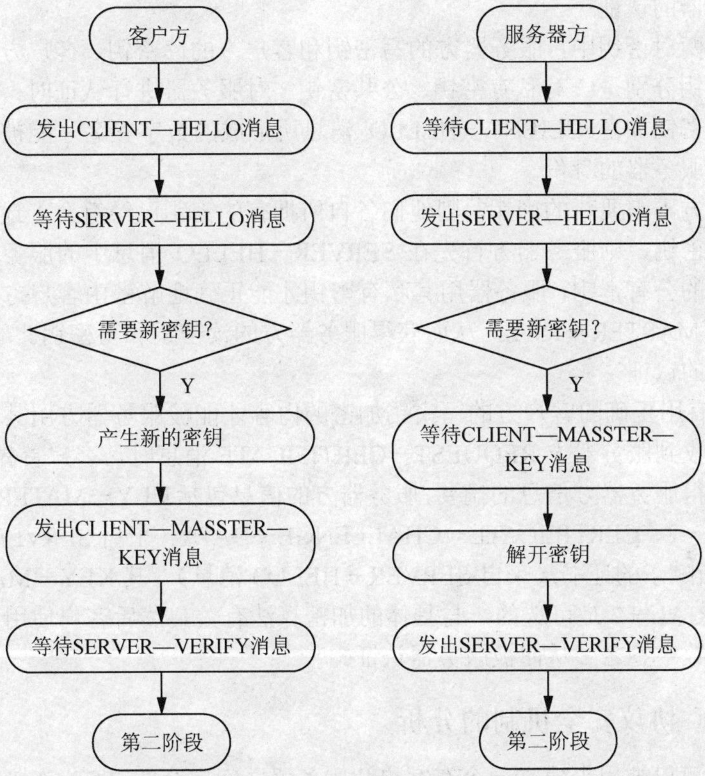

图 5-10　SSL 握手协议第一阶段通信流程

需要注意的一点是每一个通信方向上都需要一对密钥，所以一个连接需要四个密钥，分别为客户方的读密钥、客户方的写密钥、服务器方的读密钥、服务器方的写密钥。

（2）第二阶段

第二阶段的主要任务是对客户进行认证，此时服务器已经被认证了。服务器方向客户发出认证请求消息 REQUEST－CERTIFICATE。当客户收到服务器方的认证请求消息，发出自己的证书，并且监听对方回送的认证结果。而当服务器收到客户的认证，认证成功返回 SERVER－FINISH 消息，否则返回错误消息。到此为止，握手协议全部结束。

5.3.3　SSL 协议相关技术

1. 加密算法和会话密钥

SSL 协议 v2 和 v3 支持的加密算法包括 RC4、RC2、IDEA 和 DES，而加密算法所用的密钥由消息散列函数 MD5 产生。RC4、RC2 是由 RSA 产生的，其中 RC2 适用于块加密，RC4 适用于流加密。

2. 认证算法

认证算法采用 X.509 电子证书标准，通过使用 RSA 算法进行数字签名来实现。

（1）服务器的认证

在上述的两对密钥中，服务器方的写密钥和客户方的读密钥、客户方的写密钥和服务器方的读密钥分别是一对私有密钥、公共密钥。对服务器进行认证时，只有用正确的服务器方的写密钥加密 CLIENT－HELLO 消息所形成的数字签名才能被客户正确地解密，从而验证服务器的身份。

若通信双方不需要新的密钥，则他们各自所拥有的密钥已经符合上述条件；若通信双方需要新的密钥，则服务器方首先在 SERVER－HELLO 消息中的服务器数字证书中提供了服务器的公有密钥，服务器用其私有密钥才能正确地解密由客户方使用服务器公有密钥加密的 MASTER－KEY，从而获得服务器方的读密钥和写密钥。

（2）客户的认证

同样，只有用正确的客户方的写密钥加密的内容才能被服务器方用其读密钥正确地解开。当客户收到服务器方 REQUEST－CERTIFICATE 消息时，客户首先使用 MD5 消息散列函数获得服务器方信息的摘要，服务器方的信息包括 KEY－MATERIAL－0、KEY－MATERIAL－2、CERTIFICATE－CHALLENGE－DATA（来自 SERVER－HELLO 消息）、服务器所赋予的证书（来自 SERVER－HELLO 消息）。其 KEY－MATERIAL－1、KEY－MATERIAL－2 是可选的，与具体的加密算法有关。然后客户使用自己的读密钥加密摘要形成数字签名，从而被服务器认证。

5.3.4 对 SSL 协议安全机制的分析

SSL 协议可以被用来建立一个在客户和服务器之间安全的 TCP 连接。它可以鉴别服务器、执行密钥交换、提供消息鉴别、提供在 TCP 上的任意应用协议数据的完整性和机密性服务，其安全机制包括以下 4 个方面。

（1）加密机制

SSL 连接是受加密保护的，双方于连接建立之初即协商出一套对后续连接进行加密的会话密钥，并选择一种加密算法（如 DES 和 RC4 等），之后的传输信息将以协商的密钥进行加密保护。由于 SSL 使用的加密算法和会话密钥可适时变更，如果某种算法被新的网络攻击方法识破，SSL 只要选择另外的算法就可以了。

（2）身份鉴别

采用 SSL 协议建立会话时，客户端在 TCP 连接建立之后，发出一个 CLIENT－HELLO 消息发起握手，这个消息里面包含了可实现的算法列表和其他一些需要的消息。SSL 的服务器端会回应一个 SERVER－HELLO 消息，里面确定了这次通信所需要的算法，然后将自己的证书（包含了身份信息和公开密钥）发过去。默认情况下，客户端可以根据该证书的相关内容对其认证链路进行确认，最终实现对服务器端身份的鉴别。同样，在需要时也可以采用类似的方法对客户端进行身份鉴别。

（3）完整性机制

SSL 握手协议还定义了共享的、可以用来形成 MAC 的密钥。SSL 在对所传输的数据进行分片压缩后，使用单向散列函数（如 MD5、SHA-1 等）产生一个 MAC，加密后置于数据包的后部，并且再一次和数据一起被加密，然后加上 SSL 首部进行网络传输。这样，如果数据被修改，其散列值就无法和原来的 MAC 相匹配，从而保证了数据的完整性。

（4）抗重放攻击

SSL 使用序列号来保护通信方免受报文重放攻击。这个序列号被加密后作为数据包的负载，在整个 SSL 握手中，都有一个唯一的随机数来标记这个 SSL 握手，这样重放便无机可乘。序列号还可以防止攻击者记录数据包并以不同的次序发送。

SSL 协议解决的是点到点之间的信息传输安全，它并没有解决 Internet 上 Web 站点自身的安全。在实际应用中，网络的安全要综合考虑。对站点进行防护，保证站点上的关键数据（如 SSL 协议加密和签名时所用到的私有密钥数据）不被泄漏，才能保证 SSL 协议实施的可靠性。因此，应结合具体网络的实际情况，利用 SSL 协议和 CA 认证技术，并辅以其他的安全技术共同解决安全传输问题。

由于 SSL 不对应用层的消息进行数字签名，因此不能提供交易的不可否认性。这就是说，一旦交易双方事后对交易行为提出异议，SSL 没有能力判断谁是谁非。为了解决这一问题，可以对 SSL 协议进行改造。可以分别在 SSL 握手协议的 CLIENT－HELLO 和 SERVER－HELLO 消息中增加一位表示是否需要对方对信息进行数字签名。当有数字签名的要求时，对 SSL 记录协议中的 MAC 用私有密钥加密后附加在原 MAC 记录的数据后面。如果交易一方对消息提出异议时，另一方可以将已签名的 MAC 提取出来，用对方的公开密钥进行解密，再与原 MAC 进行比较，如果相同，则对方无法否认所发消息，从而达到了防抵赖的目的。

5.3.5　SSL 协议的电子交易过程

1. 基于 SSL 协议的网上购物支付交易

（1）支付流程

持卡人（消费者）在商家的网站上浏览各个展示商品，并选择欲购买的商品放置于购物车中，然后点击付款按钮，并选择基于信用卡的在线支付方式。持卡人使用 SSL 协议进行在线购物，网上购物支付的流程如图 5-11 所示。

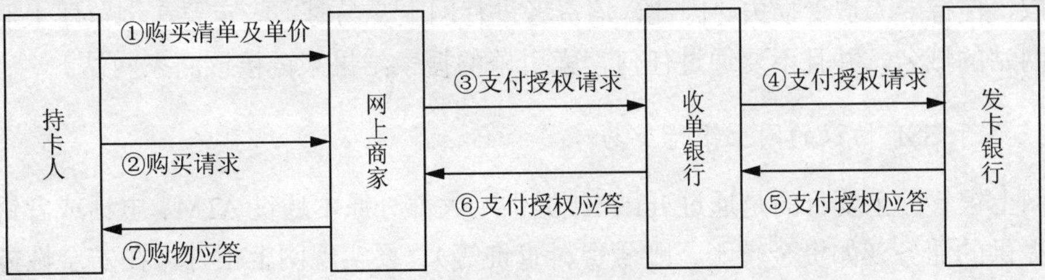

图 5-11　基于 SSL 协议的网上购物支付流程

1）网上商家系统根据持卡人购物车中的欲购买商品，将购置商品的项目、数量、单价及总价等资料传回给持卡人，并出现几个输入字段要求持卡人输入卡号、卡的有效期等信息。

2）持卡人检查商家传送过来的购买项目、单价等资料，并确认无误后，输入卡号及卡的有效期等信息。

3）商家通过专用网络向收单银行的支付网关发送支付授权请求。

4）收单银行收到支付授权请求后，通过银行网络，向持卡人所属的发卡银行发送支付授权请求。

5）发卡银行对所要求的持卡人的支付授权应答经由银行网络传回给收单银行。

6）收单银行将支付授权应答通过专用网络传回商家。

7）商家确认支付授权请求完成无误后，向持卡人发送交易完成的应答信息。

（2）存在的风险

在整个购物支付流程中，步骤2）是最需要做安全保护的地方。通过SSL协议便可确保持卡人传送的信用卡等相关信息在网络上不会被黑客拦截或窃取。下面列出通过SSL协议进行网上购物时可能遇到的风险。

1）商家服务器端证书的信任问题。虽然SSL协议已经定义了完整的服务器端验证程序，这种程序是建立在认证中心所发放的“服务器端证书”的信任之上的。但是，由于目前还没有一个较严谨的PKI规范，因此，客户很容易信任或者无从识别该网站上的服务器数字证书是否有效，这样就会丧失原来SSL服务器端认证的安全机制。因此，持卡人在通过SSL协议进行网上购物支付时，要注意浏览器上出现的任何信息，一定要检查这些信息的意义（如商家证书的有效期等），决不要相信任何不确定的数字证书。

2）商家服务器端系统遭黑客入侵。SSL协议只能保障传输过程的安全性，但是交易资料进入商家的计算机系统后，其数据库可能存放的为交易资料的“明文”信息。一旦发生黑客入侵或系统管理员误用的情况，其后果将不堪设想。

3）非法分子伪造商家网站。非法分子伪造商家网站，以骗取消费者的信用卡号等信息。例如，某商家网站的域名为www.eling365.com.cn，而非法分子可能以www.e1ing365.com.cn的域名，向证书管理中心申请一份合法证书，但其网站内容却与合法的商家网站的内容一模一样。这样，持卡人如果在www.e1ing365.com.cn网站上购物支付时，持卡人的浏览器将不会发出任何警告，而持卡人可能误以为正在合法的商家网站www.eling365.com.cn上进行购物支付交易。因而，持卡人的资料也就被该冒名网站窃取，使持卡人遭受损失。因此，消费者进行网上交易时，一定要在浏览器上明确地输入网站的域名，并且不要通过任何搜索引擎的搜索结果来链接该商家网站。

2. 基于SSL协议的网上银行交易

网上银行的主要目的是通过Internet提供绝大部分原本通过ATM、电话或者银行柜台所提供的业务（如资金转账、账号资料查询等）。要实现网上银行，在安全性方面至少要实现客户身份的可鉴别性、客户资料的机密性与数据完整性等特征。

SSL原本就可以做到身份鉴别、资料完整和资料机密保护，但如果要通过SSL所提供的客户端识别，客户端便需要有公开密钥及数字证书。正因为这样的关系，目前的应用都还是由应用层提供所谓的使用者代码/密码来进行身份鉴别。其实，无论是网上银行还是网上证券都具有所谓的服务特定客户的特性，因此若要利用SSL的客户端识别机制，并不像想象中那样烦琐。不过，目前大部分的应用还是采用所谓的使用者代码/密码来进行身份鉴别。通过SSL协议进行网上银行交易的流程如图5-12所示。

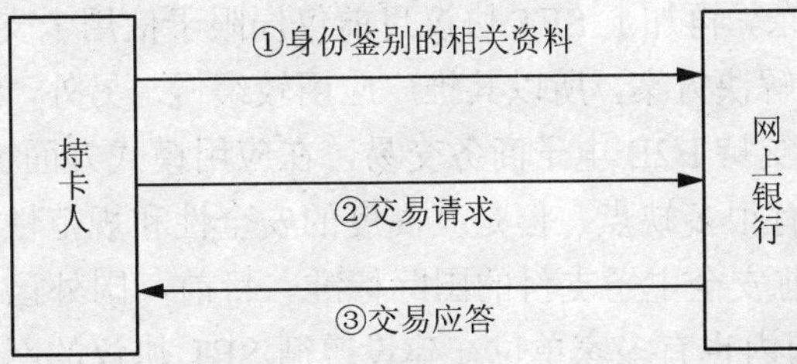

图 5-12　基于 SSL 协议的网上银行交易流程

1）持卡人送出身份鉴别的相关资料（如使用者代码、密码等）以示其身份。

2）持卡人通过 Internet 向网上银行要求执行某个电子交易（如资金转账等）。

3）网上银行根据交易结果回送交易应答消息给持卡人。

整个交易过程都将受到 SSL 协议加密及资料完整性的保护。首先，通过应用层来实现身份鉴别的安全机制。这里，同样存在基于 SSL 协议的网上购物支付交易时所描述的（1）～（3）的风险。所不同的是，使用 SSL 协议进行网上购物时攻击者窃取的资料主要为信用卡相关信息，而使用 SSL 协议进行网上银行交易时攻击者的目标则为用户代码及密码。当攻击者取得用户代码及密码后便俨然成了合法的用户，其造成的后果是相当严重的。

5.4　SET协议

5.4.1　SET 协议简介

SET 协议是由两大国际知名的信用卡组织 MasterCard 与 VISA 会同一些计算机供应商共同开发的安全交易规范，主要用于保障 Internet 上信用卡交易的安全性。利用 SET 协议给出的整套安全电子交易的过程规范，可以实现电子交易的机密性、可认证性、完整可靠性和交易的不可抵赖性，特别是具有保护消费者信用卡号不暴露给商家等优点，因此它成为目前公认的基于信用卡网上交易的国际标准。

SET 协议采用了对称密钥和公开密钥算法相结合的加密机制，从而充分利用了对称密钥算法的速度和公开密钥算法用于密钥交换的便利性，可以很好地保证网络信息的机密性。另外，SET 采用 X.509 数字证书、数字签名、数字摘要和双重签名等技术来保证商家和消费者的身份、交易行为的认证和不可否认性。例如，使用数字证书对交易各方身份的真实性和合法性进行验证；使用数字签名技术确保数据完整性和不可否认性；使用双重签名技术对 SET 交易过程中消费者的支付信息和订单信息分别签名，使得商家看不到支付信息，只能对用户的订单信息解密；而金融机构只能对支付和账户信息解密，从而保障消费者的账户和订货信息的安全性。SET 协议通过制定标准和采用各种技术手段，解决了一直困扰电子商务发展的安全问题，包括购物与支付信息的保密性、交易支付信息的完整性、身份认证和交易的不可否认性，在电子交易环节上提供了更大的信任度、更完整的交易信息、更高的安全性和更少受欺诈的可能性。

SET 协议虽然在很多方面解决了电子商务安全支付问题，但由于其成本太高，互操作性差，且实现过程复杂，再加上 SET 协议目前仅局限于信用卡支付方式，对其他方式的支付没有给出很好的解决方案，所以其推广应用较缓慢。另外，SET 协议只支持 B2C 模式的电子商务，而不支持 B2B 电子商务交易，在应用模式方面也具有局限性。

尽管 SET 协议具有很多缺点，但是其高度的安全性和规范性，已获得了国际组织 IETF 的认可，成为目前安全电子支付的国际标准。目前，国外已有不少网上支付系统采用 SET 协议标准，国内也有多家单位在建设遵循 SET 协议的网上安全交易系统，并且已有不少系统正式开通。

目前，SET 协议由 SETCO 负责推广、发展和认证。SETCO 是由 VISA 和 MasterCard 两家大公司为首组织的 SET 协议厂商联盟，用于 SET 协议的实施，并测试和推广 SET 协议兼容应用。SET 协议规范主要包括以下三部分内容。

1）商业描述：包括 SET 协议的背景信息和处理流程，用于提供 SET 协议的总体商业描述。

2）程序员指南：介绍数据区、消息及处理流程，用于提供 SET 协议的技术规范。

3）正式的协议定义：提供 SET 协议消息和数据区严格的定义，协议采用 ASN.1 语法进行。

5.4.2　SET 系统中的相关成员

SET 的相关成员主要包括以下几个方面，图 5-13 给出了 SET 中各参与方的关系。

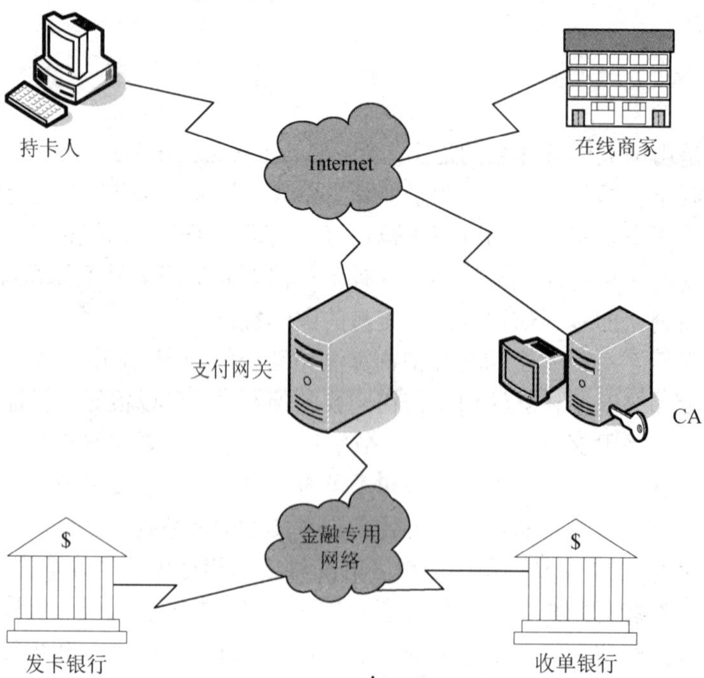

图 5-13　SET 中各参与方的关系

（1）持卡人

持卡人是网上消费者或客户。SET 支付系统中的网上消费者或客户首先必须是银行卡（信用卡或借记卡）的持卡人。持卡人要参与网上交易，首先要向发卡银行提出申请，经发卡银行认可后，持卡人从发卡银行取得一套 SET 交易专用的持卡人软件（称为电子钱包软件），再由发卡银行委托第三方中立机构——SET CA 发给数字证书，持卡人才具有了上网交易的条件。

持卡人上网交易是由嵌入在浏览器中的电子钱包软件来实现的。持卡人的电子钱包具有发送、接收信息，存储自身的签名密钥和交易参与方的公开密钥，以及申请、接收和保存认证等功能。此外，电子钱包还必须支持网上购物的其他功能，如增删和修改银行卡信息、检查证书状态、显示银行卡信息和交易历史记录等功能。

（2）在线商家

在线商家是 SET 支付系统中网上商店的经营者，在网上提供商品和服务。商家首先必须在收单银行开设账户，由收单银行负责交易中的清算工作。商家要取得网上交易的资格，首先要由收单银行对其审定和信用评估，并与收单银行达成协议，保证可以接收银行卡付款。商家的网上商店必须集成 SET 商家软件，商家软件必须能够处理持卡人的网上购物请求和与支付网关进行通信、存储自身的公开密钥签名密钥和交易参与方的公开密钥、申请和接收认证、与后台数据库进行通信及保留交易记录。与持卡人一样，在开始交易之前，商家也必须向 SET CA 申请数字证书。

（3）支付网关

买卖双方的交易，最后必须通过银行进行支付，但由于 SET 是基于 Internet 这种安全性不太好的开放网络，而银行的计算机主机及专用网络因为安全原因不能与各种开放网络直接连接，为了接收从 Internet 上传来的支付信息，在银行与 Internet 之间必须有一个专用系统，接收处理从商家传来的扣款信息，并通过专线传送给银行，银行对支付信息的处理结果再通过这个专用系统反馈给商家，这个专用系统称为支付网关（payment gateway）。

由于商家收到持卡人的购物请求后，要将持卡人账户信息和扣款金额等信息发送给收单银行，所有支付网关一般由收单银行来担任。但由于支付网关是一个相对独立的系统，只要保证支付网关到银行之间的通信是安全的，银行也可以委托信任的第三方来担任网上交易的支付网关。支付网关的一端必须连接到 Internet 上，并且 24 小时开放，接收商家传来的扣款信息，另一端则与收单银行相连，及时将信息转给收单银行。与持卡人一样，支付网关也必须到指定的 SET CA 申请数字证书，才能参与 SET 活动。

（4）收单银行

商家要参与 SET 活动，必须有收单银行的参与。收单银行指的是为在线交易的商家在银行开立账号，并在每次 SET 活动中担任收款服务的金融机构。收单银行虽然不属于 SET 的直接组成部分，但却是完成交易所必需的参与方。支付网关在收到商家传来的 SET 支付请求后，要将支付请求转交给收单银行，进行银行内部的联网支付处理工作，这部分工作与 Internet 无关，属于传统的信用卡受理工作。因此可以看出，SET 实际上是信用卡受理的一部分，SET 并未改变传统的信用卡受理过程。由于商家必须在收单银行开立账户，所以收单银行也是商家的开户银行。

（5）发卡银行

发卡银行即发行信用卡的银行。交易的扣款请求最后必须通过银行专用网络，经过收单银行传送到持卡人的发卡银行，进行授权和扣款。同收单银行一样，发卡银行也不属于 SET 的直接组成部分，但也是完成交易所必需的参与方。持卡人要参加 SET 活动，发卡银行必须要参加 SET 活动。SET 系统的持卡人软件一般是从发卡银行获得的，持卡人要申请数字证书，也必须先由发卡银行批准，才能从 SET CA 得到。可以说，发卡银行在安全电子交易中起着很重要的作用。而在每一笔 SET 中，发卡银行和收单银行一样，完成传统信用卡联网受理的那一部分工作。

（6）CA

在基于 SET 的认证中，CA 是对网络上的各方进行网络身份认证的机构，其主要职责是向参与交易的各方发放数字证书。

CA 虽然不直接参与 SET 活动，但在 SET 活动中起着非常重要的作用。为了保证 SET 活动的安全，SET 协议规定参与交易的各方都必须持有数字证书，在交易过程中，每次交换信息都必须向对方出示自己的数字证书，同时也要验证对方的数字证书。CA 的工作就是负责交易各方数字证书的发放、更新、废除等各种数字证书管理。

5.4.3　SET 协议中的购物流程

SET 协议购物流程与传统的银行卡购物流程十分接近，如图 5-14 所示。其中，支付网关设在收单银行。SET 购物流程一般包括如下几个步骤。

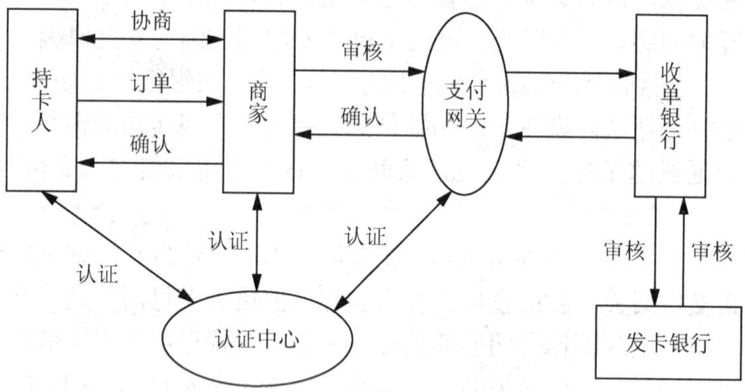

图 5-14　SET 协议购物流程

1）持卡人使用浏览器在商家的 Web 主页上查看在线商品目录浏览商品。

2）持卡人选择要购买的商品。

3）持卡人填写相应的订单，包括商品名称、单价列表等。订单可以从商家服务器中以电子形式发放，也可以通过电子购物软件在持卡人自己的机器上创建。

4）持卡人选择支付方式。当选择 SET 协议方式进行支付时，SET 协议开始起作用。

5）持卡人发送给商家一个完整的订单及要求支付的指令。在 SET 中，订单和支付指令由持卡人进行数字签名。同时利用双重签名技术保证商家看不到持卡人的账号信息。

6）商家收到订单后，向持卡人所在银行发出支付请求。支付信息通过支付网关到收单银行，再到发卡银行。支付请求获得发卡银行的支付授权后，返回授权指令给商家。

7）商家将订单确认信息通知持卡人，同时商家开始给顾客装运商品，或完成订购的服务。

8）持卡人终端软件记录交易日志，以备将来查询。

到此为止，购物过程结束。此后，商家可在适当的时候请求收单银行将此笔交易的款项从持卡人账户转账到商家账户。在这里，前三步与 SET 协议无关，SET 协议只是从第四步以后才开始介入。SET 协议标准中定义了这些步骤中使用的通信协议、信息格式和数据类型等。在上述操作的每一步，持卡人、商家和支付网关都通过 CA 来验证通信主体的身份，以确保通信的对方不是冒名顶替的。

5.4.4　SET 协议的相关技术

SET 协议使用多种密钥技术来达到安全交易的要求，其中对称密钥加密技术和公开密钥加密技术是基础，在此基础上又产生了消息摘要、数字信封、数字签名和数字证书等新技术。

在第 3 章已经详细介绍了这些技术，这里先对其进行简要回顾，再重点介绍 SET 系统中所使用的双重签名技术。

1. 基本安全技术

（1）对称密钥加密技术

对称密钥加密算法是给一条信息加密时，发送方和接收方都使用同一密钥完成加密和解密过程。SET 协议默认使用由 IBM 公司制定的 DES。DES 将数据分隔成 64 位的分组，用 56 位的密钥对其进行一系列的数学变换后产生密文，然后接收方用同一密钥将密文解译成明文。对称密钥加密技术的优点是加密、解密效率高，适用于大数据量加密和解密。其缺点是密钥没有安全的传递方式，容易被截获，不能适应大范围应用。

（2）公开密钥加密技术

公开密钥加密算法使用一对密钥对数据进行加密和解密。一个密钥称为公开密钥，另一密钥称为私有密钥。由于两个密钥之间存在数学关系，任何人使用公开密钥加密的数据时，只有使用相应的私有密钥才能将数据解密；反之亦然。目前有一种通用的公开密钥加密算法 RSA。其优点是密钥分发不用加密，适合在大范围使用；其缺点是加解密速度慢，比 DES 算法慢 10 倍以上。它只适合少量数据的加密和用于对称密钥的传递。RSA 算法的密钥长度为 512～2048 位。SET 中使用 1024 位和 2048 位两种长度，以满足不同等级的加密要求。

（3）数字信封

发送方将随机产生的对称密钥用接收方的公开密钥加密就形成了数字信封。数字信封用于传递对称密钥给接收方，接收方用私有密钥解开数字信封后得到对称密钥，才可将发送方的密文解开。

（4）数字签名

由于公开密钥和私有密钥之间存在一定的数学关系，使用其中一个密钥加密的数据只能由另一个密钥解开。发送方用自己的私有密钥加密数据给接收方，接收方用发送方的公开密钥解开数据后，就可确定消息来自于哪一个发送方，这就保证了发送方对所发送的信息不能抵赖。这样就相当于消息被签名了，因此称为数字签名。

（5）消息摘要

消息摘要是一个唯一对应一个消息或文本的值，由一个单向散列函数对消息进行运算产生。用发送方的私有密钥加密摘要并附在原文后面，一般称为消息的数字签名。通过数字签名，接收方可以确认消息确实来自何方。另外，如果消息在途中被篡改，则接收方将收到的消息重新进行散列运算，所产生的摘要与原摘要会不一致，这样就可以知道消息是否被篡改，因此消息摘要保证了消息在传输过程中的完整性。

（6）数字证书

公开密钥加密解决了发送方和接收方之间的密钥分发问题。公开密钥虽然任何人都可以获得，但对入侵者却毫无用处，除非他已窃得私有密钥。在安全环节中还有一个问题：接收方怎样确认所接收的公开密钥的确来自发送方，而不是其他人伪造的呢？由此就需要设立交易各方都信任的第三方机构 CA 对公开密钥的有效性进行认证，以确定公开密钥拥有者的真实身份，数字证书的概念由此产生。数字证书是由交易各方都信任的第三方机构 CA 发放的，是证明拥有者公开密钥有效性的凭证，它包括拥有者的公开密钥、详细个人资料（如持卡人的银行账号）的信息摘要及数字证书签发机构的数字签名。

2. 双重签名

在安全电子交易过程中，持卡人、商家和银行三者之间，持卡人的订单信息（order information，OI）和支付指令（payment instruction，PI）是互相对应的，商家只有在确认了持卡人的订单信息对应的支付指令是真实有效的情况下，才可能按订单信息发货；同样，银行也只有在确认了持卡人的支付指令对应的订单信息是真实有效的情况下，才可能按商家要求进行支付授权。

因此，OI 和 PI 必须捆绑在一起发送给商家和银行。例如，持卡人要购买商家的商品，持卡人将 OI 及 PI 等信息构成一个购买请求报文一起发送给商家，由商家确认后再将购买请求报文一起发送给银行进行支付授权处理。但持卡人不想让银行看到 OI，也不想让商家看到 PI 信息。可是，购买请求报文中的 OI 和 PI 信息又不能分开，因为只有商家同意持卡人的订单，银行才能进行支付授权。为了解决这一问题，出现了双重签名技术。

（1）双重签名的产生

一个双重签名是通过计算两种信息的消息摘要产生的，并将两个摘要连接在一起，用持卡人的私有密钥对消息摘要加密。

双重签名的产生过程如图 5-15 所示。

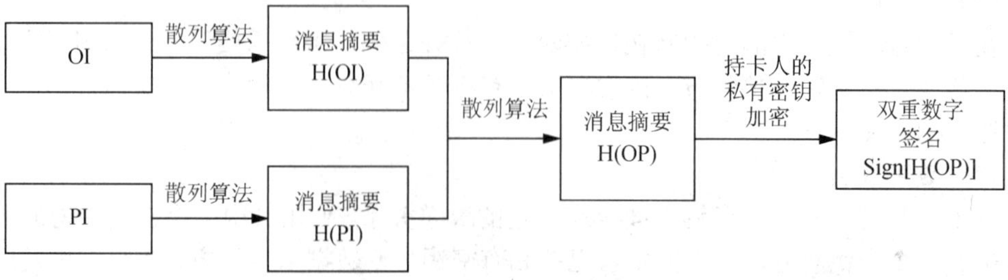

图 5-15　双重签名的产生过程

1）持卡人通过散列算法分别生成 OI 和 PI 的消息摘要 H（OI）和 H（PI）。

2）把消息摘要 H（OI）和 H（PI）连接起来得到消息 OP。

3）通过散列算法生成 OP 的消息摘要 H（OP）。

4）用持卡人的私有密钥加密 H（OP）得到双重数字签名 Sign［H（OP）］。

5）持卡人将消息｛OI，H（PI），Sign［H（OP）］｝用商家的公开密钥加密后发送给商家。

6）持卡人将消息｛PI，H（OI），Sign［H（OP］｝用银行的公开密钥加密后发送给银行。

（2）双重签名的验证过程

商家所能看到的信息有 OI、H（PI）和 Sign［H（OP）］；银行所能看到的信息有 PI、H（OI）和 Sign［H（OP）］。

双重签名的验证过程如图 5-16 所示。

1）商家将收到的消息用自己的私有密钥解密后，将 OI 生成消息摘要 H（OI）；同样银行将收到的消息用自己的私有密钥解密后，将 PI 生成消息摘要 H（PI）。

2）商家将生成的消息摘要 H（OI）和接收到的消息摘要 H（PI）连接成新的消息 OP_1'；银行将生成的消息摘要 H（PI）和接收到的消息摘要 H（OI）连接成新的消息 OP_2'。

3）商家将消息 OP_1' 生成消息摘要 H（OP_2'）；银行将消息 OP_2' 生成消息摘要 H（OP_2'）。

4）商家和银行均用持卡人的公开密钥解密收到的双重数字签名 Sign［H（OP）］得到消息摘要 H（OP）。

5）商家将 H（OP_1'）和 H（OP）进行比较，银行将 H（OP_2'）和 H（OP）进行比较。若相同，则证明商家和银行所接收到的消息是完整有效的。

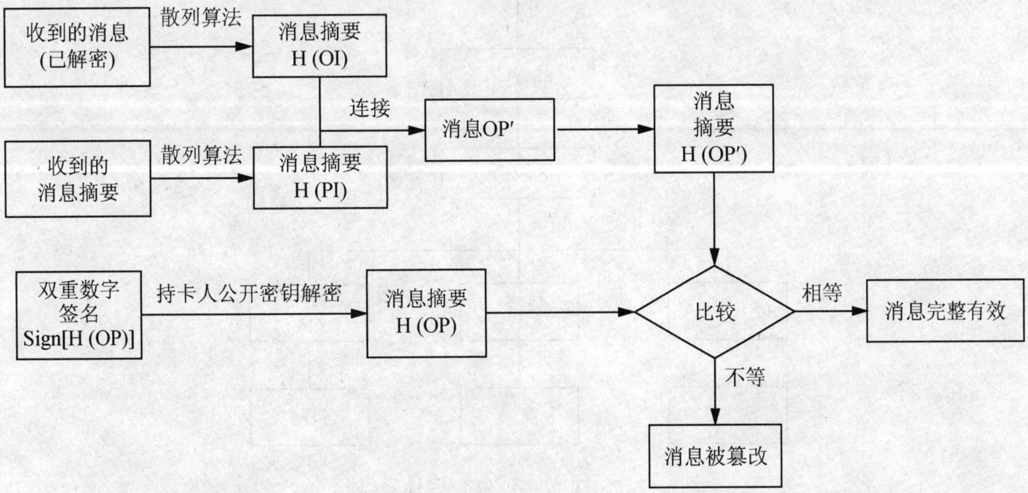

图 5-16　双重签名的验证过程

这样，通过双重签名，商家就只能看到 OI，而看不到持卡人的 PI；同样银行只能看到持卡人的 PI，而看不到持卡人的 OI。

在安全交易过程中，持卡人只与商家打交道。PI 由持卡人发送给商家，再由商家转发给支付网关，PI 由持卡人使用支付网关的公开密钥加密，只有支付网关才能用自己的私有密钥解密。为了便于商家验证持卡人 PI 的真实性，商家所能看到的只是 PI 的消息摘要 H（PI），而不是 PI 本身。

商家通过 Sign［H（OP）］、H（PI）和 OI，来验证 OI 和 PI 的一致性及 OI 的完整性，并确保对应的 PI 的合法性。反之，银行所能看到的是 H（OI），而不是 OI 本身。银行通过 Sign［H（OP）］、H（OI）和 PI，来验证 OI 和 PI 的一致性及 PI 的完整性，并确保对应的 OI 的合法性。

5.4.5 SET 数字证书管理

SET 数字证书通过一个信任层次来验证，每一个数字证书连接一个实体的数字签名证书，沿着信任树追溯到一个众所周知的信任机构，用户可以保证该数字证书是有效的。而 CA 作为数字证书管理的权威机构和主要执行者，就是通过这个信任体系来实现其职能的。CA 向交易各方提供了相应的数字证书管理机制，包括数字证书的发行、更新和废除等功能。

1. 数字证书管理体系

SET 的数字证书管理体系结构包括 9 部分，是根据进行 CA 和 SET 数字证书管理的需要来定义的层次结构，如图 5-17 所示。在这种金字塔式的结构中，每个机构从高一级的机构得到信任，同时给下一级的机构授权。

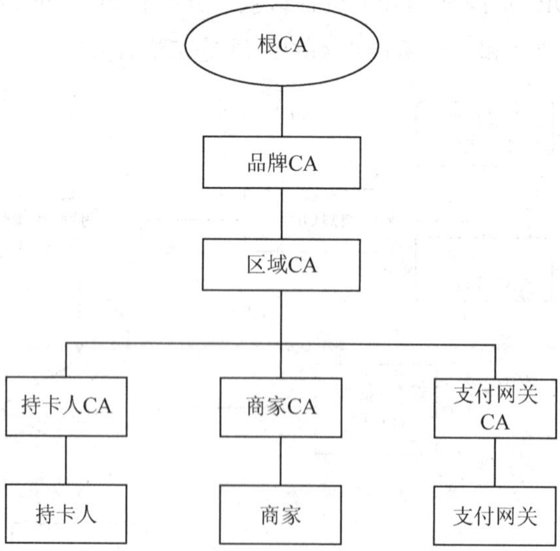

图 5-17　SET 数字证书管理体系结构

（1）根 CA

根 CA 的操作采用非常严格的物理方式来控制，保持其非在线状态。根 CA 极少被访问来发行新的品牌 CA 数字证书和一个新的根证书。如果一个品牌 CA 的私有密钥有可能泄密，则根 CA 产生并分发一个 CRL，以指出该品牌的 CA 数字证书。

（2）品牌 CA

在每个品牌管理中，品牌 CA（Brand CA）可以允许一定程度自治，就像根 CA 一样。品牌 CA 的操作采用严格的物理方式进行控制。品牌 CA 用于控制区域、持卡人、商家和支付网关的 CA，向其层次下的实体发行数字证书，品牌 CA 将产生、维持和分发其发行的 CRL，并产生、维持和分发包含在品牌层次下的所有 CRL 的 BCI（Brand CRL Identifier）。

（3）区域 CA

区域 CA（Geo-Political CA）允许该品牌在一个地理区域或一个政策范围内执行数字证书管理的职责。根据品牌的需要，可设置不同的品牌政策 CA。区域 CA 负责为可能泄密的数字证书产生、保持和分发 CRL。

（4）持卡人 CA

持卡人 CA 用于为持卡人产生和分发持卡人数字证书。可通过 Web 或电子邮件的方式接收数字证书请求。持卡人 CA 与发卡行保持联系，以便验证持卡人账户。

（5）商家 CA

商家 CA 负责给商家分发数字证书。在商家 CA 发行数字证书之前，收单银行验证和批准其特约商家的数字证书请求。该 CA 是由一个支付卡品牌、收单银行或另一个团体（由支付品牌政策决定）来操作。

（6）支付网关 CA

支付网关 CA 负责为支付网关管理数字证书发行，是由一个支付卡品牌、收单银行或另一个团体来操作的。支付网关 CA 为可能泄密的支付网关数字证书产生、保持、分发 CRL。

（7）持卡人

从持卡人 CA 申请和接收数字证书。

（8）商家

从商家 CA 申请和接收数字证书。

（9）支付网关

从支付网关 CA 申请和接收数字证书。

2. 数字证书的信任链层

在通信时，交易双方可以通过出示由某个 CA 签发的数字证书来证明自己的身份。如果对签发数字证书的 CA 本身不信任，则可验证 CA 的身份，依此类推，一直到公认的权威根 CA 处，就可确信数字证书的有效性。因此在交易的通信过程中，认证系统都会将对方的数字证书沿着信任链逐级地追溯到根证书，而所有 SET 软件都知道根证书的公开密钥，从而确认该数字证书的合法性。例如，C 的数字证书是由名称为 B 的 CA 签发的，而 B 的数字证书又是由名称为 A 的 CA 签发的，A 是权威的机构，通常称为根 CA。信任链追溯到了根 CA 处，就可以确信 C 的数字证书是合法的。在网上购物过程中，持卡人的数字证书与发卡机构的数字证书关联，而发卡机构的数字证书通过不同品牌信用卡的数字证书连接到根 CA，而根 CA 的公开密钥对应的 SET 软件都是已知的，因而可以校验每一个数字证书。

3. 数字证书管理功能

CA 为其数字证书管理层次下的实体提供三项基本服务，即证书的发行、更新和废除。

（1）数字证书的发行

SET 定义有三种方式：Web 方式（交互式）、电子邮件方式和离线方式（非交互式）。

因为交互式具有灵活方便等优点，故首选 Web 方式，如持卡人通过 Web 申请持卡人 CA，需经历以下三个阶段。

1）持卡人申请数字证书的请求/应答过程。通过消息变量 Card Init Req（初始化请求）和 Card Init Res（初始化应答）来唤醒 SET 应用，并分发根的数字签名证书。此过程中将包含采用 Web 所需的 MIME 信息。

2）持卡人申请登记表的请求/应答过程。通过消息变量 Req Form Req（登记表请求）和 Req Form Res（登记表应答）来传递登记表。

3）数字证书请求和生成过程。通过 Cert Req（证书请求）和 Cert Res（证书应答）来颁发数字证书，如果用户填错登记表 Cert Res 会回传所填错的地方，并要求重传登记表。经过三对消息的交互，申请者可将私人信息和账号传递给 CA，而 CA 通过确认身份（与发卡银行合作）后颁发数字证书。

（2）数字证书的更新

由于安全方面的考虑，密钥都有一定的使用期，因此所有的数字证书都需要定期更新。在每份数字证书中都标明了失效期。数字证书一旦失效，就必须更新后才能正常进行 SET 交易。具体的更新周期，由 CA 制定的策略来决定。一般情况下，根证书需一两年更新一次。但按照 SET 协议规定，根证书的更新并不意味着失效，因为交易中数字证书的认证需要验证到根证书，如果被更新的根证书立即失效，那么以前所颁发的数字证书就不能再参与交易了。所以根证书被更新后只是失去了发证功能，但仍存在于信任链中，直到它所发行的所有数字证书都失效后，根证书才失效。数字证书更新的过程与数字证书发行的过程相同，唯一不同的是，数字证书更新时所使用的登记表，在某些内容上略有不同，或者可能只保留原登记表的部分内容。

（3）数字证书的废除

数字证书废除是整个证书管理机制中最强有力的安全保障手段，它能够及时避免数字证书面临危险时对 SET 的影响。有多种原因需要对数字证书进行废除，如私有密钥泄漏、数字证书所含信息被篡改、数字证书被终止使用等。因此，数字证书的废除功能在一定程度上体现和延续了现今的信用卡管理体系，使数字证书达到或超过信用卡的安全程度，充分保障了网上的正常交易。

另外，数字证书废除涉及两个重要的概念：CRL 和 BCI。CRL 是由 X.509 协议定义的一种用于公布和分发含有被废除数字证书的列表的机制。每个 CA（除商家 CA 和持卡人 CA 外）都维护着一个自己的 CRL，用于公布被废除的由它所生成和签发的数字证书名单。BCI 是指针对某个信用卡品牌的所有目前使用的 CRL，它是由 SET 协议定义的，并由 BCA（Brand Certificate Authority，品牌认证机构）来维护。每当一份证书被废除，CA 就会发布新的 CRL，而相应的 BCI 也会被更新。SET 协议运用 CRL 和 BCI，可以有效地避免交易过程中欺诈行为所带来的危害，它赋予了数字证书管理更为有力和更具效率的可操作性。在数字证书废除的复杂机制中，支付网关担当着至关重要的角色。这是因为在 SET 中支付网关是传递支付信息的枢纽，它将由持卡人传来的支付信息自动递交给支付银行的主机，并把交易结果反馈给商家。SET 协议针对参与交易的不同对象，制定了具体的证书作废过程。

1）持卡人数字证书的废除。SET 协议 1.0 版本没有持卡人数字证书的废除功能。数字证书的废除功能是通过信用卡黑名单来实现的。

2）商家数字证书的废除。SET 协议 1.0 版本也没有商家数字证书的废除功能。当一个商家终止与指定的支付网关的联系时，该支付网关就有能力拒绝所有来自此商家的支付请求。

3）支付网关数字证书的废除。一旦支付网关的数字证书遭到恶意攻击，可能处于危险时，就必须及时废除，并重新申请证书。

4）CA 数字证书的废除。对于 CA 来说，受到有效攻击的可能性极低。但无论如何，一旦有成功的攻击出现，CA 的旧数字证书就必须被废除。而与此同时，CA 的新数字证书将被分发，被废除的旧数字证书将载入 CA 的 CRL 中。

由于 SET 的关键是密钥的加密和解密过程，而数字证书又是密钥的载体。因此，从某种意义上说，数字证书管理也就近似于密钥管理。通过数字证书管理的缜密策略和行之有效的手段，SET 协议将在开放网络上进行信用卡交易的幻想变为了现实。数字证书管理涵盖了 SET 的全过程，成为 SET 协议的灵魂。

5.4.6 SET 协议的支付处理流程

在 SET 协议中，涉及持卡人、商家、发卡银行、收单银行、支付网关等方面，其整个处理流程是复杂的，但对持卡人来说，绝大多数的处理是由软件来完成的，其处理流程对用户来说是透明的。

SET 支付处理主要包括持卡人注册、商家注册、购买请求、支付授权和支付请款等。

1. 持卡人注册

持卡人注册是指持卡人请求用于交易的持卡人证书，其总体流程如图 5-18 所示。

持卡人注册的全过程分为以下七个基本步骤。

（1）持卡人初始化注册

持卡人和商家在使用 SET 协议进行网上交易前都必须在 CA 注册，持卡人在安装好 SET 系统软件后，按照发卡银行所给的 CA 网址向 CA 申请数字证书。为了向 CA 发送 SET 消息，持卡人必须拥有 CA 的公开密钥，此密钥是由 CA 的密钥交换数字证书提供的。持卡人也需要从持卡人的金融机构得到注册表。对于 CA 提供的注册表，持卡人软件必须识别 CA 对应的发卡金融机构。为了获得注册表，要求在持卡人软件和 CA 之间交换发送。持卡人软件请求得到 CA 的密钥交换数字证书时，开始注册处理。

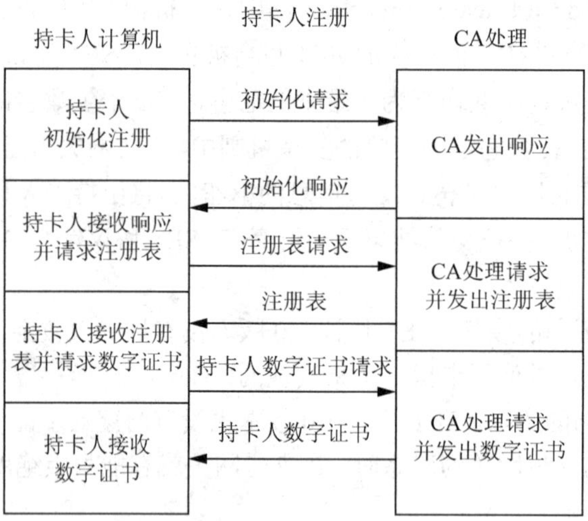

图 5-18　持卡人注册流程

（2）CA 发出响应

当 CA 接收到请求后，生成初始应答，向持卡人发出自己的数字证书。对初始应答进行散列运算，生成消息摘要，并用 CA 的私有密钥对消息摘要进行加密，生成数字签名。将初始应答原文、数字签名及 CA 的数字证书发送给持卡人。由于此次应答主要是将 CA 的数字证书发送给持卡人，因此初始应答中的内容不需要保密，可以以明文形式发送。

（3）持卡人接收响应并请求注册表

持卡人软件接收到 CA 的数字证书后，通过搜索直到根的信任链来验证 CA 数字证书，持卡人软件保存 CA 数字证书，用于以后的注册过程。一旦持卡人软件得到 CA 的密钥交换数字证书，就可以申请一个注册表。持卡人软件产生一个注册表请求消息，以及一个随机对称密钥，并使用随机对称密钥加密注册表请求消息。然后，采用 CA 的公开密钥加密随机对称密钥和账号消息，形成数字信封。最后，持卡人软件将注册表请求消息的密文及数字信封发送给 CA。

（4）CA 处理请求并发出注册表

CA 接收到持卡人的注册表请求后，用 CA 的私有密钥对数字信封解密，得到持卡人账号和对称密钥，用对称密钥对注册表请求密文进行解密，得到注册表请求明文。CA 识别持卡人的金融机构（利用账号的前 6 个数字），并选择合适的注册表，数字签名以后把该注册表返回给持卡人。在某些情况下，CA 可能没有某种注册表，但可以通知持卡人软件到什么地方获取该注册表。例如，持卡人的发卡金融机构可能拥有自己的 CA，在这种情况下，CA 将返回一个参考响应，而不是注册表。

（5）持卡人接收注册表并请求数字证书

持卡人软件在收到注册表后，通过搜索直到根的信任链来验证 CA 数字证书。持卡人需要一个进行数字签名用的公开-私有密钥对，以便在 SET 中使用，如果没有的话，持卡人软件将产生这个密钥对。

为了注册一个账号，需要在注册表中填写持卡人姓名、卡的有效时间、开账单的地址及需要的信息。持卡人软件会产生一个随机数，该随机数将由 CA 在产生数字证书时使用。持卡人软件将注册信息用公开密钥加密，对注册信息进行数字签名。接着，持卡人软件产生两个随机对称密钥，软件把其中一个随机对称密钥插入消息中，CA 将使用该密钥来加密响应消息。持卡人软件使用另一个对称密钥来加密注册表信息。然后，用 CA 的公开密钥来加密该对称密钥、账号、到期时间和随机数，形成数字信封。最后，持卡人软件向 CA 发出所有的信息。

（6）CA 处理请求并发出数字证书

当 CA 接收到持卡人申请后，首先解开数字信封获得对称加密密钥、账号信息和由持卡人软件所产生的随机数。CA 使用对称密钥解密注册请求，从解密后的消息中取得的数字签名来确保注册请求是由相应的私有密钥所签名的。如果签名有效，消息继续处理；否则，消息被拒绝并返回持卡人响应消息。CA 和发卡银行如何交换信息来验证注册表内的信息不在 SET 协议中定义。

如果注册表信息有效，CA 将向持卡人发行数字证书。首先，CA 产生一个随机数并和先前持卡人产生的随机数一起产生一个秘密值，该秘密值用于加密持卡人数字证书中的账户信息。通过一个单向散列函数计算账号、到期日期和秘密值，并将计算出的散列值放入持卡人数字证书。这样就不能直接从证书中查看到账号等私人信息，从而保证了数字证书的安全性。接着，CA 产生持卡人数字证书，并用私有密钥签名数字证书。最后，CA 使用持卡人注册消息中的对称密钥加密并产生响应消息传送给持卡人。

（7）持卡人接受数字证书

当持卡人软件接收到来自 CA 的响应后，搜索信任链验证数字证书。接着，持卡人软件用对称密钥解密响应消息，并通过 CA 公开密钥校验 CA 签名。持卡人软件把数字证书和响应消息保存在本机上用于将来的电子交易。现在，持卡人已经获得数字证书，只需上网便可随意选购自己中意的商品了。

2. 商家注册

商家在收单银行申请并安装 SET 商家软件后，也要上网向 CA 申请数字证书，图 5-19 描述了商家注册的流程。

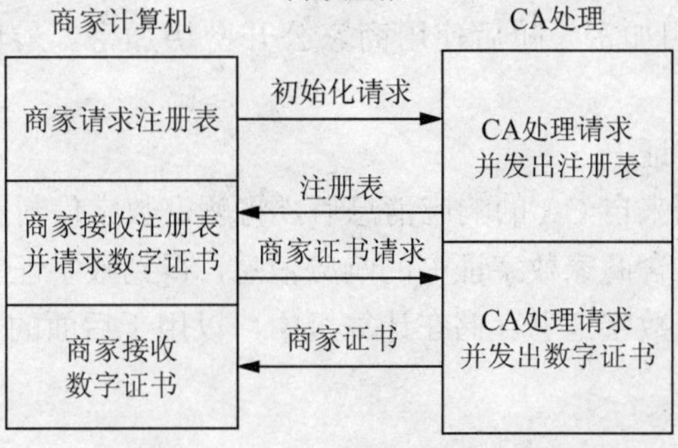

图 5-19　商家注册流程

整个商家注册的过程由下列 5 个基本步骤组成。

（1）商家请求注册表

商家在发送 SET 协议之前必须在 CA 注册，为了向 CA 发送 SET 消息，商家必须拥有 CA 的公开密钥，这是由 CA 的密钥交换数字证书提供的。商家也需要从商家的金融机构得到注册表，商家软件必须识别对应于 CA 的收单银行。当商家软件请求得到 CA 的交换密钥数字证书和注册表时，开始注册处理。

（2）CA 发出响应

CA 识别商家金融机构，选择合适的注册表，最后返回该注册表和自己的密钥交换数字证书给商家。

（3）商家接收注册表和请求数字证书

商家软件通过一直跟踪信任链到根密钥的方法验证 CA 数字证书，然后把 CA 数字证书保存起来用于以后处理。一旦得到 CA 的密钥交换数字证书，商家可以注册接收 SET 支付指令和处理 SET。在数字证书请求处理之前，商家必须同处理 SET 的一个收单银行建立商业关系。

商家必须有两个公开-私有密钥对，用于 SET 密钥交换和数字签名。如果没有该密钥对，商家软件要产生。为了注册，商家需要在注册表中填写商家名称、地址及商家 ID。

商家软件将注册信息用公开密钥加密，用数字签名注册信息。接着，商家软件产生一个随机对称密钥，并使用该对称密钥来加密消息。然后，用 CA 的公开密钥来加密该对称密钥，形成数字信封。最后，商家软件向 CA 发送数字信封、证书请求密文及数字签名等消息。

（4）CA 处理请求并发出数字证书

当 CA 接收到商家请求后，使用 CA 的私有密钥解开数字信封，得到对称加密密钥，并使用对称密钥解开注册表请求。使用消息的数字签名来保证请求是由相关的私有密钥签署的。如果签名有效，则消息处理继续，否则消息被拒绝并返回商家提示消息响应。

接着，CA 必须使用商家账户信息验证注册表请求。SET 协议中没有定义 CA 和收单银行如何交换信息来验证注册表内的信息。

如果注册表信息有效，将产生一个数字证书，并进行数字签名。该数字证书的有效期由 CA 的政策决定，一般与商家和收单行的协议的有效期有关。数字证书使用一个新的随机产生的对称密钥加密，随后使用商家公开密钥加密。最后，CA 发给商家响应消息。

（5）商家接收数字证书

当商家软件接收到来自 CA 的响应消息后，将解密数字信封获取对称加密密钥，并使用该对称密钥解开包含商家数字证书的响应消息，得到数字证书。商家软件搜索信任链验证数字证书，并把数字证书存储在计算机中，以用于后面的安全电子商务支付。

3. 购买请求

购买请求是 SET 中持卡人向商家购买商品时的交易流程，购买请求的过程如图 5-20 所示，共有以下五个基本步骤。

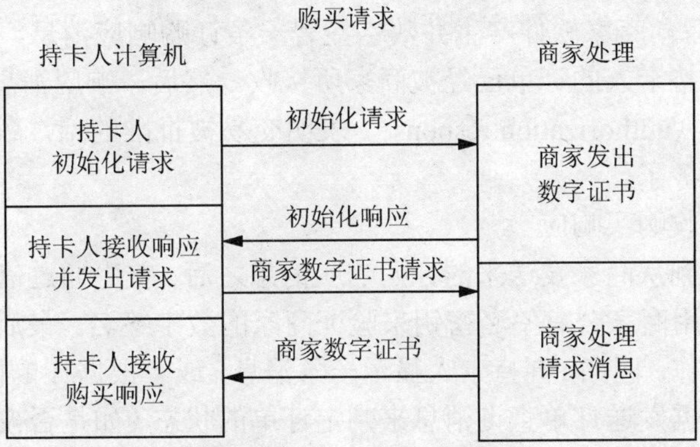

图 5-20　购买请求流程

（1）持卡人初始化请求

当持卡人完成了商品的浏览、选择和订购后，开始启动 SET 协议。在协议流程开始之前，持卡人应提供完整的订单表格，并同意所填写的内容和项目，如分期付款的次数（如果商家同意进行分期付款）。另外，持卡人应选择支付卡的品牌。

为了向商家发送 SET 消息，持卡人必须拥有支付网关的公开密钥。SET 的订购处理始于持卡人软件请求支付网关的数字证书，持卡人选择的支付卡品牌将用于交易中。

（2）商家发出数字证书

当商家接收到持卡人的初始化请求后，为该消息制定一个唯一的交易标识号，然后将商家和持卡人指定支付卡品牌的支付网关的数字证书，连同交易识别号发给持卡人。

（3）持卡人接收响应并发出请求

持卡人软件通过一直跟踪到根密钥的信任链来验证商家和支付网关数字证书的有效性，然后把这些数字证书保存起来以备后续使用。持卡人软件产生一个 OI 和 PI，并将商家产生的交易识别号插入 OI 和 PI 中。当商家请求支付授权时，该识别号将被支付网关用于连接 OI 和 PI。

需要注意的是，OI 中并不包含订购数据（项目和数量等商品描述）和订购条款（如分期付款数目）等信息，它用于在第一次 SET 消息处理之前的商品订购阶段，在此阶段持卡人和商家软件之间已经进行了交换。

持卡人软件分别计算 OI 和 PI 的消息摘要，并把两个摘要连接在一起，计算整个结果的消息摘要，并利用持卡人的私有密钥加密，从而产生 OI 和 PI 的双重签名。并将 OI 和 PI 的消息摘要与双重签名一同发送。

接着，持卡人软件产生一个随机的对称密钥，并用它对双重签名后的支付指令加密，然后再用支付网关的公开密钥加密持卡人账号信息和随机对称密钥，形成数字信封。

最后，持卡人软件把包含 OI 和 PI 的消息发送给商家。

（4）商家处理请求消息

当商家软件接收到订单后，首先通过一直追踪到根密钥的信任链来验证持卡人的数字签名证书，接着利用持卡人的公有签名密钥和 PI、OI 的消息摘要来验证数字签名，以保证订单在传输过程中没有被篡改，并且确实是用持卡人的私有密钥所签署的。

OI 处理完之后，商家软件产生并数字签署一条订购响应消息，它包含商家的数字签名证书，并指明持卡人的订单已经被商家所接收。然后，响应消息被发往持卡人。

如果授权响应（authorization response）表明交易被批准的话，商家就可以发送商品或执行订单中的服务了。

（5）持卡人接收购买响应

当持卡人接收到从商家发送来的订购响应消息之后，首先通过信任链验证商家的数字签名证书，并使用商家公有签名密钥来验证商家的数字签名。最后，根据响应消息的内容采取相应的操作。例如，向持卡人显示一条消息，或者根据订单状态更新数据库等。

持卡人可以根据发送订单查询消息来判定订单的状态（如是否被授权或提交给支付网关）。

4. 支付授权

支付授权是商家向支付网关请求授权并接收持卡人支付。支付授权流程如图 5-21 所示，共有三个基本步骤。

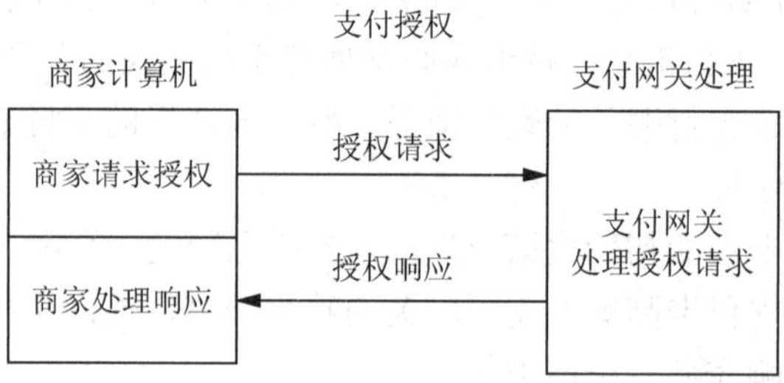

图 5-21　支付授权流程

（1）商家请求授权

在持卡人发送订单表的处理过程中，商家需要验证交易。商家软件产生并签署一个授权请求，该请求包括授权的总的额度、OI 中的交易识别号及其他有关交易的信息。该请求使用一个新的随机产生的对称密钥加密，并用支付网关的公开密钥加密。该公开密钥与持卡人用于加密 PI 的数字信封的密钥相同。然后，该授权请求和持卡人 PI 一起发给支付网关。

（2）支付网关处理授权请求

当支付网关接收到授权请求以后，它首先解密授权请求的数字信封来获取对称密钥，并使用该对称密钥来解密请求消息。然后，通过信任链来验证商家的数字签名证书，同时验证数字证书是否已经超期。支付网关使用商家公开密钥来验证该请求是使用商家的私有密钥签署的。

接着，支付网关解密 PI 的数字信封，以获取对称密钥和账户信息。它使用对称密钥来解密 PI，并通过信任链来验证持卡人的数字签名证书，同时验证数字证书是否超期。然后，使用持卡人公开密钥和 OI、PI 的消息摘要来验证数字签名，以保证 PI 在传输过程中没有被篡改，并确实是用持卡人的私有密钥签署的。

接下来，支付网关验证从商家接收到的交易标识号和持卡人 PI 的识别号是否相同。然后，支付网关通过一个支付系统向发卡银行发出一个授权请求。

一旦发卡银行收到一个授权响应，支付网关产生并签署一条授权响应消息，该消息包括发卡银行的响应和支付网关的数字签名证书，也包括一个可选的请款标记，以说明支付网关需要处理一个请款请求。只有当收单银行要求时，该请款标记才出现。

响应消息被新产生的对称密钥加密，并使用商家的公开密钥加密。最后，将响应消息发送给商家。

（3）商家处理响应

当商家软件从支付网关接收到响应消息以后，解开数字信封以获取对称密钥，并使用对称密钥解密响应消息。接着，通过信任链验证支付网关的数字签名证书，使用支付网关公开密钥来验证支付网关的数字签名。

商家软件保存该授权响应消息和请款标记，商家完成持卡人的购物处理。

5. 支付请款

持卡人完成购物后，商家请求支付。支付请款的流程如图 5-22 所示，共分为三个基本步骤。

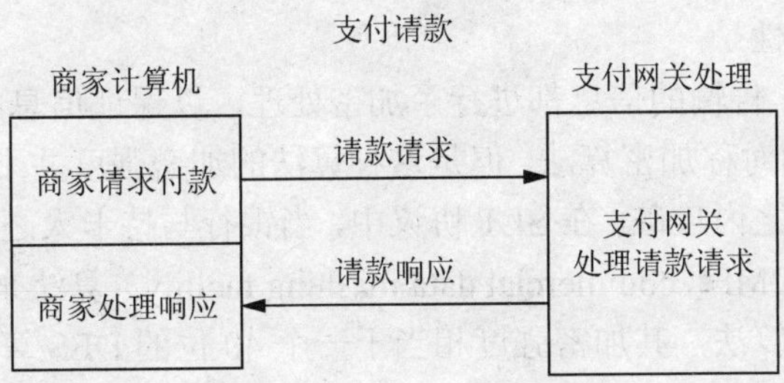

图 5-22　支付请款流程

（1）商家请求付款

一个持卡人完成一次订购处理后，商家将请求付款，它通常是在请求授权消息和请求支付消息之间很重要的一个时间。商家软件产生并签署一个请款请求（capture request），它包括最终的交易金额、从 OI 来的交易标识和其他有关交易的信息。然后，该请求用一个新产生的对称密钥加密，该密钥再使用支付网关的公开密钥加密。请款请求和可选的请款标记（capture token）一同被发往支付网关。值得注意的是，这里仅包含一个请款请求，商家软件也允许把多个请求批处理到单个消息中。

（2）支付网关处理请款请求

当支付网关接收到请款请求以后，首先解密数字信封以获取对称密钥，并使用该对称密钥解开请求消息。接着，支付网关使用商家公开密钥来验证该请求是由商家的私有密钥签署的。

支付网关解密请款标记（如果出现），然后使用请款请求中的消息和请款标记来格式化一个清算请求（clearing request），该清算请求通过支付卡支付系统发往发卡银行。

然后，支付网关产生并签署一个请款响应消息，该消息包括一个支付网关的数字签名证书。该响应用一个新产生的随机对称密钥加密，该对称密钥用商家的公开密钥加密，然后把响应消息发送给商家。

（3）商家处理响应

当商家软件接收到来自支付网关的请款响应消息后，首先解开数字信封以获取对称密钥，然后使用该对称密钥解密响应消息。通过信任链验证支付网关的数字签名证书，并用支付网关的公开密钥验证支付网关的消息摘要。

商家软件存储请款响应消息，用于与收单银行得到的付款进行对账。至此，整个交易过程结束。

5.4.7　SET 协议的安全性分析

SET 协议的出现，为电子商务安全交易的实现提供了标准协议。其目标是提供通过 Internet 与第三方支付机构建立联系的安全支付方式，并只用于信用卡的安全交易。在 SET 操作的每一步，持卡人、在线商家、支付网关都通过权威机构 CA 来验证通信主体的身份，以确保通信的对方不是冒名顶替的。因此，SET 协议充分发挥了认证机构的作用，可以充分保障电子商务支付的机密性、完整性和可认证性。同时，完整性中的数字签名技术也提供了安全电子支付的不可否认性。

（1）信息的机密性

在 SET 协议中，传输的信息都进行了加密处理，以保证信息的机密性。DES 算法是 SET 协议中标准的对称加密算法，但是这种算法的加密强度并不是很大，使用专用的计算机可在几十分钟之内攻破。在 SET 协议中，当银行与持卡人之间的信息交换要经过商店时，还需使用 CDMF（commercial data mashing facility）算法来对信息加密。CDMF 算法是一种对称加密算法，其加密强度相当于一个 40 位的 DES 算法，可以在几十秒内被强力攻击的方式攻破。因此，为了满足不同用户的需求，在 SET 2.0 中，采用了与算法无关的设计，计划使用三重 DES 算法，将来可能使用 AES 算法。三重 DES 算法的强度相当于 112 位的 DES 算法，在当前的技术条件下，可以满足大多数情况下的信息加密需求。

另外，为了保证信用卡信息不被商家非法获取，SET 协议采用双重数字签名技术，以提供订购信息和支付信息的机密性，使商家只能看到订购信息，不能看到用户的信用卡信息；而银行只能看到信用卡信息，不能看到订购信息。

（2）数据的完整性

SET 协议使用数字签名来保证数据的完整性。SET 协议使用安全散列算法 SHA-1 及 RSA 算法来实现数字签名。在 SET 协议中，首先使用 SHA-1 算法将消息映射为散列值，再使用 RSA 算法对散列值进行数字签名。散列值保证了消息的完整性，如果支付数据遭到了篡改，散列值就会发生变化，当接收者重新计算散列值时就会发现这个变化。另外，对散列值进行数字签名就可以验证其来源，因为没有私有密钥，就不可能对散列值进行加密。同时，数字签名也能实现发送消息的不可否认性。

因此，实现数据的完整性就取决于 SHA-1 和 RSA 这两种算法的安全性。下面分别进行讨论。

1）RSA 算法的安全性。RSA 算法的安全性基于数论原理：对一个很大的合数进行素因数分解是不可能的。RSA 算法用到的是两个非常大的素数的乘积，根据目前的计算机水平在有限的时间内是无法分解的。目前，有三种技术的发展会威胁到 RSA 算法的安全性：素因数分解技术、计算机能力的提高和高性能计算机造价的降低。但是，RSA 算法的安全性在可以预见的时间内还是非常安全的。在 SET 协议中，从根 CA 发出的信息使用 2048 位的 RSA 算法密钥加密，而其他的信息交换使用 1024 位的 RSA 算法密钥加密。

2）SHA-1 算法的安全性。SHA-1 算法对于任意长度的消息都生成一个 160 位的消息摘要，如果消息中有一位发生变化，那么消息摘要中大约会有一半的数据发生变化，两个消息的摘要完全相同的概率是10^{-48}。因此，对 SHA-1 算法进行直接的攻击是不可能的。

还有一种攻击方法，称为生日攻击。生日攻击实际上也是为了找到能产生同样散列结果的明文。生日攻击的名称来自概率论中的生日问题，在多于 70 人中至少有两个人生日相同的概率已经是 99%以上了。对于 SHA-1 算法来说，如果尝试2^{80}条明文，那么它们之间至少有一对发生冲突的概率就是 50%，但对当今的计算能力来说，这也是不能的。因此，SHA-1 算法是非常安全的。

（3）身份认证

SET 协议使用基于 X.509 v3 的数字证书，通过数字证书和 RSA 签名来实现对持卡人账户、商家、支付网关及银行的身份的认证。SET 协议是一个基于可信的第三方认证中心的方案，CA 在 SET 协议中扮演了很重要的角色，数字证书是核心。SET 协议标准提供了通过 CA 对数字证书加以认证的方法，来确保进行电子交易的各方能够互相信任。

总之，虽然 SET 协议现在的版本中还存在着加密强度不够等问题，但是它在 B2C 的电子商务模式中还是比较成功的。相信随着 SET 协议的不断发展和完善，它必将成为人们网上支付的首选安全标准。

5.5　SSL协议与SET协议的比较

在当今的电子商务中使用最为广泛的两种协议是 SSL 协议和 SET 协议，两者都提供了通过 Internet 进行支付的手段，那么哪个协议更加适用于电子商务呢？下面从协议本身及其性能、费用两个方面，就这两种协议在电子商务方面的应用进行简单的比较。

SSL 协议提供两台机器之间的安全连接。支付系统通过 SSL 协议连接传输信用卡的卡号，在线银行和其他金融系统也常常构建在 SSL 协议之上。SSL 协议被广泛应用的原因在于它被大部分 Web 浏览器和服务器所内置和支持。虽然基于 SSL 协议的信用卡支付方式促进了电子商务的发展，但如果想要电子商务得以成功地广泛开展，就必须采用更先进的支付系统。

SET 协议是一种基于消息流的协议，用于保证在公共网络上进行银行卡支付交易的安全性，能够有效地防止电子商务中的各种诈骗。SET 协议是一个复杂的协议，详细而准确地反映了银行卡交易各方之间存在的各种关系。SET 协议还定义了加密信息的格式和完成一笔银行卡支付交易过程中各方传输信息的规则。实际上，SET 协议远远不止是一个技术方面的协议，它还说明了每一方所持有的数字证书的合法含义，希望得到数字证书及响应消息的各方应有的动作，以及与一笔交易紧密相关的责任分担。

事实上，SET 协议和 SSL 协议除了都采用 RSA 公开密钥算法以外，在其他技术方面没有任何相似之处，而 RSA 算法在两者中也被用来实现不同的安全目标。

5.5.1 SET 协议与 SSL 协议本身的比较

SET 协议是一个多方的消息报文协议，它定义了银行、商家、持卡人之间必须遵守的报文规范；而 SSL 协议只是简单地在两方之间建立一条安全连接。SSL 协议是面向连接的，而 SET 协议允许各方之间的报文交换不是实时的。SET 协议报文能够在银行内部网络或者其他网络上传输，而基于 SSL 协议之上的支付卡系统只能与 Web 浏览器捆绑在一起。

SET 协议与 SSL 协议相比较有以下几个方面的优势。

1）SET 协议为商家提供保护手段，使得商家免受欺诈的困扰，从而降低商家使用电子商务的成本。

2）对消费者而言，SET 协议保证了商家的合法性，并且用户的信用卡号不会被窃取，SET 协议为消费者保守了更多的秘密，从而使消费者在线购物时更加轻松。

3）银行和发卡机构及各种信用卡组织（如 VISA 和 MasterCard）推荐 SET 协议，因为 SET 协议帮助它们将业务扩展到 Internet 这个广阔的空间，从而降低了信用卡网上支付的欺骗概率，这使得它比其他的支付方式具有更大的竞争优势。

4）SET 协议为参与交易的各方定义了互操作的接口，使一个系统可以由不同厂商的产品构筑，从而使 SET 协议得到更加广泛的应用。

5）SET 协议可以用在系统的一部分或者全部。例如，一些商家考虑与银行的连接时使用 SET 协议，而与客户连接时仍然使用 SSL 协议。这种方式既回避了在顾客机器上安装电子钱包软件，同时又获得了 SET 协议提供的很多优点。绝大多数 SET 协议软件提供商在其产品中都提供了灵活构筑系统的手段。

6）SET 协议提供不可否认的功能。SET 协议的交易凭证中有客户的签名，因而银行就拥有客户曾经购物的证据。该功能的前提是客户必须保证私有签名密钥的安全。如果客户的密钥丢失或被窃，那么可能将造成严重的后果。因此，用户私有密钥的保存手段是极其重要的。目前常用的方法是智能卡。智能卡提供了一种简便的方法，可以用它来存储和解释私有密钥和证书，并且非常容易携带。如果银行发行的信用卡内嵌芯片，将会给人们在使用电子商务时带来更大的方便和更高的保密性。

尽管 SET 协议与 SSL 协议相比具有更强的功能，但提供这些功能的前提是，SET 协议要求在银行网络、商家服务器、顾客的计算机上安装相应的软件；SET 协议要求必须向各方发放数字证书。这些成了大面积推广使用 SET 协议的障碍，并且使得应用 SET 协议要比 SSL 协议昂贵得多。

目前，Internet 上电子商务的规模与其潜力相比是微不足道的。因为电子商务的规模在扩大，所以出现欺诈的可能性也在提高。虽然 SSL 协议提供安全传输信用卡号码的可靠连接，但 SET 协议提供了完善的用于电子商务的支付系统，定义了各方的互操作接口，降低了金融风险。因此，由于 SET 协议交易的低风险及各信用卡组织的支持，SET 协议将在基于 Internet 的支付交易中占据主导地位。

同时应该认识到，SET 协议的普遍应用还需假以时日。在未来的一段时间内，可能会出现商家需要支持 SET 协议和 SSL 协议两种支付方式的局面。但由于 SET 协议实现起来非常复杂，商家和银行都需要改造原有系统，以实现互操作智能卡的推广应用，改变现有的电子商务方式，但是需要增加费用以添置额外的设备，也需要时间被人们接受以做到广泛发卡。另外，很多厂商还在致力于发展其他协议，以支持 SET 协议和 SSL 协议所不能支持的支付方式，如微支付及对等支付（peer to peer payments）等。

5.5.2　SSL 协议和 SET 协议的性能及费用比较

SSL 协议目前用于许多电子商务服务器，提供会话级别的安全，这意味着一旦建立一个安全会话，所有通过 Internet 的通信都被加密。一个 SSL 协议会话相当于在电话线上加一个干扰器，当数据到达商家 Web 服务器时，解密所有数据。采用 SSL 协议，购买者将可能承担以下风险：①购买者不得不信任商家能够安全地保护他们的信用卡信息。②无法保证商家是该支付卡的特约商户。

商家在在线交易中同样要冒风险，如同进行电子邮件和电话订购交易一样，因为商家无法保证购买者就是该信用卡的合法拥有者。另外，因为 SSL 协议加密所有信息，显示复杂页面时很慢，所以使用 SSL 协议进行交易的站点一般使用文本界面，而很少使用图形界面。

而 SET 协议的设计增加了用户对支付处理的信心，能够保证商家是授权接受支付卡，同时也保证持卡人是合法拥有者。从商家观点看，SET 协议的典型应用使用客户端（client-side）认证来提供一种安全购买处理。这意味着，商家可以保证购买者不能否认交易。虽然客户端认证在 SSL 协议 v3 中也提供，但是它仅用于某些金融应用（如家庭银行）。在 SET 协议中，只有交易中的敏感信息才加密，当购物者浏览页面时，没有加密，因此可以在页面中使用更多的图形。然而，SET 协议面临着许多批评，主要批评包括：SET 协议过于复杂；处理速度慢；支持 SET 协议的系统费用较大。

GartnerGroup 针对 5 个典型服务器应用，对 SSL 协议和 SET 协议进行了比较。这 5 个应用场合是：小型、中型、大型电子商务服务器和小型、大型支付网关。在 5 年预期使用时间内，比较每种应用场合的预期峰值负载，并比较采用服务器硬件和采用附加的加密加速处理硬件的情况。

在比较之前做以下假设。

1）对于小型和中型电子商务应用，没有附加服务器费用来支持 SET 协议和 SSL 协议，在可预期的负载下，这些价格范围的服务器性能已足够。

2）对于大型电子商务服务器应用，SET 协议要求额外的硬件加速，中型的硬件加速设备约占服务器费用的 5%～6%。

3）对于小型支付网关的应用，SET 协议和 SSL 协议都要求硬件加速，但是随着服务器性能的提高，或者其他处理能力的提高，如 ECC，也可能不使用额外的加速硬件。预计将来加密硬件将成为服务器的标准硬件配置。

4）大型支付网关的应用采用双机 Cluster 系统，对于 SET 协议和 SSL 协议的费用主要是在双机 Cluster 系统上的投资，密码加速硬件的费用至少是单机的两倍。

随着计算机硬件按照摩尔定律的发展，硬件价格不但在降低，而且性能成倍地提高，SET 协议和 SSL 协议的服务器硬件价格将差别不大。

SET 协议和 SSL 协议都要求使用密码技术和算法，都要增加计算机系统的负载，SSL 协议要求的负载小，但是不能消除安全风险，SET 协议要求较高的处理能力，但是提供相对安全的电子交易。

1. SET 协议和 SET 协议性能的对比

电子商务的处理过程是复杂的，从分析目的来看，有两个对象影响支付协议：客户计算机、商家电子商务服务器。

（1）客户计算机

SET 协议和 SSL 协议对客户计算机性能影响较小，因为一次只处理一个交易。客户端的认证应用（电子钱包）保存购物者的认证数字证书、信用卡和地址信息，其与商家服务器的通信速度主要取决于网络速度和商家服务器的处理能力，与 SET 协议和 SSL 协议无关。也就是说，对于 SET 协议和 SSL 协议，客户计算机的性能影响不大，主要在于商家服务器和支付网关服务器的性能。

（2）商家电子商务服务器

商家电子商务服务器提供多种功能，包括强大的防攻击保护、在线目录和广泛的销售报告功能，并连接财务数据库，购买的安全连接只是众多功能的一小部分。图 5-23 描述了 SET 的加密操作，每个连接代表一个加密/解密操作。从图中可以看出，在客户端每个交易需要两个操作，在商家一方则需要六个操作，在收单银行需要四个操作。

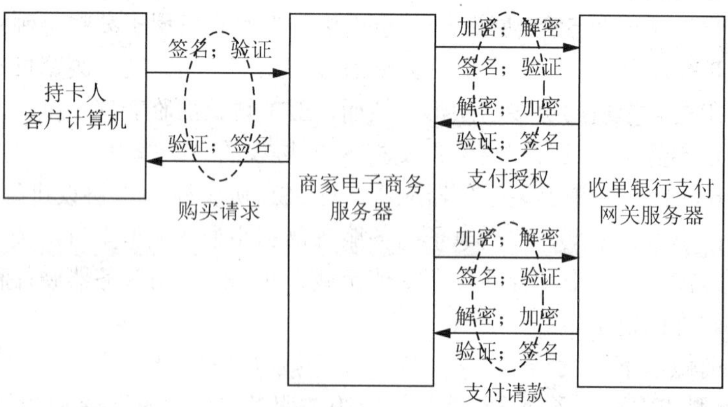

图 5-23　SET 加密操作

而对于一个 SSL 连接，在客户端每个交易需要一个操作，在商家需要三个操作，在收单银行需要两个操作。客户端需要的一个操作是由 SSL 服务器配置的，对客户端来讲，它由服务器自己认证，不要求客户端认证服务器。在 SET 协议中，支付网关应用程序要求四个操作，而典型的 SSL 使用两个操作来建立电子商务服务器和支付网关的一个 SSL 会话。

2. 提高性能的技术

技术的发展对提高 SET 的性能将有很大的促进，这些技术如下。

（1）对称多处理 CPU 技术

在一个 SMP 系统中，操作系统将应用分配给多个 CPU 进行处理，随着更多 CPU 的使用，用于密码处理的能力也不断提高。

（2）群集技术

在一些大型系统中，多个计算机系统组成群集，多台计算机可以分担计算机处理能力，如果有一台计算机发生故障，其他计算机可以接替其工作。

（3）密码加速硬件

密码加速硬件是特定用途的硬件单元，可以离线进行密码处理。现在使用普通的 32 位 CPU 无法有效处理 1024 位密钥的计算，而密码加速硬件中的 CPU 可以进行长字节的计算。随着密码技术的普及，现在普通的计算机都可能配备这些密码加速硬件。

（4）ECC

ECC 具有较小的密钥，可以大大加快密码操作处理。随着 ECC 的完善，可以降低对计算机计算性能的要求，减少计算负载。

3. 对比结论

通过以上分析对比，可以得出如下结论。

1）对于小型和中型的电子商务应用，与 SSL 协议相比，SET 协议没有额外的服务器费用要求，在价格范围和预期负载上，目前其性能足够满足要求。

2）对于大型电子商务应用，与 SSL 协议相比，SET 协议在中期要求额外的硬件加速，增加的费用约占服务器费用的 5%～6%。

3）对于小型支付网关应用，在短期需要硬件加速，但是随着服务器性能的迅速提高和其他性能的提高（如 ECC 的使用），也可以不需要额外的费用。

4）对于大型网关的应用，一般采用集群计算系统，如果要求额外的硬件加速，则增加的费用约占服务器费用的 5%～6%。

本 章 小 结

在线电子支付是电子商务的关键环节，也是电子商务得以顺利发展的基础条件。本章首先介绍了电子支付系统的概念和发展，在此基础上重点讨论了信用卡、电子现金、电子支票、微支付和第三方平台结算几种电子支付方式的特点和流程，其中信息卡支付是现阶段网上购物的主要在线支付方式，它主要采用 SSL 安全模式和 SET 安全模式。

在此基础上，本章重点介绍了电子支付过程中常用的两种安全支付协议，即 SSL 协议和 SET 协议。其中，SSL 协议是由 Netscape 公司开发的，它的目的是为客户机和服务器两个通信实体之间提供加密的安全通道，提供服务器的认证。本章重点介绍了 SSL 协议的规范，包括 SSL 握手协议和 SSL 记录协议。在此基础上讲述了 SSL 协议的加密和认证算法，并分析了SSL协议的安全性，指出该协议在安全方面存在的一些隐患和问题。

另外，SET协议是专门为在线电子交易时保证信用卡支付安全而设立的一个开放的支付协议，是由MasterCard和VISA及其他一些业界主流的厂商设计发布的技术标准。SET协议通过使用加密、对交易各方进行数字认证及数字签名等技术，能够有效地防止电子商务中的各种诈骗，提高电子商务应用的安全性。本章在介绍SET的购物流程、相关技术和证书管理的基础上，详细描述了SET协议的支付处理流程，即持卡人注册、商家注册、购买请求、支付授权和支付请款。

在本章最后，将SSL协议和SET协议从协议本身、技术性能和费用方面进行了详细对比。通过比较可知，SET协议较之SSL协议具有更强的安全性和可靠性，能够保证电子交易的安全性，包括交易各方的利益。但就目前现状而言，SET协议在电子交易中被广泛采用还有一定的难度。

本 章 习 题

1. 名词解释

（1）电子支付　（2）电子现金　（3）电子支票　（4）网上银行　（5）微支付

2. 简述信用卡支付系统的特点。

3. 简述电子现金支付方式的特点和存在的问题。

4. 为什么要设计微支付系统？微支付系统有什么特点？

5. 在本章所介绍的基于SSL协议的信用卡支付和基于SET协议的信用卡支付中，哪一种支付模式更安全？它是如何保证支付安全的？

6. SSL协议是否只能用于电子商务交易？试说明理由。

7. SSL协议体系结构是由哪几层协议组成的？

8. 简述SSL协议所使用的相关技术。

9. 在安全通信方面，SSL协议提供了哪些安全机制？

10. 简述SSL记录协议发送消息的过程。

11. 什么是SET协议？基于SET协议的交易中包含哪些参与方？

12. 简述基于SET协议的购物流程。

13. SET协议认证技术主要涉及哪些内容？

14. 在SET协议中，支付网关的作用是什么？

15. 简述数字信封的实现原理。

16. 在SET协议中，双重签名的作用是什么？并阐述双重签名产生和签名验证的过程。

17. 简述SET协议证书管理的功能。

18. SET协议是如何保护在Internet上付款交易的？

19. SET协议的安全功能有哪些？

20. 试比较SSL协议和SET协议的优劣。

21. 如有条件，请上网分别应用SET协议和SSL协议进行一笔电子商务交易。

第 6 章　电子商务安全管理

现代通信技术、计算机技术和网络技术的进步，促进了电子商务的发展。电子商务系统的安全是一项系统工程，安全技术是该项工程的基础。但是，单凭技术手段是无法真正保障电子商务安全的。在电子商务交易开展的过程中，既需要安全技术，又需要社会环境、管理环境提供相应的保障。因此，电子商务安全架构应该是一个涵盖安全技术因素、管理因素在内的一个综合体系。本章主要介绍电子商务系统安全的各种安全管理方法和安全评估标准。

6.1　电子商务安全管理概述

6.1.1　电子商务的安全风险

1. 电子商务系统的安全风险类型

电子商务安全管理在整个网络安全保护工作中的地位十分重要。任何先进的网络安全技术都必须在有效、正确的管理控制下才能得到较好的实施。对于电子商务安全，一些单位或企业往往只注重对外部入侵者的防范，而对内部管理重视不足，因此管理不完善是电子商务安全的重要隐患。因此，在计划开展电子商务安全管理、评估电子商务系统的安全时，首先要分析电子商务系统面临的安全风险。

（1）电子商务交易实体面临的安全风险

不同电子商务交易实体面临着各种安全风险，其表现如下。

1）用户面临的安全风险：欺骗性网址；从销售商和 ISP 那里盗取用户的信息；从 Cookies 文件中盗取用户的信息；直接骗取用户的信息。

2）销售商面临的安全风险：假冒的用户；被封锁的服务；数据被窃。

3）供应商自身面临的安全风险：企业外部的安全风险；企业内部网的安全风险；企业与交易伙伴进行商务活动时的安全风险。

（2）电子商务不同阶段面临的安全风险

在电子商务实施过程的不同阶段所面临的安全风险如下。

1）战略风险：战略方向风险；管理风险。

2）财务风险：税收风险；货币风险。

3）运行风险：运行安全风险；企业文化风险；商业合作风险；人力资源风险；商务过程控制风险。

4）环境风险：竞争环境风险；对其他企业依赖性风险；法律和制度风险。

针对面临的各类安全风险，电子商务安全的有效保障应该是“三分靠技术，七分靠管理”。电子商务安全管理就是跟踪、评估、监测和管理商务整个过程中所形成的电子商务风险，尽力避免电子商务风险给企业造成的经济损失、商业干扰及商业信誉丧失等，以确保企业电子商务活动的顺利开展。企业要做好电子商务风险管理，首先要提高企业内部对电子商务风险的管理意识，掌握电子商务风险的管理知识；同时，电子商务是商务过程的信息技术实现，企业应将电子商务发展战略与信息技术战略整合在一起，形成企业的整体战略，这是电子商务管理成功的关键。

2. 电子商务企业的风险管理内容

针对电子商务的特点，电子商务企业的风险管理内容主要包括以下五个方面。

（1）公司电子商务信息系统安全漏洞的识别与评估

安全漏洞既包括电子商务系统中硬件与软件设备的安全漏洞，也包括公司组织制度上的漏洞。例如，对离职员工的用户名和密码没有及时注销，漏洞的识别一般要聘请专业的信息安全机构对公司的系统进行全面检查，并对系统进行改进。

（2）公司文化管理

公司文化管理即对人的因素进行管理和控制。电子商务的安全管理在行政安排上应遵循以下三个原则。

1）多人负责原则。每项事关系统安全的工作在进行时应有两人以上在场，并且相关人员应是经过考核的，以确保这些人员忠诚可靠；另一方面，不能将系统安全维系到某个人的身上，至少应有两人能掌握、控制电子商务信息系统的安全。

2）系统管理岗位任期有限原则。在一般情况下，系统管理特别是安全管理的职务不能长期由某个人担任，这样可以防止别有用心的人利用长期的工作机会，从事损害单位或他人的利益却不容易暴露；同时也可以防止被调离岗位而心怀不满的人损害系统安全。

3）职责有限原则。系统管理人员拥有管理网络安全的权力，但这种权力不能随便使用，要规定须经领导批准才能使用的权力。网络各用户不应打听、掌握或参与超越本人业务范围以外的与安全有关的事务。

（3）意外事故应对措施

在紧急事故发生时，利用各项应急措施来保障计算机信息系统继续运行或紧急恢复，如采用瞬时备份技术、远程磁盘镜像技术和数据库恢复技术等。

（4）计算机信息系统管理和网络安全管理

加强计算机信息系统管理和网络安全管理，重视安全管理的绩效。安全风险管理应将信息技术风险看成商业风险，并将技术风险管理与商业风险管理进行有效的整合。

（5）信用风险

电子商务交易中的信用问题也是影响电子商务安全的重要方面。安全风险管理应建立完善的信用管理体系，包括建立信用跟踪、信用评价和信用保障等机制，降低电子商务交易过程中的信用风险，从而保障电子商务活动有序地进行。

6.1.2 电子商务安全管理策略

为了保障电子商务的安全，所有组织都要有一个明确的安全策略。安全策略是用书面文件明确描述所需保护的资产、保护的原因、谁负责进行保护、哪些行为可接受、哪些行为不可接受等。安全策略一般要陈述物理安全、网络安全、访问授权、病毒保护、灾难恢复等内容，这个策略会随时间而变化，公司负责安全的人员必须定期修改安全策略。

安全问题的解决具体要涉及对各方面一系列相关问题的实际选择，安全策略要"因地制宜"，最终以合理性为基本原则。在实施任何一套安全系统之前，一定要先制定安全策略。为了保障网络安全工作的整体性、计划性及规范性，保证各项措施和管理手段的正确实施，使网络系统信息数据的机密性、完整性及可使用性受到全面、可靠的保护，必须制定必要的安全策略。安全策略主要是确定所保护的对象是什么、要防范的对象是什么、在安全规范上能投入多少费用等。

由于安全风险管理是一个识别和管理所有潜在风险的过程，它应当存在于企业所有与之相关的结构层次及运行过程中。为此，企业需要一套标准化的风险管理程序，针对电子商务的风险管理程序必须与企业原有的风险管理程序有效地整合在一起，其具体管理过程为：①设定风险管理的目标；②风险的识别和评估；③选择可行的风险管理方案；④实施风险管理方案并监督系统。

6.2　电子商务信息系统的安全管理

电子商务安全最主要的目的是确保信息的安全性、完整性和可用性，但在一个计算机信息系统中存储的信息，根据信息使用者和信息本身的性质具有不同的重要程度和机密程度，如何保护这些信息是一项非常重要的工作。

6.2.1　电子商务信息安全管理的内容

电子商务信息安全管理包括实体安全、运行安全、信息安全和人员安全这 4 个方面管理的内容。

（1）电子商务信息系统的实体安全

在电子商务信息系统中，计算机及其相关的设备、设施（含网络）统称电子商务信息系统的实体。实体安全包括环境安全、设备安全和媒体安全三个方面。随着计算机技术的普及，计算机信息系统实体安全的重要性已经大大减弱了。

（2）电子商务信息系统的运行安全

电子商务信息系统的运行安全包括系统风险管理、审计跟踪、备份与恢复、应急四个方面的内容。系统的运行安全是电子商务信息系统安全的重要环节，是为了保障系统功能的安全实现而提供的一套安全措施，以保护信息处理过程的安全，其目标是保证系统能连续、正常地运行。

（3）电子商务信息系统的信息安全

电子商务信息系统的信息安全是指防止信息财产被故意地或偶然地非法授权泄漏、更改、破坏或使信息被非法系统识别、控制，即确保信息的机密性、完整性、可用性和可控性。针对电子商务信息系统中信息的存储形式和运行特点，信息安全可以包括操作系统安全、数据库安全、网络安全、病毒防护、访问控制、加密与鉴别七个方面。

（4）电子商务信息系统的人员安全

电子商务信息系统的人员安全主要是指内部使用计算机的人员的安全意识、法律意识和安全技能等。

6.2.2　电子商务信息安全的日常管理制度

参与电子商务交易的个人或企业都有责任维护网上交易系统的安全，这对于在网络上从事大量商贸活动的企业来说尤为重要。电子商务信息安全的日常管理制度是针对各项安全要求所提出的具体规定，是保证企业在网上的经营管理取得成功的基础。

1. 人员管理制度

参与网上交易的经营管理人员在很大程度上支配着企业的命运，他们担负着防范严重的网络犯罪行为的任务。而网络犯罪同一般犯罪不同的是，网络犯罪具有智能性、隐蔽性、连续性和高效性的特点，因而加强对有关人员的管理就变得十分重要。首先，对有关人员进行上岗培训；其次，落实工作责任制，采用双人负责制。也就是说，重要的业务不要安排一个人单独管理，实现两人或多人相互制约的机制，遵从任期有限的原则。任何人不得长期担任与网上交易安全有关的职务，遵从最小权限的原则。明确规定只有网络管理员才可以进行物理访问和软件安装工作。

电子商务安全防护系统能否真正实现，最终取决于如何对企业中的各类人员进行有效的配置、组织结构的设定及监督机制的建立。

在结合现有的组织和人员配置的情况下，组织结构及岗位职责的设置要充分体现集中控制、分级管理的原则，主要内容包括管理机构的设定，各级管理机构的职能、权限的划分，以及人员岗位、数量、职责的设定。安全管理人员配置的具体结构如图 6-1 所示。

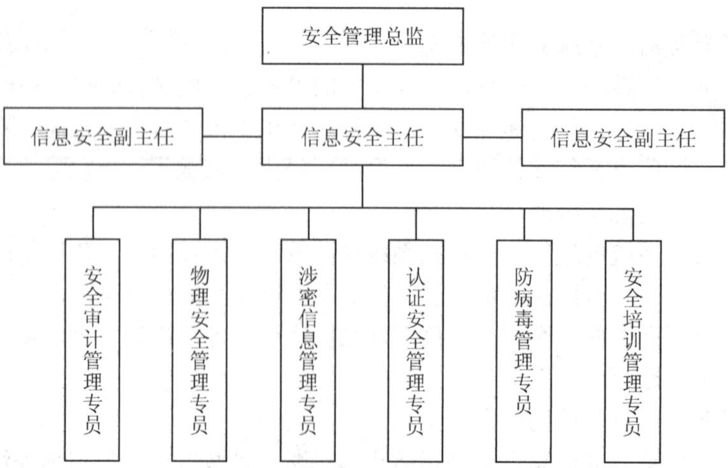

图 6-1　安全管理人员配置的结构

1）安全管理总监。总体负责机构的信息安全，提供资源方面的支持，审批安全政策。这个职位应该由安全部门主管来担任。

2）信息安全主任。与信息安全副主任共同制定策略，协调本部门的工作，协调各个职能部门的工作。

3）信息安全副主任。共有两个，一个副主任负责审计检查，另一个副主任负责实施策略。

4）安全管理专员。负责管理具体的安全问题，共有 6 个。其中，安全审计管理专员负责对入侵监测、漏洞扫描、安全审计系统的安全进行管理；物理安全管理专员负责对场地实施、出入口、设备的安全管理；涉密信息管理专员负责对数据库进行安全管理；认证安全管理专员负责对网络身份鉴别、访问控制、密钥和密码进行管理；防病毒管理专员专门对计算机病毒进行管理；安全培训管理专员负责计划和组织人员培训。

2. 保密制度

网上交易将会涉及企业的市场、生产、财务和供应等多方面的机密，必须实行严格的保密制度。保密制度要求很好地划分信息的安全级别，确定安全防范的重点，并采取相应的保密措施。信息的安全级别一般可以分为三级：①绝密级，如公司的战略计划、公司内部的财务报表等，这些信息不对外公开，只限于公司的高层管理人员掌握；②机密级，如公司的日常管理情况、会议通知等，这些信息不在互联网上公开，只限于公司中层以上人员使用；③秘密级，如公司简介、新产品介绍及订货方式等，这些信息可以在互联网上公开，以供消费者浏览，但是必须有保护程序，以防止黑客入侵。

保密工作的另一个重要问题是对密钥的管理。大量的网上交易必然使用大量的密钥，密钥的管理将贯穿于密钥的产生、传递、更新、作废和归档的全过程。密钥需要定期更新，否则可能使黑客通过积累密文增加破译的机会。

3. 跟踪、审计和稽核制度

跟踪制度要求企业建立网上交易系统日志机制，用来记录系统运行的全过程。系统日志文件是自动生成的，其内容包括操作日期、操作方式、登录次数、运行时间、交易内容等。系统日志文件对系统的运行进行监督、维护、分析和故障恢复，这对于防止案件的发生或者在案件发生后，为侦破工作提供监督数据，起着非常重要的作用。

审计制度要求经常对系统日志文件进行检查、审核，及时发现针对系统的故意入侵行为的记录和违反系统安全规定的记录，监控和捕获各种安全事件，以及保存、维护和管理系统日志文件。

稽核制度是指工商管理、银行、税务人员利用计算机网络系统，借助稽核业务应用软件来调阅、查询、审核、判断辖区内各个电子商务参与单位的业务经营活动的合理性、安全性，及时堵塞漏洞，以保证网上交易的安全，发出相应的警示或做出处理、处罚的有关决定。

4. 网络系统的日常维护制度

对于企业的电子商务系统来说，企业网络系统的日常维护就是针对内联网的日常管理与维护，这是一项非常繁重的工作。对网络系统的日常维护可以从以下几个方面进行。

1）对于可管设备，通过手工操作来检查运行状态，做到定期检查与随机检查相结合，以便及时、准确地掌握网络的运行状况。一旦有故障发生，能够及时进行处理。

2）对于不可管设备，通过手工操作来检查运行状态，做到定期检查与随机抽查相结合，以便及时、准确地掌握网络的运行状况。一旦有故障发生，能够及时进行处理。

3）定期进行数据备份。数据备份与恢复主要利用多种介质，如磁盘、光盘、微缩载体等，对信息系统中的数据进行存储、备份和恢复。这种保护措施还包括对系统设备的备份。

5. 计算机病毒防范制度

计算机病毒防范是保证网上交易安全很重要的一个方面。如果网络上的信息或交易活动遭到计算机病毒的袭击，将阻碍和破坏网上交易的顺利开展，因此必须建立计算机病毒防范制度。目前主要通过使用防病毒软件进行防毒。由于很多计算机病毒都有潜伏期，因此有必要实行定期清理制度来清除处于潜伏期的计算机病毒，防止计算机病毒突然爆发，使计算机始终处于良好的工作状态，从而保证网上交易的正常进行。

6.3 电子商务交易安全管理

电子商务交易安全管理是人们在开展电子商务业务时所关心的主要问题，包括如何保证网上交易的公正性和安全性、交易双方身份的真实性、信息传递的完整性及交易的不可抵赖性。电子商务交易安全管理的主要内容包括开展CA认证、加强在线交易主体的管理及加强商业信用体系的建设等。以下详细介绍后两项内容。

1. 在线交易主体的管理

电子商务网站是电子商务运营的基础，在电子商务环境下，交易双方的身份信息、产品信息、合同内容、资金信息等均需要通过网站发布、传递和存储。在相关法律法规体系下，任何长期固定从事营利性事业的主体都必须进行工商登记。但在电子商务环境下，虚拟主体的存在使电子商务交易的安全性受到严重威胁，任何人不经登记就可以借助计算机网络发出或接收网络信息，并通过一定程序与其他人达成交易。

电子商务安全首先要解决的问题就是确保网上交易主体的真实存在，对进入虚拟市场从事在线业务的主体可以确认。目前，在线交易主体的确认只是一个网上商业的政府管制问题，主要依赖工商管理部门的网上商事主体公示制度和CA的认证制度加以解决。规范电子商务网站工商登记建设是电子商务安全管理的首要任务。

2. 商业信用体系的建设

受传统的消费观念的影响，人们对电子商务始终抱有观望的态度。由于消费者对网上销售的产品缺乏直接的接触和了解，无法亲身体验商品的性能，对产品的质量没有感性的认识，消费者往往在买与不买之间难以取舍，以至于在此前提下达成的交易很可能因消费者在实际取得产品后不满意而取消；经营者为了获取利润想方设法，不排除通过夸大、虚假的广告宣传自己的商品，因此造成消费者的误解而订购，从而侵犯了消费者的合法权益。

交易过程中双方的沟通主要是通过网络、电话或传真方式进行，没有传统营销的直接面对面，由于信息本身存在的虚拟性，在此基础上达成的关于商品的交流信息并不可靠而使整个交易脱节；电子商务中的物流配送一般通过第三方来完成，买卖双方对第三方的责任往往难以确定，以致出现问题后无从追究责任；因时间上所造成的商品的价格差异，交易各方由于不愿承担亏损，而不履行交易；在众多的商务交易活动中，诚信也是必须面对和解决的一个问题。同时在技术方面，技术保障体系尚未真正构建起来，交易的安全性和自由性未得到更为有效的保证，技术本身存在漏洞。

剖析以上现象，主要原因在于电子商务中出现的信用弊病。因此，从法律、市场经济调控上对市场主体的权益保护及交易的促成来看，建立以市场主体为基础和核心的信誉机制势在必行。目前无论是国内还是国外，电子商务信用机制立法还处于一个刚刚起步的阶段，法律上对此立法少之又少，因而很多规范之间还存在着矛盾，各种法规过于分散，缺少一部完整统一的法规加以规范；另外，传统观念的根深蒂固，决定了信用机制的构建将是一个循序渐进的过程。加强电子商务的安全管理，商业信用体系的建设势在必行，这可以通过以下两个途径进行。

（1）加强信用法制建设

当前人们对网络交易之所以抱有观望和担忧态度，是因为信用本身没有足够的基础和后盾予以保障。只有通过法律途径，进一步加强信用法制建设，信用机制才能充分发挥作用，人们的担忧才能消除。因此《中华人民共和国合同法》、《中华人民共和国消费者权益保护法》、《中华人民共和国产品质量法》、《中华人民共和国反不当竞争法》、《中华人民共和国商标法》、《中华人民共和国专利法》等法律都应严格执行，同时强化个案信用保护。

（2）建设信用保证系统

在电子商务交易环境中，交易双方从信息发布、信息查询和交易确认到生产支付、货物验收都可能在异地进行，如果没有第三方的信用保证，几乎不能完成交易。它需要银行、商检局和商务 CA 等机构和部门的联合工作，才能建立起比较完善的信用体系。必须有第三方的参与才能建立相应的信用体系，保证交易的正常进行，为交易双方提供信用保证，监督交易的执行。银行和商检局是已经存在的职能机构，而商务 CA 是因为电子商务发展的需要而产生的，无论是作为国家的职能机构建立，还是以公证机构的身份来扮演这个角色，都需要从理论上多加探讨。

6.4　电子认证服务机构管理

6.4.1　电子认证服务提供者

如同第 4 章所述，电子认证服务提供者（CA）是指为电子签名人和电子签名依赖方提供电子签名服务的第三方机构（简称电子认证服务机构或数字认证中心）。CA 在电子商务中具有特殊的地位，它是为了从根本上保障电子商务交易活动顺利进行而设定的，主要是为电子签名相关各方提供真实性、可靠性验证的公众服务，完成电子商务活动中交易参与各方身份、资信的认证，维护交易活动的安全。

1. 电子认证服务机构应具备的条件

根据中华人民共和国工业和信息化部（以下简称“工业和信息化部”）《电子认证服务管理办法》第 5 条的规定，电子认证服务机构应当具备下列条件。

1）具有独立的企业法人资格。

2）具有与提供电子认证服务相适应的人员。从事电子认证服务的专业技术人员、运营管理人员、安全管理人员和客户服务人员不少于 30 名，并且应当符合相应岗位技能要求。

3）注册资金不低于人民币 3000 万元。

4）具有固定的经营场所和满足电子认证服务要求的物理环境。

5）具有符合国家有关安全标准的技术和设备。

6）具有国家密码管理机构同意使用密码的证明文件。

7）法律、行政法规规定的其他条件。

2. 电子认证服务机构应提供的服务

《电子认证服务管理办法》第 17 条规定，电子认证服务机构应当保证提供下列服务。

1）制作、签发、管理电子签名认证证书。

2）确认签发的电子签名认证证书的真实性。

3）提供电子签名认证证书目录信息查询服务。

4）提供电子签名认证证书状态信息查询服务。

6.4.2 我国电子认证服务机构发展中存在的问题

我国电子认证服务机构是随着我国电子商务的发展而发展起来的。目前这些认证服务机构可以分为 3 类：第一类是行业主管部门建立的 CA，如由中国人民银行牵头组建的 CFCA 及 CTCA、海关 CA 等；第二类是地方政府部门建立的 CA，如 BJCA、SHECA 等；第三类是民间资本建立的商业 CA，大多和国际 CA 巨头合作，如天威诚信等。

虽然我国电子认证服务机构建设发展得很快，但从整体上看，还存在以下问题。

1）缺少行业整体规划，互联互通水平低。由于我国各个认证服务机构的隶属部门不同，采用的认证体系不同，管理方法也不同，因此只有少数认证服务机构实现了互联互通。目前，各行业、各地区和民间机构按照各自的需要建立认证服务机构，呈现出认证服务机构数量多、规模小、效益差的无序状态。而对于最终用户来说，出现了一张数字证书只能在一定地域或一定业务范围内才能使用的尴尬局面。

2）对电子认证服务机构运营和推广的复杂性和难度考虑不够。一些认证服务机构本以为，一旦运营并向外提供服务即可获得后续生存和发展的资金，而没有考虑到目前市场需求不足，应用不成熟。建设一个标准的中型认证机构需要注册资金 1500 万～3000 万元，维持这样一个认证服务机构需要 30～50 人。从数字证书发放的情况看，数字证书发放数量的差别很大，从 10 万张到 100 万张不等。其中，收费数字证书仅占 40%。有的电子认证服务机构因后续资金不充裕，已经陷入资金危机中，经营难以为继。这些电子认证服务机构的失败反过来又影响了电子认证服务机构的信誉和用户的信心，使更多的用户继续观望，从而影响了整个电子认证服务行业的发展。

3）标准规范严重滞后。目前国内的电子认证服务机构颁发数字证书时所采用的标准和规范不一致，数字证书的发放和适用范围、审核方式也不尽相同，所涉及的信息保存和披露的差别比较大。这种状况对交叉认证的实现造成了很大困难。

4）技术水平偏低，存在安全隐患。从整体上看，我国电子认证服务机构水平偏低，存在安全隐患。国内已建立的 100 多家电子认证服务机构中，相当一部分在筹建时就带有一定的盲目性，系统建设时采用的 PKI 产品不够完善，电子认证系统自身安全考虑不够全面，安全强度弱，风险大，开展业务过程中又缺乏审计、监督机制来促使其规范运行。

6.4.3　电子认证服务机构的管理内容

对电子认证服务机构的管理主要涉及该机构的成立、运作和终止服务等。

1）电子认证服务机构实行许可管理。申请电子认证服务许可的，应当向信息产业部提交书面申请、专业技术人员和管理人员证明、资金和经营场所证明、国家有关认证检测机构出具的技术设备、物理环境符合国家有关安全标准的凭证、国家密码管理机构出具的技术设备、物理环境符合国家有关安全标准的凭证、国家密码管理机构同意使用密码的证明文件。工业和信息化部对提交的申请材料进行形式审查，依法做出是否受理的决定。

2）工业和信息化部应当自接到申请之日起 45 日内做出许可或者不予认可的书面决定。不予许可的，应当书面通知申请人并说明理由；准予许可的，颁发《电子认证服务许可证》，并公布《电子认证服务许可证》编号、电子认证服务机构名称、发证机关和发证日期。《电子认证服务许可证》的有效期为 5 年。

3）电子认证服务机构应当按照工业和信息化部公布的《电子认证业务规则规范》等要求，制定本机构的电子认证业务规则和相应的证书策略，在提供电子认证服务前予以公布，向工业和信息化部备案。

4）电子认证业务规则和证书策略发生变更的，电子认证服务机构应当予以公布，并自公布之日起 30 日内向工业和信息化部备案。

5）电子认证服务机构应当按照公布的电子认证业务规则提供电子认证服务。

6）电子认证服务机构应当建立完善的安全管理和内部审计制度。

7）电子认证服务机构应当遵守国家的保密制度，建立完善的保密制度。

8）电子认证服务机构在《电子认证服务许可证》的有效期内拟终止电子认证服务的，应在终止服务 60 日前向工业和信息化部报告，并办理《电子认证服务许可证》注销手续，持工业和信息化部的相关证明文件向工商行政管理机关申请办理注销登记或者变更登记。

9）电子认证服务机构被依法吊销电子认证服务许可的，其业务承接事项按照工业和信息化部的规定处理。

6.4.4　电子认证服务机构建设的基本思路

电子认证服务机构建设的基本思路包括以下 6 个方面。

（1）加强对现有电子认证机构的整顿

《中华人民共和国电子签名法》已经明确，国务院信息产业主管部门是电子认证服务机构的监督管理部门。工业和信息化部《电子认证服务管理办法》对认证服务提出了实际操作规范，规定了电子认证服务机构的人员编制、注册资金、政府相关部门的批件等资质要求。各级主管部门要根据《中华人民共和国电子签名法》和《电子认证服务管理办法》的要求，加强对现有认证服务机构的整顿，重新整合，进一步明确电子认证服务机构的法律法规。

（2）调控协调，完善布局

针对我国电子认证机构的现状，应统筹规划，完善布局，构建全国性或分区构建跨地区、跨行业、跨领域的电子认证技术体系、运营体系和服务体系。加强各电子认证服务机构之间的互通合作，提高各不同机构间发放的数字证书的兼容性，提升产业集群水平，充分发挥市场的竞争机制和择优汰劣功能，使电子认证服务机构为各个行业、各个地方的用户提供更大的便利和专业性的服务。

（3）积极探索电子认证服务机构的盈利模式

我国电子认证服务机构盈利状况不好，和国内电子签名的应用不普及有着密切关系。电子认证服务机构和有关部门应从多方面考虑，积极拓展电子签名的应用领域。例如，电子合同、电子病历、电子税务等领域，都是可以形成电子认证的广阔领域。虽然有关法律效应的问题已经解决，但有关应用环境、应用手段和应用理论还存在诸多问题，必须下大力气加以解决。

（4）加强电子认证服务标准建设

电子认证服务是可以选用的服务，而不是强制的服务。从这点考虑，电子认证标准服务，可使电子认证服务机构逐渐树立起市场的权威性。目前需要建设的电子认证服务标准主要包括电子认证服务产品功能标准、服务流程标准、服务质量标准、服务权限标准、服务评价标准和互通互联标准。

（5）加强安全监控

PKI/CA 是一种遵循标准的利用公开密钥加密技术，为网上通信提供一整套安全保障的基础平台，它自身是一个安全度要求很高的机构，比一般信息中心安全标准要求高得多。电子认证服务机构的认证系统安全性涉及访问控制、责任分割、识别和鉴别、密钥管理、审计、可行路径和数据保护、密码安全、物理安全、人员安全等多个方面。应针对国内建立的多家电子认证服务机构目前存在的安全问题，消除安全隐患，提高安全强度，建立保险制度，保证整个系统运作的安全性和稳定性。

（6）主动参与国际合作

电子商务的本质决定了与电子商务相关的服务必然逐步显现国际化的趋势。电子认证服务也不例外，从长远的角度看，电子认证在国际范围内的交叉认证、统一和标准化是必然趋势。近年来，国际组织为建立全球电子认证服务机构制定了一系列的标准与法规，如 ISO 已颁布的密钥鉴别架构标准 ISO 9592-8、开放系统连接安全架构 ISO 10181 等。随着我国政府放松对服务业的经济限制，加之信息网络无边界的特点，要求我们积极参与国际对话，通过必需的组织、规划、政策和措施，建立一个覆盖全国、连通世界并为国际社会所普遍接受的电子认证服务国际框架，维护我国电子认证服务应有的权属利益和发展平台。

6.4.5　国家级电子认证服务机构的体系建设的构想

要改变我国认证服务机构存在的设置混乱问题，必须进行国家级电子认证服务体系的建设。从经济活动的角度出发，电子认证服务主要涉及下述几个方面的任务。

（1）身份认证

从我国目前情况来看，面对成千上万的网络消费者，全面实施个人身份认证比较困难。但对于企业与企业之间的交易，即 B2B 交易，身份认证非常必要。目前我国企业在国家工商部门都有登记，只要通过认证机构将这些资料汇总，即可开展企业身份认证。这项认证可由工商管理部门来做。

（2）资信认证

资信等级是 AAA 级，还是 CCC 级，这一点必须由银行提供证明。我国开展企业资信等级的评定已有多年历史，将这一工作网络化，即可用于电子商务交易的认证。这项认证可以由银行来做。

（3）税收认证

我国企业税收资料历史积累完整，可以全面反映一个企业的整体经营情况。因此，可以通过加强税收认证机制，以衡量一个企业整体素质的高低。这项认证可以由税务部门来做。

（4）外贸认证

对于外贸企业来说，由于其行业的特殊性，在信用证贸易和 EDI 贸易中已经实现了类似的认证制度，积累了大量的宝贵资料。可以将这部分资料整理用于电子商务交易。这项工作可以由商务部门来做。

上述 4 个方面实际上形成了 4 个行业认证系统，可以把它们叫做职能认证系统，它们是为根认证 CA 发放认证证书提供依据的。在职能认证系统上面，还需要一个根认证 CA 系统，即国家电子商务 CA，统管职能认证系统。为便于开展业务，国家电子商务 CA 可以在各省区市设立相应的分支机构，从而形成类似于企业管理“直线职能制”组织机构的认证系统，如图 6-2 所示。

国家电子商务认证中心主要承担根认证工作。这些工作包括以下六个方面。

1）对职能认证系统和省级分认证中心进行政策指导和业务管理。

2）汇总职能认证中心和省级分认证中心的数据。

3）负责数字凭证的管理和签发。

4）提供数字时间戳服务。

5）负责使用者密码的产生与保管。

6）对交易纠纷提供证明资料等。

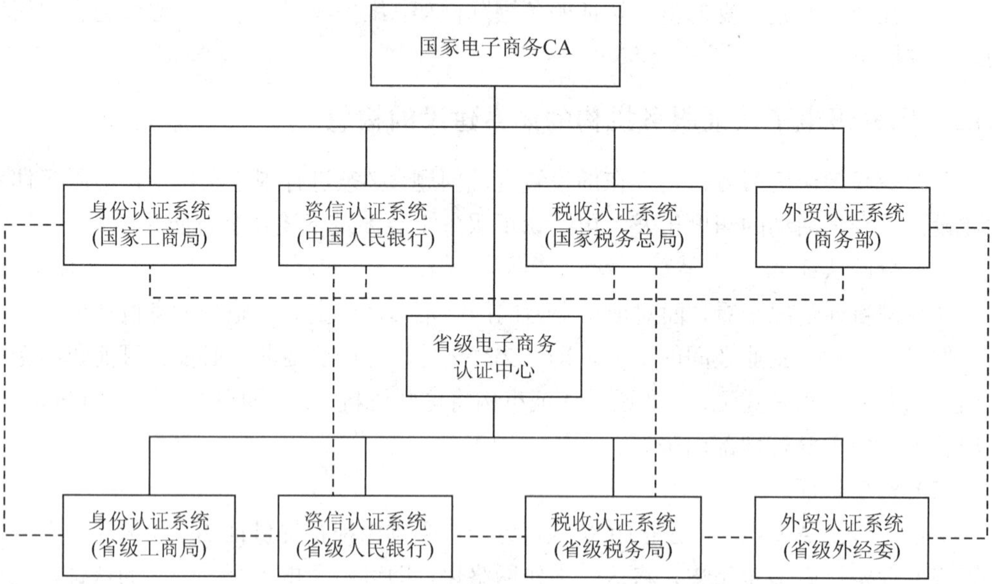

图 6-2　国家电子认证服务机构组织结构设想

6.5　电子商务的安全评估标准

电子商务系统安全评估在电子商务安全体系建设中占有重要的地位，是了解电子商务信息系统安全现状、提出安全解决方案、加强信息安全监督管理的有效手段。目前，信息系统安全问题越来越受到人们的关注，从政府的电子政务到企业的 Intranet，从网上银行的电子货币到企业的电子商务业务，人们不仅要高度重视电子平台的信息安全规划建设，还要经常对这些信息系统做定期或不定期的安全评估，以便消除或降低安全风险。

6.5.1　安全评估标准概述

电子商务安全评估即运用信息系统评估的方法，对电子商务系统、各种电子商务保护措施、管理机制及其结合所产生的客观效果做出是否安全的结论。电子商务企业的信息系统是否安全有时并不是企业自己完全清楚的，所以许多企业聘请第三方评估机构对本部门的信息安全进行评估，以对企业信息安全状况有更加客观的认识，从而有利于把未来可能的风险降到最低。因此，信息系统安全评估是指评估机构根据信息系统安全评估标准（准则），采用一定的方法（方案）对信息安全产品或系统安全性进行评价。它包括对系统安全的技术和非技术环节进行测试、检查、审核等，是系统进行认证与认可的前期工作。与企业自评估相比较，它是一种非常全面、深入、细致的评估。信息系统安全评估标准是信息系统安全评估的行动指南。

在国际上，针对信息系统安全的等级保护和评估，先后制定了多个标准。但是，由于标准众多，对于标准的争论从未停息过。信息系统安全评估标准的发展过程如图 6-3 所示。

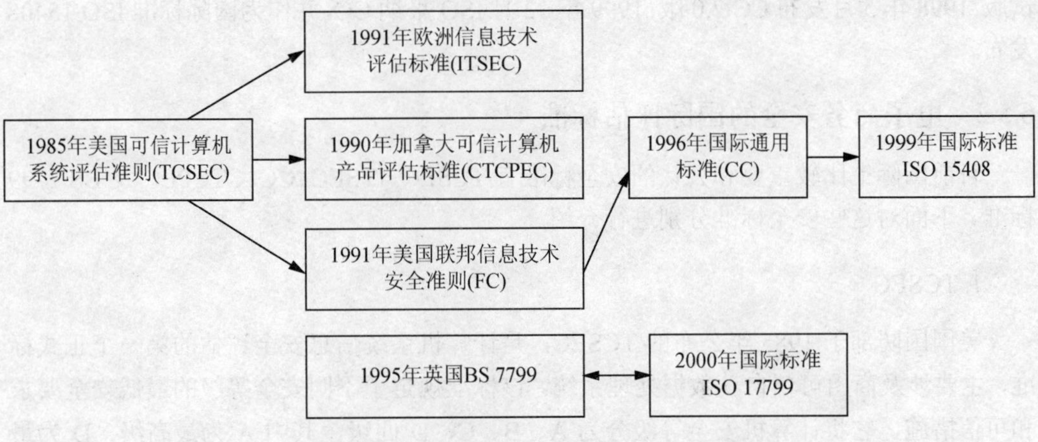

图 6-3　信息系统安全评估标准的发展过程

20 世纪 60 年代后期，美国国防部建立了一个研究组，针对当时计算机使用环境中的安全策略进行研究，其研究结果是"Defense Science Board Report"。

20 世纪 70 年代后期，美国国防部对当时流行的操作系统 KSOS、PSOS、KVM 进行了安全方面的研究。

20 世纪 80 年代后期，美国国防部发布了"可信计算机系统评估准则"（Trusted Computer System Evaluation Criteria，TCSEC）（即橘皮书）。后来美国国防部又发布了可信数据库解释（trusted database interpretation，TDI）、可信网络解释（trusted network interpretation，TNI）等一系列相关的说明和指南。

20 世纪 90 年代初，英国、法国、德国、荷兰四国针对 TCSEC 准则的局限性，提出了包含机密性、完整性、可用性等概念的"信息技术安全评估准则"（Information Technology Security Evaluation Criteria，ITSEC），定义了 E0～E6 级的 7 个安全等级。

加拿大 1988 年开始制定"加拿大可信计算机产品评估标准"（The Canadian Trusted Computer Product Evaluation Criteria，CTCPEC）。

1993 年，美国对 TCSEC 做了补充和修改，制定了"组合的联邦标准"（FC）。

1995 年，英国贸易工业部（Department of Trade and Industry，DTI）根据英国国内企业对信息安全日益高涨的呼声，组织大企业的信息安全经理们制定了世界上第一个信息安全管理体系标准，即 BS 7799-1：1995 《信息安全管理实施规则》，它提供了一套综合的由信息安全最佳惯例组成的实施规则，其目的是作为确定工商业信息系统在大多数情况所需控制范围的参考基准。在 2000 年 12 月，该标准通过了 ISO 的认可，成为国际标准 ISO/IEC 17799-1：2000 《信息技术—信息安全管理实施规则》。

同时，ISO 从 1990 年开始开发通用的国际标准评估准则。在 1993 年 6 月，CTCPEC、FC、TCSEC 和 ITSEC 的发起组织开始联合起来，将各自独立的准则组合成一个单一的能被广泛使用的 IT 安全准则。发起组织包括六国七方：加拿大、法国、德国、荷兰、英国、美国 NIST 及美国 NSA（国家安全局），他们的代表建立了通用标准开发委员会（Common Criteria Development Board，CCDB）来开发通用标准（Common Criteria，CC）。1996 年 1 月完成 CC 1.0 版，于 1996 年 4 月被 ISO 采纳；1997 年 10 月完成 CC 2.0 的测试版；1998 年 5 月发布 CC 2.0 版；1999 年 12 月 ISO 采纳 CC，并作为国际标准 ISO 15408 发布。

6.5.2 电子商务安全的国际评估标准

目前国际上比较重要和公认的安全标准有 TCSEC、ITSEC、CC、CTCPEC 及 BS 7799 标准。下面对这些安全标准分别进行介绍。

1. TCSEC

美国国防部于 1985 年公布的 TCSEC，是计算机系统信息安全评估的第一个正式标准，主要涉及商用可信自动数据处理系统。该标准规定了不同安全等级的最低安全要求和可信措施。它将计算机安全等级分为 A、B、C、D 四级，其中 A 为最高级，D 为最低级。各级根据安全策略、可计算性、可依赖性和文档编制 4 个方面共 27 条评估准则进行判定。安全等级的提高，系统的可信度增加，风险逐渐降低。

（1）D 级

D 级是最低等级，即非保护级。该等级是指不符合要求的那些系统，它们已经经过评估，但是不能满足较高评估等级的要求。因此，这种系统不能在多用户环境下处理敏感信息。

（2）C 级

C 级为自主保护级，它具有一定的保护功能，采用自主访问控制和审计跟踪等措施。这一等级提供无条件的安全保护，并通过审计跟踪提供主体及其所产生动作的责任。这一等级分为 C1 和 C2 两级。

1）C1 级。C1 级为自主安全保护级，通过实现用户与数据的隔离来满足可信计算基（trusted computing base，TCB）的安全要求。TCB 是一个安全计算机系统的参考验证机制，其中包括所有负责实施安全策略及对保护系统所依赖的客体实施隔离操作的系统单元。简单地说，即所有与系统安全有关的功能都包含在 TCB 中。

2）C2 级。C2 级为可控安全保护级。计算机系统在 C2 级比 C1 级具有更为细致的自主访问控制。它通过注册、对与安全有关事件进行审计和资源隔离，使得用户的操作具有可审计性。C2 级在安全策略方面除了具备 C1 级的所有功能外，还提供授权服务，以防止存取权限的扩散。应该确定用户的动作或者默认对客体提供保护，以避免非授权存取。C2 级可以指定哪些用户访问哪些客体，未经授权的用户不得访问已被指定访问权限的客体。同时，还提供了客体重用的功能，即对于一个未使用的存储客体，TCB 应该能够保证该客体不包含未授权主体的数据。此外，还提供唯一的识别自动数据处理系统的各个用户的能力，提供将这种身份与该客体用户的所有审计动作相关联的能力。

（3）B 级

B 级为强制安全保护级，这一等级比 C 级的安全性有很大的增强。B 级要求对客体实施强制访问控制，并要求客体必须带有敏感标志，TCB 利用敏感标志实施强制访问控制。B 级可以分为 B1、B2、B3 这三级。

1）B1 级。B1 级为标记安全保护级，具有 C2 级的全部功能，并增加了标记、强制访问控制、责任、审计和保护功能。与主体和存储客体有关的标记都要由 TCB 维护，这些标记在实施强制访问控制时使用。主体的各种活动都要通过 TCB 的审计。

B1 级的审计除包括 C2 级的全部功能外，还可以对滥用职权的人扣除输出标记，对安全级记录的时间进行审计，也可以对基于 B1 安全级的用户活动进行有选择的审计。

2）B2 级。B2 级为结构保护级，着重强调实际的评价手段。为此，B2 级增加了安全策略、责任、系统结构等方面的要求。

在安全策略方面，它将强制访问控制对象，从主体和客体扩展到输入/输出设备等资源，并要求每种系统资源都必须与安全标记相关联。

在责任方面，它保证了在用户进行注册和认证时的通路是可信的，从而提高了系统连续保护和防渗透的能力，且审计功能得到加强，审计时能够使用存储隐蔽信道的标记事件。隐蔽信道是指一个进程可以使用违反系统安全策略的方法来传输信息。存储隐蔽信道包括所有允许一个进程直接或间接地对一个存储单元写入而另一个进程直接或间接读取的载体。

在系统结构方面，要求系统支持操作人员和管理人员的分离，执行最小特权原则，即每个主体在执行授权任务时，只拥有完成任务所必需的最小访问权。应该划分与保护有关和与保护无关的部分，并把它的执行维持在固定的区域内，以防止外界干预或篡改，其设计和实现均需利用检测和评估。

3）B3 级。B3 级为强制安全区域级，监督所有主体对客体的访问，防止篡改，并提供分析和测试。B3 级将审计机制扩展到能够对与安全有关的事件进行报警。系统要有恢复能力，为此，在安全策略方面，采用访问控制表进行控制，允许用户指定和控制对客体的共享，也可以指定用户对客体的访问方式。在责任方面，B3 级能够监视安全审计事件的发生和积累。当超出阈值时，能够立即报知安全管理人员进行处理。在功能保护方面，B3 级只能实现与安全有关的管理功能，对其他非安全功能的操作要严加限制。在系统出现故障和灾难性事件后，要提供有效的机制，以保证在不损害保护功能的条件下使系统得到恢复。

（4）A 级

A 级是验证安全保护级，它的显著特征是从形式设计规范和验证技术中导出分析，并保证正确地实现 TCB。其特点是使用形式化验证方法，以保证系统的自主访问机制和强制访问控制机制能够有效地使该系统存储和处理秘密信息及其他敏感信息。A 级分为 A1 级和超 A1 级这两个等级。

1）A1 级。A1 级为验证设计级，其主要特点是要求用形式化设计和验证的方法来对系统进行分析，确保 TCB 按照设计的需要实现。Honeywell 公司的 SCOMP 系统被确认为 A1 级。

2）超 A1 级。由于超 A1 级超出了当前的技术发展水平，有些具体的要求还很难被提出，因此仅提出了一些设想。超 A1 级为今后的研究提供了指导。

2. ITSEC

法国、英国、荷兰和德国 4 国于 20 世纪 90 年代初联合发布了 ITSEC，提出了信息安全的机密性、完整性、可用性的安全属性。ITSEC 把可信计算机的概念提高到可信信息技术的高度上来认识，对国际信息安全的研究、实施产生了深刻的影响。ITSEC 的要求在评估目标（target of evaluation，TOE）文本中说明，它建议从识别和认证、访问控制、责任、审计、客体重用、精确性、服务的可靠性、数据交换 8 个方面来说明和评价系统的安全功能。

ITSEC 采用与 TCSEC 相异的分类方法，它将安全功能和安全等级分开。按照 ITSEC 准则，将信息系统安全定义为 7 个安全等级：E0、E1、E2、E3、E4、E5、E6（从低到高），它们分别对应于 TCSEC 中的 D、C1、C2、B1、B2、B3、A1。

除了安全等级外，ITSEC 还定义了 F1～F10 共 10 项安全功能，其中前 5 项安全功能的定义对应于 TCSEC 准则中的 C～A1 等级的功能要求。但是，这些安全功能并不与 TCSEC 等级存在一一对应的关系，如 F2 级在访问控制方面就比 C2 级的要求更加严格和精确。

除含有对应于 TCSEC 准则中的 F1～F5 级安全功能之外，ITSEC 准则还有 5 级更高的安全功能，主要用来满足高完整性、高可用性及网络数据交换的高保密性。F6 级用于对数据和程序建立高完整性要求的评估目标，其中也包括对数据库的评估目标。F7 级用于建立可用性要求的评估目标，这对于控制整个过程有特殊的意义。F8 级对在数据交换期间数据完整性的保护提出了更高的要求。F9 级对在数据交换期间数据机密性的保护提出了更高的要求。F10 级用于对交换信息的机密性和完整性有较高要求的网络使用。

3. CC

信息技术安全评价的 CC 由六个国家（美国、加拿大、英国、法国、德国、荷兰）于 1996 年联合提出，并逐渐形成国际标准 ISO 15408。CC 是第一个信息技术安全评价国际标准，它的发布对信息安全具有重要意义，是信息技术安全评价标准及信息安全技术发展的一个重要里程碑。该标准定义了评价信息技术产品和信息安全性的基本准则，提出了目前国际上公认的表述信息技术安全性的结构，即把安全要求分为规范产品和系统安全行为的功能要求，以及解决如何正确有效地实施这些功能的保证要求。

CC 由 3 部分组成：第一部分为简介和一般模型；第二部分为安全功能要求；第三部分为安全保证要求。其核心内容是，当在 PP（protection profile，安全保护框架）和 ST（security target，安全目标）中描述 TOE 的安全要求时，应该尽可能使其与第二部分描述的安全功能组件和第三部分描述的安全保证组件相一致。

CC 在第一部分描述了对 PP 和 ST 的要求。与传统的软件系统设计相比，PP 实际上就是安全需求的完整表示，ST 则是通常所说的安全方案。CC 在第二部分和第三部分分别详细介绍了为实现 PP 和 ST 所需要的安全功能要求和安全保证要求，并对安全保证要求进行了等级的划分（共分为 7 个等级）。对于安全功能要求，CC 虽然没有进行明确的等级划分，但是在对每一类功能进行具体的描述时，在要求上还是有差别的。

4. CTCPEC

CTCPEC 也把安全要求分成功能要求和可依赖性要求两类。CTCPEC 专门针对政府需求而设计。与 ITSEC 类似，该标准将安全分为功能性需求和保证性需求两部分。功能性需求细分为四类：机密性、完整性、可用性和可计算性。每种安全需求又进一步分成表示产品有效安全性的预先定义的规格等级。规格等级分为 0～5 级，大多数情况下只有 4 个等级，0 级意味着不满足要求。

5. BS 7799 标准

信息安全管理标准 BS 7799 是由英国标准协会（the British Standards Institution，BSI）邀请业界相关厂商为追求有共同国际性质量标准的信息安全管理标准而制定的，于 2000 年 11 月经 ISO 审核通过，已逐渐成为国际通用和遵循的信息安全领域中应用最普遍、最典型的标准之一，该标准于 2000 年 12 月正式被颁布为 ISO 7799 标准。目前澳大利亚、挪威及瑞典等国相继采用 BS 7799 作为其国家的标准，日本、瑞士及我国台湾、我国香港等拟推广或正式推广此标准。同时，众多国家的政府、银行、保险公司、电信企业和网络公司已采用此标准对自身的信息安全进行管理。

BS 7799 规定了建立、实施和文件化信息安全管理体系的要求，并根据独立组织的需求实施相应的安全控制。它主要提供有效实施 IT 安全管理的建议，介绍安全管理的方法和程序，使用户能参照此标准制订自己的安全管理计划和实施步骤。该标准是一个组织全面或部分信息安全管理体系评估的基础，同时也可作为非正式认证方案的依据之一。

BS 7799 共分为两部分：第一部分为 BS 7799-1：1995《信息安全管理实施规则》于 1995 年制定，作为工商业和大、中、小型组织实施信息安全管理的指南；第二部分为 BS 7799-2：1998 《信息安全管理体系规范》，作为对一个组织的全面或部分信息安全管理体系进行评审认证的依据标准。

鉴于计算机和信息处理技术，尤其是网络和通信领域应用的迅速发展，英国又对信息安全管理体系标准进行了修订。修订后的 BS 7799-1：1999 和 BS 7799-2：1999 分别取代了 BS 7799-1：1995 和 BS 7799-2：1998。新修订的 1999 版标准进一步强调了组织在商务工作中所涉及的信息安全和信息安全责任。

BS 7799 标准是一个非常详细的安全标准，它由 10 部分组成，每部分覆盖一个不同的主题和领域，分别是：①安全方针；②安全组织；③资产的分类和控制；④人员安全；⑤物理与环境的安全；⑥计算机和网络管理；⑦系统访问权限控制；⑧系统开发和维护；⑨商务业务可持续管理；⑩遵守法律和规定。

6.5.3　我国目前的信息系统安全评估标准

我国 2001 年由中国信息安全产品评测认证中心牵头，将 ISO/IEC 15408 转化为国家标准 GB/T 18336—2001《信息技术安全性评估准则》，并直接应用于我国的信息安全评测认证工作。其中，基础性等级划分标准 GB 17859—1999《计算机信息系统安全保护等级划分准则》是其他标准的基础，是信息系统安全等级保护实施指南，为等级保护的实施提供指导。

我国信息系统安全评估标准体系的内容框架如图 6-4 所示。

3个过程控制	构建过程控制→评测过程控制→运行过程控制
5个保护等级	第五级：访问验证保护级 第四级：结构化保护级 第三级：安全标记保护级 第二级：系统审计保护级 第一级：用户自主保护级
5个安全层面	物理层面　网络层面　系统层面　应用层面　管理层面
5个安全属性 (基本内容)	机密性、完整性、可用性、可控性、责任可追查性

图 6-4　我国信息系统安全评估标准体系的内容框架

如图 6-4，我国信息系统安全评估标准体系的基本思想概括为：以信息安全的五个属性为基本内容，从实现信息安全的五个层面，按照信息安全五个保护等级的不同要求，分别对安全信息系统的构建过程、测评过程和运行过程三个过程进行控制和管理，实现对不同信息类别按不同要求进行分等级安全保护的总体目标。五个属性分别是机密性、完整性、可用性、可控性和责任可追查性；五个层面分别是物理层面、网络层面、系统层面、应用层面和管理层面；五个保护等级分别是用户自主保护级、系统审计保护级、安全标记保护级、结构化保护级和访问验证保护级。在五个保护等级中，以第一级为基础，逐级增强安全保护能力。在安全等级保护标准方面，安全保护范围从第一级到第五级逐渐缩小，级别越高，保护强度越高，保护的范围越小；级别越低，保护的强度越低，保护范围越大。

用户自主保护级是指通过隔离用户与数据，使用户具备自主安全保护的能力。它具有多种形式的控制能力，对用户实施访问控制，即为用户提供可行的手段，保护用户和用户组信息，避免其他用户对数据的非法读写与破坏。它包括自主访问控制、身份鉴别、数据完整性检查等。

系统审计保护级是指实施了粒度更细的自主访问控制，它通过登录规程、审计安全性相关事件和隔离资源，使用户对自己的行为负责。它包括自主访问控制、身份鉴别、客体重用、审计、数据完整性五个方面。

安全标记保护级具有系统审计保护级所有的功能。此外，还提供有关安全策略模型、数据标记及主体对客体强制访问控制的非形式化描述；具有准确地标记输出信息的能力；消除通过测试发现的任何错误。它包括自主访问控制、强制访问控制、标记、身份鉴别、客体重用、审计、数据完整性检查七个方面。

结构化保护级定义和控制系统中命名用户对命名客体的访问。实施机制（如访问控制表）允许命名用户或以用户组的身份规定并控制客体的共享；阻止非授权用户读取敏感信息，并控制访问权限扩散。它包括自主访问控制、强制访问控制、标记、身份鉴别、客体重用、审计、数据完整性、隐蔽信道分析、可信路径九个方面。

访问验证保护级能满足访问监控器需求，访问监控器仲裁主体对客体的全部进行访问。访问监控器本身是抗篡改的，它必须足够小，并能够分析和测试。为了满足访问监控器需求，计算机信息系统 TCB 在构造时，排除那些对实施安全策略来说并非必要的代码；在设计和实现时，从系统工程角度将其复杂性降低到最低限度。访问验证保护级还支持安全管理员职能；扩充审计机制，当发生与安全相关的事件时发出信号；提供系统恢复机制。系统具有很高的抗渗透能力。它包括自主访问控制、强制访问控制、标记、身份鉴别、客体重用、审计、数据完整性、隐蔽信道分析、可信路径、可信恢复十个方面。

本 章 小 结

电子商务安全问题不是单纯的技术问题，安全管理不完善是电子商务安全的重要隐患。本章首先介绍了电子商务安全管理的基本概念，包括电子商务存在的安全风险及安全管理的基本策略，阐述电子商务实施过程中明确安全管理对于保护电子商务系统的重要性。在此基础上，介绍了电子商务信息系统的安全管理内容及日常管理制度，通过制定人员管理制度、保密制度、追踪审计稽核制度、网络系统的日常维护制度及计算机病毒防范制度来对网上交易的各项安全要求进行规范，为电子商务企业从事网上业务提供管理制度上的安全保障，并介绍了电子商务交易安全管理的基本内容。另外，本章也重点阐述了电子认证服务机构的管理，包括电子认证服务机构发展存在的问题、安全管理内容及电子认证服务机构的建设思路等。最后，本章也介绍了国内外主要的电子商务安全评估标准，包括美国可信计算机系统评估准则（TCSEC）、欧洲信息技术安全评估标准（ITSEC）、信息技术国际通用标准（CC）、加拿大可信计算机产品评估准则（CPCPEC）、英国信息安全管理标准（BS 7799）及我国信息技术安全性评估准则等，并分别指出了这些标准的特点、应用方式和适用范围等。

本 章 习 题

1. 简述电子商务的安全风险类型。
2. 简述电子商务企业风险管理的主要内容。
3. 简述电子商务信息安全管理的主要内容。
4. 简述电子商务信息安全的日常管理制度。
5. 简述国内电子认证机构的发展现状及存在的主要问题。
6. 简述电子商务交易安全管理的主要内容。
7. 简述电子认证服务机构的管理内容及其建设的基本思路。
8. 与电子商务相关的安全评估标准有哪些？简述国内外常见的电子商务信息系统安全评估标准及各自的特点。

第7章　电子商务安全应用及案例

在学习完前面的章节后，相信读者对电子商务系统的安全问题从理论上已经有了一定的认识。目前，电子商务的应用正日益普及，应用层次不断深入，电子商务安全技术可以广泛地应用于网络金融、电子政务、企业信息化、社会信息化和小区信息化等各个领域中。但是，这些领域又有其自身的一些安全特点。因此，如何将前面各章的电子商务安全理论和技术灵活地应用于这些领域中成为电子商务安全研究的重要内容。本章引入案例教学法，通过网上银行系统、网上证券交易系统、网上报税系统、网上招投标系统等不同的实际安全案例的讨论和分析，使读者进一步加深对电子商务安全问题的认识。

7.1　网上银行系统安全

7.1.1　网上银行的发展与安全需求

互联网的发展为传统企业创造了无限商机。电子商务的提出和迅猛发展更为传统企业发展提供了无限的想象空间。银行作为国民经济发展中的重要决定因素之一，转变为以客户为中心的服务角色已经是一种市场发展的必然。不断发展的网络经济、客户需求，导致银行业务向 Internet 方向发展，这就出现了网上银行这一新的应用。通过 Internet 将用户的计算机终端连接至银行，使用户“足不出户”就能完成各种银行业务操作，并享受网上银行带来的快捷、方便的金融信息服务。因此，网上银行的建设已是大势所趋，也是保证电子商务能够顺利发展的基础条件。

与发达国家的网上银行相比，我国网上银行起步较晚，我国目前的网上银行主要是依附型网上银行。尽管我国网上银行起步较晚，但发展十分迅速。招商银行于 1997 年 4 月正式建立了网上银行，推出了网上企业银行和个人银行业务。目前招商银行已逐步建立起了由企业银行、个人银行、网上证券、网上商城及电子支付等组成的较为完善的网上银行体系。继招商银行之后，国内的各家银行也相继建立了各自的网上银行。

作为一种电子商务应用实例，网上银行信息系统应用满足以下几种安全需求。

（1）机密性

系统应该保证只有经过授权的实体间才能进行信息交流。

（2）实体鉴别

在发送敏感信息前，用户应该能确信和他们进行通信的是真实的银行；同样，银行也应该在处理事务之前确认用户的身份，如鉴别银行和客户对电子账单的数字签名是否有效。

（3）数据鉴别

所谓数据鉴别就是数据来源鉴别和数据完整性鉴别，它使得人们能够检测出是否有非授权实体对数据进行插入、删除、替换和重传等操作。例如，用户和银行希望确认他们所收到的信息是否真实和及时，从而保证网上支付的安全性和及时性。

（4）不可抵赖性

系统应能确保已经执行提交或者其他操作的实体不能事后否认其行为。即使用户对本次交易事后予以否认，银行系统应能够向第三方证明该用户执行了该业务交易。

7.1.2　网上银行系统的安全解决方案

CNCA 针对网上银行信息系统存在的安全问题，提出全面、可靠的信息安全解决方案，主要从信息传递和业务系统等多个具体应用方面，说明了如何确保网上银行系统的信息安全，为满足信息化趋势下银行构建面向现代金融的综合信息系统保驾护航。

通过分析，CNCA 提出了一种网上银行系统的整体解决方案。在所采用的安全技术中，除了常见的防火墙、加密链路和 VPN 接入技术，以减少 Internet 带来的非安全因素之外，还采用了 SSL 协议以实现重要的敏感信息在 Internet 上的传输安全控制，成为网上银行系统安全策略中最重要的方案。CNCA 充分利用 SSL 协议作为用户登录网上银行系统的安全接入，为网上银行的个人用户、企业用户的接入提供了一种安全接入的方式，其安全解决方案如图 7-1 所示。

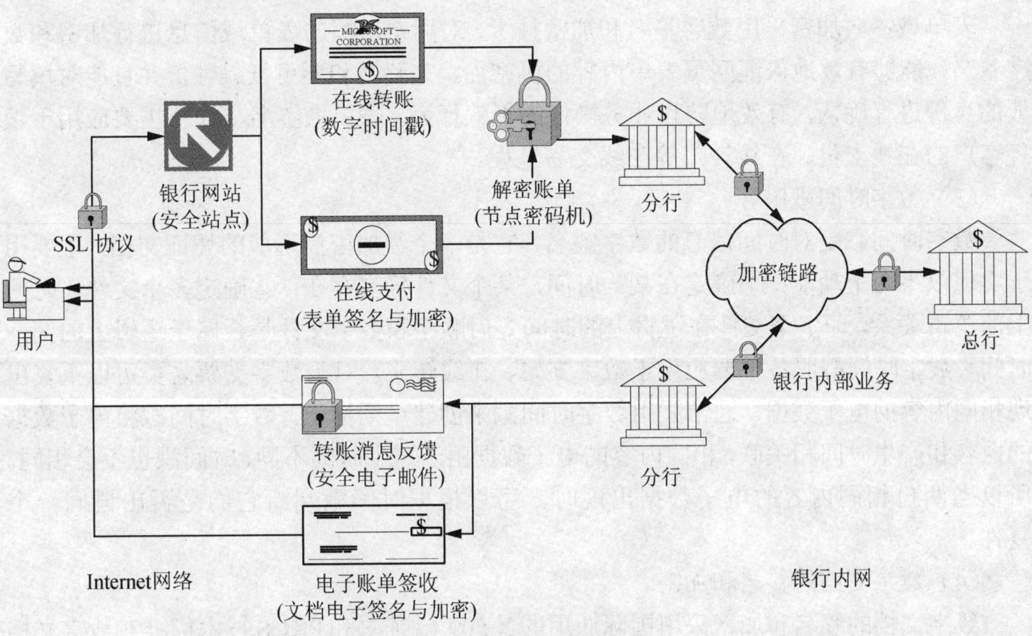

图 7-1　网上银行安全解决方案

1. 网上银行业务处理的流程

用户登录网上银行，进行相关银行业务处理的流程大致如下。

1）用户经 SSL 协议连接到银行网站，同时使用数字证书登录。

2）用户在银行网站进行在线转账或在线支付，使用表单签名与加密和数字时间戳等方式保护和确认操作。

3）用户指令到达银行内部业务系统，系统采用节点密码机对其进行解密。

4）银行内部业务系统对用户指令进行处理，同时通过加密链路将用户指令传送到各相关银行。

5）银行内部业务系统反馈指令处理结果，以安全电子邮件或电子账单（采用文档电子签名与加密）方式传递给用户。

6）用户获得反馈，网上银行业务完毕。

2. 方案中的关键技术

以上解决方案主要涉及以下关键技术。

（1）数字证书登录

数字证书登录采用基于公开密钥密码体制的CA数字证书认证技术，确认登录用户身份的合法性，从而确保银行客户安全地登录银行网站。

数字证书登录具有如下功能：①先进的密码技术，保证登录用户的合法性；②登录过程对用户透明，无须记忆口令；③通过数字证书确认用户身份的合法性；④数字签名技术有效防止用户抵赖行为；⑤采用加密通信协议，保护机密信息不被泄漏。

（2）表单域签名与加密

表单域签名加密采用数字签名和加密技术，对用户填写的表单域信息进行加密和数字签名，能够有效地保证网页表单内容的机密性、完整性和不可抵赖性，并且能对填写人的身份进行确认，有效地防止业务操作的抵赖行为。表单域签名与加密主要应用于银行客户的在线支付、在线转账等在线交易过程。

（3）数字时间戳服务

数字时间戳是对时间信息的数字签名，它是一个经加密后形成的凭证文档，主要用于实现以下两个功能：①确定在某一时间，某个文件确实存在；②确定多个文件在时间上的逻辑关系，即多个文件在逻辑上的时间先后顺序和多个文件是否属于逻辑上的同一时间。数字时间戳服务主要应用于数字支票、在线转账。对于数字支票之类可以重复出现相同内容的电子数据，通常采用数字时间戳来创建过期标记。数字时间戳将电子数据的内容和产生时间相关联，相同内容的电子数据由于产生时间不同，时间戳也不会相同。所以当两份相同内容的电子数据出现时，可以根据时间戳判断它们是否出自同一个复件。

（4）数字文档的签名和加密

数字文档的签名和加密采用国际通用的X.509 v3证书和PKCS技术标准对数字文档及签名者的意见进行签名和验证，确保签名文档的完整性和签名者的真实身份，并能够保证签名行为的不可抵赖性。数字文档的签名和加密主要应用于对客户电子账单的数字签收过程，以及实现银行内部无纸化办公。

（5）安全电子邮件

安全电子邮件可应用于银行内部无纸化办公、客户账单安全发送。安全电子邮件具有如下功能：①确认电子邮件发送者身份；②确保电子邮件内容的真实性；③确保电子邮件内容的完整性；④确保电子邮件内容的机密性；⑤确保电子邮件内容不可抵赖。

（6）可信站点认证服务

对网上银行 Web 站点颁发数字证书。当用户向银行网站发送敏感信息之前，需对银行 Web 站点进行数字认证，以确信其信息被发送到真实的目标站点；可以有效防止第三方站点仿冒银行网站，骗取用户向该站点提交敏感数据（如信用卡号码、密码等）。

（7）软件代码签名

银行使用代码签名证书对本行软件进行签名后放到互联网上，使其软件产品难以被仿造和篡改。软件代码签名可增强银行与用户之间的信任度和软件商的信誉度；通过验证签名代码，用户知道该软件是安全的并且没有被篡改过，则可以安全地对该软件进行下载、使用。软件代码签名具有如下优点：①有效防止代码的仿冒；②保证代码的完整性；③可追踪代码的来源。软件代码签名主要用于银行客户端软件的安全在线安装/更新。

该网上银行业务系统安全解决方案具有如下特点：①加密标准采用 DES、IDEA、RSA、MD5、SHA-1 等；②证书采用 X.509 v3、CRL v2、PKCS 系列标准；③LDAP 标准为 LDAP v2；④采用智能卡 ISO 7816、PC/SC、PKCS#11 标准；⑤安全电子邮件采用 S/MIME 标准；⑥VPN 协议采用 IPSec（RFC 1825～1828）；⑦电子认证平台体系采用 Intel CDSA 架构。

7.1.3　案例讨论和分析

在组织对 CNCA 提出的网上银行安全方案进行考察观摩后，可以就下列问题进行讨论和分析。

1）网上银行安全的首要问题是什么？

2）该方案用到了哪些安全技术？请简述其安全解决方案。

3）该方案采用的是 SSL 协议，是否可以换成 SET 协议呢？为什么？

4）如果你是项目经理，参与某银行网上银行系统设计，你如何提出新的系统安全设计方案？

7.2　网上证券交易系统安全

7.2.1　网上证券交易安全概述

目前，通过 Internet 开展网上证券交易已经成为国内各大证券公司积极拓展业务的有效渠道之一。由于网络自身的开放性使网上证券交易存在着很大的风险，欺骗、窃听和非法入侵等都威胁着网上券商与股民的利益。广泛开展网上证券交易的前提是安全保障问题的妥善解决。

目前备受关注的网上证券交易存在的安全威胁主要有以下四种。

1）股民机密信息在网上传输时被窃取。

2）由于伪造信息或假冒身份情况的出现使券商无法确认股民的身份是否真实。

3）有关交易的文件或数据在传输过程中被篡改（如插入或删除某些关键内容）。

4）证券交易的参与者抵赖自己所做过的网上交易或其他操作，给他方造成损失。

这些存在的安全问题如何解决和解决的好坏将直接决定资金和交易的安全性，并影响证券公司的形象。投资者对网上股票交易的安全性和可靠性还存在一定的疑虑和戒备心理，阻碍了网上证券交易的进一步发展。因此，随着网上证券交易的发展，寻找一个优秀的安全解决方案成为行业领先者首先要解决的问题。

7.2.2　网上证券交易系统安全解决方案

1. 网上证券交易的特点

目前由各大证券公司开展的网上证券交易秉承了证券行业原有的很多特点，具体如下。

1）用户数量庞大，文化层次多样。

2）不同证券公司对股民身份信息需求不同。

3）权利统一，管理分散。

4）信息安全性要求高。

2. 方案采用的技术路线

针对网上证券交易的工作方式和特点，北京安软天地科技有限公司设计开发了一套基于 PKI 体系的解决网上证券交易安全问题的产品——EverLink CA 和 EverLink SRAC 服务器。

PKI 体系是一种遵循既定标准的密钥管理平台，它能够为所有网络应用提供加密和数字签名等密码服务及所必需的密钥和数字证书管理体系，是一个利用现代密码学中的公开密钥密码技术在开放的网络环境中提供数据加密及数字签名服务的统一的技术框架。PKI 技术的主要目的是管理在开放网络环境中使用的公开密钥和数字证书，其中最主要的安全技术为公开密钥加密技术、数字签名技术。公开密钥加密技术可以提供信息的保密性和访问控制的有效手段，它保证了利用公开密钥加密后的数据的保密性，如果没有提供相应的私有密钥来解密的话，窃密者即使获得密文也难以知晓其中的内容。而数字签名技术则提供了在网络通信之前相互认证的有效方法、在通信过程中保证信息完整性的可靠手段及在通信结束之后防止双方相互抵赖的有效机制。

3. 方案采用的产品特点

EverLink CA 的主要功能是为用户颁发数字证书并对用户进行管理。在产品设计中，为提高系统的安全性，采用了用户在线获取用户数字证书的设计方案，以尽量减少操作流程中的物流过程。针对证券公司权利统一、管理分散的特点，采用了集中式数字证书签发管理和分布式用户数字证书管理的设计理念，给予了券商参与 CA 服务器管理的权限。针对不同券商管理方式不同的特点，产品中还增加了数字证书定制功能，券商可以根据自己的管理需要在数字证书中定制股民的身份信息，同时用户数据库可以和券商的其他实际应用相结合使用，可减少数据冗余和防止数据不一致性。

EverLink SRAC 服务器是一个集身份认证、权限控制和信息加密等于一体的安全访问控制产品，考虑到网上证券交易股民自身的文化层次参差不齐，需要尽量减少他们使用中需要安装和学习的内容，同时也减少券商维护和技术支持的工作量，设计中采用的完全 B/S（browser/server，浏览器/服务器）结构的模式，不需要在客户端安装任何软件，使用和维护方便。同时还在产品中提供通过 EverLink SRAC 服务器访问应用服务器的 SSL API，允许交易客户端和服务器的开发商集成 SSL，实现传输加密和身份验证。

4. 方案具体实现

（1）主要组成系统

在实际应用中，各证券公司可以根据自己的实际情况来设计本公司的网络环境。但是总体方案的实现分为以下几个系统。

1）EverLink CA 证书签发中心。由于存在一个数字证书的可信任度的问题，该公司采取了集中式数字证书签发方式，券商可以根据实际情况将数字证书签发中心放在本公司或者公信第三方处，数字证书签发的工作可交给公信第三方完成，也可以由证券公司自己完成。无论数字证书签发工作是在哪里完成的，所有网上证券交易的用户的数字证书都是从同一个数字证书签发中心签发的，这样保证了集中管理的实现。

2）EverLink CA 分布式管理中心。在 EverLink CA 分布式管理中心为券商设计了用户管理和数字证书代管的功能，使券商通过数字证书代管功能具有了参与 CA 管理的权限。这样的优点是券商可以通过参与 CA 的管理，具有用户身份的审核权限和证书定制、查询和废除等管理权限，在减轻数字证书签发中心的压力的同时减少工作环节，用户开户和申请数字证书在券商处可一次性完成，券商根据实际情况对用户数字证书有直接查询和废除的操作权限。通过专门设计的数字证书定制功能，各个证券公司还可以根据实际管理中所需要的用户信息来定制自己的客户所使用的数字证书中包含的信息。

网上证券交易的完成需要通过 Internet，这时网络性能和信息安全将直接影响交易系统的性能。这种数字证书集中签发管理和用户、数字证书分布管理的设计，能更好地符合证券行业的特点。集中式管理保证了用户数字证书的可信任度，分布式操作可以提高系统的性能，如使用数字证书查询功能时，可以在管理中心处获得所需信息，而不用到数字证书签发中心去查询，这样既减轻了中心服务器和网络传输的负担，同时也提高了系统的响应时间。用户在各个证券营业厅或者委托银行完成开户的过程后提交自己的个人信息给 EverLink CA 分布式管理中心，并同时获得自己的用户账号和使用密码。然后用户使用自己的账号和密码在需要安装用户数字证书的机器上获得自己的用户数字证书，用户可以根据自己的安全需要将用户数字证书存储在不同的数字证书存储介质中。

3）EverLink SRAC 服务器。EverLink SRAC 服务器作为直接连接网上证券交易服务器的机器，安放在证券公司。它完成的功能是根据用户提交的用户证书确定用户的身份和使用权限，然后为用户建立和网上证券交易服务器之间的安全通道。在 SRAC 服务器和用户之间的通信都是经过 SSL 协议加密通道进行传输的，从而保证信息传输的安全性。同时，所有对证券交易服务器的访问必须通过 SRAC 服务器，即使系统受到攻击也是对 SRAC 服务器的攻击，这样就保证了交易服务器的安全。

（2）方案特点

1）安全可靠。所有产品全部是国产，具有自主版权。

2）层次分明。采用的安全技术、安全机制多种多样，层次化较强，提高了交易系统的安全性。

3）针对性强。针对网上证券交易的特点更好地解决了实际安全问题。

4）协同互动。产品之间能够协同工作，大大增强了系统的安全性。

5）易管理性。B/S 的结构模式使系统具有易管理、使用和维护的特性。

7.2.3 案例讨论和分析

在浏览考察北京安软天地科技有限公司的网上证券交易系统安全案例后，可以就下列问题进行讨论和分析。

1）该公司设计的网上证券交易系统有何特色？

2）网上证券交易系统的安全需求是什么？解决方案是如何实现这些安全需求的？

3）该方案的具体实现过程中用到了哪些安全技术？

4）如果你是项目经理，参与某网上证券交易系统设计，你如何提出新的系统安全设计方案？

7.3 网上报税系统安全

7.3.1 网上报税系统安全概述

随着信息化的发展，我国税务部门已采用先进的计算机与网络技术，将日常办公、纳税申报等各项工作逐渐在网络上展开，直接优化了工作程序，大大提高了工作效率，特别是以为纳税人、企业提供更优质服务为核心的网上纳税申报，已经成为税务行业当前信息化发展的重点。

由于网上报税涉及企业纳税信息（资金、税种、额度等）、国家财政税收信息等敏感信息，因此它对信息安全具有严格的要求。但是作为基于互联网的应用，网上报税不可避免面临由于虚拟、匿名、公开、明文等互联网特性而带来的信息安全问题，如业务欺诈、敏感信息窃取与篡改、申报抵赖等，安全问题往往引起纳税人、企业和税务部门的各种法律纠纷，阻碍着网上报税业务的开展。为了保护网上报税业务数据的机密性、完整性和不可否认性，维护纳税人、企业和税务部门的利益，必须在纳税人、企业和税务部门之间构建起可靠的网络信任机制和信息安全保障。

网上报税系统一旦投入使用，主要应解决以下几个安全问题。

（1）身份认证

由于非法用户可以伪造、假冒网上报税系统和纳税户的身份，因此登录到网上报税系统的纳税户无法知道他们所登录的系统是否是可信的网上报税系统，网上报税系统也无法验证登录的纳税户是否是经过认证的合法纳税户，非法用户可以借机进行破坏。“用户名＋口令”的传统认证方式安全性较弱，纳税户的口令易被窃取而导致损失。因此，应采用数字认证机制，当纳税户登录系统时，必须对纳税户和网上报税 Web 站点进行双向身份认证，以确保纳税户身份的合法性，以及网上报税系统是可信的。

（2）信息的机密性

传输在纳税户客户端与网上报税系统服务器之间的敏感信息和纳税数据必须是机密的。例如，纳税户的信用卡号、密码等，有可能在传输过程中被非法用户截取，因此必须对这些信息进行加密，以确保信息传输的安全性。

（3）信息的完整性

敏感信息和交易数据在传输过程中有可能被恶意篡改。因此，在传输过程中，接收方应通过某种安全鉴别机制验证所收到的信息是否被篡改。通过验证，如果收到的信息与发送的信息完全一致，则说明在传输过程中信息没有遭到破坏，即信息具有完整性。

（4）信息的不可抵赖性

纳税户与税务部门间进行的税务申报行为一旦被其中的一方所否认，另一方应有经数字签名的记录来作为仲裁的依据，即需要实现信息的不可抵赖性。这是一种法律有效性要求，主要用于保护交易过程中某方用户对付来自其他合法用户的威胁，如纳税方对其所发送消息的否认，税务部门对其已收消息的否认等。

7.3.2　网上报税系统安全解决方案

针对上述的安全需求问题，北京金信万凯信息技术有限公司提出了一种基于 PKI 体系的、易于实施的网上报税安全解决方案。其系统的安全解决方案如图 7-2 所示。

1. 方案核心部分

从图 7-2 可以看出，该方案主要由两个核心部分组成，即 TW-CA 系统和网上交易安全中间件 TW-TrueSign。

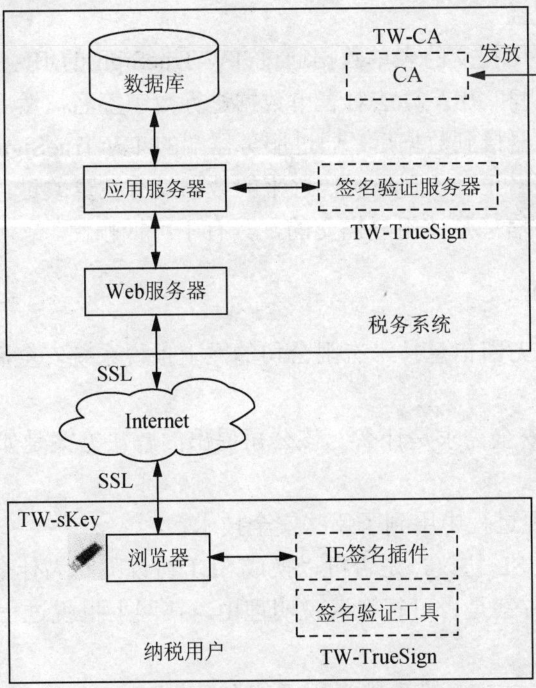

图 7-2　网上报税系统安全解决方案

（1）TW-CA 系统

TW-CA 系统是一种用于认证网络用户身份的软件系统，它使用非对称密钥密码体制和数字签名等密码技术建立，用于确保电子交易安全、顺利地进行。

北京金信万凯信息技术有限公司提供的数字证书认证系统 TW-CA 是一个基于 PKI 的功能强大、安全可靠的 CA 系统，能够满足政府部门、金融企业 CA 建设的功能需求。纳税户的数字证书可以通过 TW-CA 建立的数字证书管理系统进行发放。

（2）网上交易安全中间件 TW-TrueSign

TW-TrueSign 是专门针对网上报税等 PKI 网上交易系统而设计的应用层中间件，主要解决网上交易系统中的数据机密性、数据完整性、防抵赖、身份识别、访问控制等关键安全问题。

TW-TrueSign 自动管理用户的密钥、数字证书和数字证书验证，提供信息加密、信息签名、信息签名并加密、交易签名、身份认证等接口，有效屏蔽了 PKI 技术的复杂性，使应用系统开发人员在不具备 PKI 专业知识背景的条件下，就可以构建安全的应用系统。

2. 报税处理流程

网上报税系统为纳税用户提供载入了其认可的数字证书及私有密钥的 TW-sKey，纳税用户必须插入所持有的 TW-sKey，同时输入 PIN 才能登录网上报税系统。通过数字证书和 HTTP 可以建立 SSL 安全加密传输通道，可以进行服务器的和用户的证书的双向验证。TW-sKey 的双因子认证机制大大提高了认证的安全强度，也使身份冒充变得极为困难，确保了用户的合法权益。

用户在进行报税时，所提交的表单数据通过 TW-TrueSign 的 IE 签名插件，使用用户 TW-sKey 中的私有密钥和 RSA 算法对表单数据进行数字签名，然后连同原始表单数据一同传给服务器，服务器接到数据后，通过服务器端的 TW-TrueSign 签名验证服务器进行签名的验证，如果签名正确，则说明传过来的数据没有被篡改过，从而保证了数据的完整性，同时也表明了信息是该用户提交的，具有不可抵赖性。

7.3.3　案例讨论和分析

在浏览考察北京金信万凯信息技术有限公司的网上报税系统安全后，可以就下列问题进行案例讨论和分析。

1）网上报税系统的安全需求是什么？该公司提出的解决方案是如何实现这些安全需求的？

2）该方案的具体实现过程中用到了哪些安全技术？

3）该方案采用的是 SSL 协议，是否可以换成 SET 协议呢？为什么？

4）该公司网上报税方案是否可行？请说明理由。在网上报税过程中可能会出现什么问题？能否解决？

5）该公司提出的安全方案还有可能运用于什么行业？

6）如果你是项目经理，请设计一个网上安全报税系统，并提出新的安全解决方案。

7.4　网上招投标系统安全

7.4.1　网上招投标系统安全概述

随着科技的发展，尤其是以计算机技术为基础的互联网技术的发展，信息技术逐渐融入人们生产生活的各个方面，既提高了生产效率，也为人们的生活节约了时间和金钱。基于网络计算和交互特性进行网上招投标，也逐渐成为招投标发展的趋势，很多的招投标单位都已着手将整套的招投标流程移植到互联网上，开始体验网上招投标的优势。

1. 网上招投标系统的优势

1）由于不需要租用场地进行信息发布和答疑工作，节省了招标单位的会务费用和交通费用。

2）不需要为了投标而出差和异地办公，大大降低了企业的投标成本，最终也会以更低廉的采购成本回馈招标单位。

3）通过网络进行沟通，大大提高了办事效率，缩短了招投标的时间。

4）通过网络进行的招投标活动，招标过程中双方人员可以不见面，减少可能发生的暗箱操作。因此，网上招投标系统更加透明，体现了公开、公平、公正的招投标理念。

2. 网上招投标系统用户的安全需求

网上招投标系统作为一种网络信息应用系统，具有与其他信息系统类似的安全隐患和安全问题。例如，设备故障，病毒、网络黑客的攻击，甚至是内部人员的破坏等。但是作为一种实现特殊业务的特有系统，网上招投标也具有一些其自身特点的安全需求。在使用网上招投标系统的过程中，用户的安全需求主要包括以下五个方面。

1）身份的真实性需求：确保招投标参与各方身份的合法性和真实性。

2）招投标行为的不可否认性需求：确保对招投标过程中发标、投标、开标、评标等行为的责任认定。

3）招投标时间的可靠性需求：确保招投标过程中时间的一致性和权威性。

4）招投标信息的机密性需求：确保招投标重要信息在传输过程中不被他人窃取。

5）招投标信息的完整性需求：确保招投标重要信息在传输和存储过程中不被篡改。

7.4.2　网上招投标系统安全解决方案

SHECA 提出一种基于数字证书的网上招投标系统安全解决方案，将相关的安全技术集成到招投标系统的各主要业务环节中，从而实现了网上招投标业务的系统安全，其安全解决方案如图 7-3 所示。

基于数字证书的网上招投标流程，主要包括以下内容。

（1）招标信息制定预发布阶段

制定招标信息摘要，招标申请报主管部门审批；业务人员和主管领导通过数字证书进行双向身份认证，从而登录招投标平台，拟定审批招标公告信息，实现认证、访问权限控制、信息加密传输及信息的抗抵赖性。

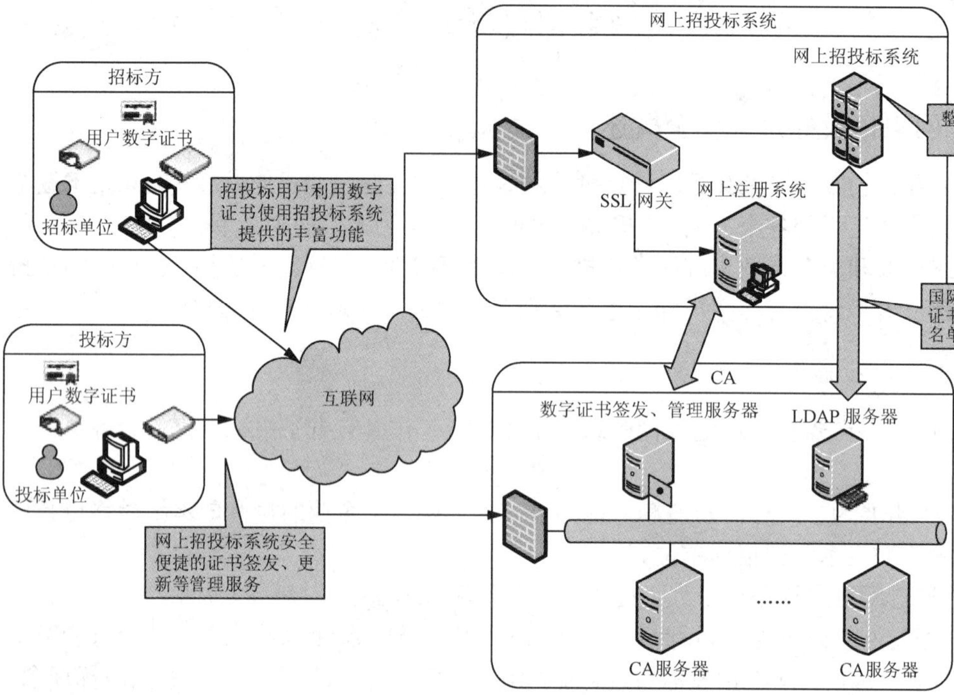

图 7-3　网上招投标系统安全解决方案

（2）企业报名参加投标并交纳投标保证金

投标企业填写投标申请表，系统对申请表进行数字签名，然后通过数字证书加密传输到招标网站；招标单位制作正式的招标文件并使用数字信封进行加密；对通过报名资格审查并交纳投标保证金的企业进行授权。

（3）投标企业查阅信息阶段

投标企业经过授权，通过双向身份认证，建立加密通道下载正式的招标文件；下载企业利用自己的私有密钥解密标书。

（4）网上答疑

通过数字证书构筑安全加密通道，并验证参加网上答疑的用户的身份，只有相关的招标人员和被授权的投标企业的人员才能登录到网上答疑的系统模块中。

（5）制作投标书参加投标阶段

投标企业上传投标文件，首先进行数字信封的封装，然后通过用户端密钥进行加密；并使用投标企业的私有密钥信息进行签名，实现信息的保密性、抗抵赖性，并防止篡改；最后，上传到招投标平台。

（6）评标阶段

对投标文件进行锁定，直到开标时间，才允许开标人员访问投标文件；评标专家使用个人数字证书登录招投标系统，实现双向身份认证，并利用加密通道下载投标文件进行技术评审。

（7）招标结果发布

授权的管理人员，经过双向验证，通过 VPN 发布中标公告。网上招投标系统为招投标业务处理提供了有力的支持：一方面，系统提高了信息传递的效率和质量，方便了信息汇总分析，优化了业务办理效率；另一方面，系统大幅度减少了各级相关部门和单位的纸张、传真等耗材的消耗，降低了业务成本，企业经济效益明显提高。

7.4.3　案例讨论和分析

在浏览 SHECA 网上招投标系统安全案例后，可以就下列问题进行案例讨论和分析。

1）网上招投标系统的安全需求是什么？该公司提出的解决方案是如何实现这些安全需求的？

2）该方案的具体实现过程中用到了哪些安全技术？

3）该公司提出的安全方案还有可能运用于什么行业？

4）如果你是项目经理，请设计一个网上安全招投标系统，并提出新的安全解决方案。

本 章 小 结

本章采用教学案例法，提供了 4 个具有典型代表意义的电子商务系统安全案例，包括 CNCA 的网上银行系统安全案例、北京安软公司的网上证券系统安全案例、北京金信万凯公司的网上报税系统安全案例及 SHECA 的网上招投标系统安全案例，并对这些安全案例进行了讨论和分析。这些案例各具特色，针对不同行业从不同角度和层次提出了相应的安全解决方案，希望以此启发读者将电子商务安全基本理论和技术应用到实际的电子商务系统中，达到学以致用的目的。

本 章 习 题

对某行业网上信息系统进行调研，考察和分析该系统的安全需求，运用自己所学的安全知识，设计该行业信息系统安全的新结构，并以书面报告的形式提出该系统的安全解决方案。

第8章　移动电子商务安全

随着移动网络和移动通信技术的发展，移动电子商务逐渐成为一种新型的电子商务活动。在国外，采用手机、PDA（personal digital assistant，个人数字助理）等移动设备进行的移动支付，由于方便易行、兼容性好，近年来逐渐成为一种比较流行的支付方式。但是，自从移动电子商务出现以来，安全问题就一直困扰着这一新兴商务模式的发展。移动电子商务由于利用了很多新兴的技术和设备，导致出现了很多新的安全问题。与传统的电子商务相比，移动电子商务的安全问题更加复杂，解决起来难度更大。

本章首先介绍移动电子商务安全威胁、安全原则和安全体系结构。在此基础上，分析最流行的移动终端——手机的安全隐患及其防护措施；并重点介绍移动电子商务安全协议和标准、基于WPKI（wireless public key infrastructure，无线公开密钥体系）的安全实现技术、移动支付及其安全解决方案。最后，对于移动商务安全的发展趋势进行简单的展望。

8.1　移动电子商务安全概述

8.1.1　移动电子商务概述

移动电子商务（M-commerce）是指通过手机、PDA、笔记本式计算机等移动通信设备，通过连接Internet和专用网络，进行相应的电子商务活动，包括经营、管理、交易和娱乐等。相对于传统的电子商务而言，移动电子商务可以真正使任何人在任何时间、任何地点得到整个网络的信息和服务。它结合了各种不同的移动通信技术，扩展了传统电子商务的性质和作用范围。随着移动通信的不断成熟，全球拥有移动通信设备的人会越来越多，移动电子商务将很快得到消费者的认可，为消费者提供随时随地进行电子支付的方便、快捷的信息服务。

移动电子商务与传统电子商务相比，具有如下几点的优势。

（1）具有随时随地的特点

移动电子商务的最大特点是随时随地和个性化。传统电子商务已经使人们感受到了网络所带来的便利和乐趣，但它的局限在于台式计算机携带不便，而移动电子商务则可以弥补传统电子商务的这种缺憾，可以让人们随时随地购买彩票、炒股或者购物，享受独特的商务体验。

（2）用户规模大

到2004年年底，我国互联网用户已达到9400万人，上网计算机数量达到4160万台。而相比之下，目前我国的移动电话用户已接近4亿人，是全球之最。显然，从计算机和移动电话的普及程度来看，移动电话远远超过了计算机。而从用户群体来看，手机用户中基本包含了消费市场中的中高端用户，而传统的上网用户中以缺乏支付能力的年轻人为主。由此不难看出，在某种程度上说，以移动电话为载体的移动电子商务无论在用户规模上，还是在用户的消费能力上，都优于传统的电子商务。

（3）有较好的身份认证基础

对于传统的电子商务而言，用户的消费信用问题是影响其发展的一大瓶颈，而移动电子商务在这方面显然拥有一定的优势。这是因为手机号码具有唯一性，手机 SIM（subscriber identity module，用户身份模块）卡上存储的用户信息可以确定一个用户的身份。对于移动电子商务而言，这就有了信用认证的基础。此外，与西方国家相比，目前我国银行卡的使用率不高，商业信用体系尚不健全，个人信用体系缺位。银行卡使用率低、使用网点少等现实问题的存在，都给移动电子商务的发展提供了机遇。一些专家认为，在我国，以移动终端为载体的移动小额支付，有可能代替信用卡，以弥补整个社会消费信用制度的缺位，成为人们较为容易接受的新型电子支付方式。

由此可以看出，随着计算机、互联网和移动通信技术的发展和相互融合，移动电子商务具有巨大的市场空间。现在，更多的服务供应商推出更多的移动商务信息服务，包括移动支付、移动股市、移动办公、移动营销和无线 CRM（customer relationship management，客户关系管理）等功能。例如，目前中国移动通信公司就已经推出了手机支付、手机炒股、手机彩票、GPS（global positioning system，全球卫星定位系统）位置服务、移动办公、统一消息服务（unified message，UM）、个人信息管理（personal information management，PIM）和无线广告等移动电子商务服务。其中，移动支付是电子移动商务应用中最重要的内容。

移动电子商务不仅具备电子商务快速、灵活、方便等特点，更是以其随时随地接入互联网进行商务活动的随时性、可移动性，引发其作为信息时代宠儿的“高温”效应。但是，由于电子商务本身存在的安全问题，以及移动设施引发的新的商务安全隐患，使得其安全问题成为“高温”下的炸弹，直接关系到移动电子商务模式的运行前景。在无线网络环境中，人们对于商务活动安全性的考虑比在有线环境中要多。只有当所有的用户确信通过无线方式所进行的交易不会发生欺诈或篡改、进行的交易受到法律的承认和隐私信息被适当地保护时，移动电子商务才有可能蓬勃开展。

8.1.2　移动电子商务的安全威胁

移动电子商务是基于移动通信系统的，当前移动电子商务主要面临来自移动通信系统和互联网的安全风险，包括移动终端安全威胁、服务网络安全威胁和无线链路安全威胁。

1. 移动终端安全威胁

移动商务所用的终端设备主要包括 PDA、智能手机（smart phone）、便携式计算机和 GPS 导航设备等，它们主要面临以下安全威胁。

（1）加密和认证安全措施难以使用

总体来说，移动终端设备具有计算能力和存储能力有限、电池寿命短等特点。而许多安全性相对比较好的加密和认证措施都需要客户端有比较强大的运算能力和存储能力来支撑。而移动终端体积较小、功能较弱，这就限制了复杂加密认证程序的使用，从而带来安全隐患。

（2）移动终端设备中的机密资料容易丢失或被盗用

移动设备体积较小，在使用中很容易由于不小心跌落或进水而造成损坏，而现在手机和 PDA 失窃的事件也是屡见不鲜。很多用户往往将比较机密的个人资料和商家机密存储在移动设备中，如果在没有备份的情况下丢失数据或被他人恶意地盗用，都会造成很大的损失。

（3）手机 SIM 卡等身份识别设备易于被复制而造成欺诈

目前，手机 SIM 卡和其他一些移动设备逐渐开始成为移动电子商务中身份识别的一个重要部分，一旦这些设备被恶意复制，在其他身份识别措施还不健全的情况下，用户的个人身份很容易被假冒，从而成为犯罪分子进行欺诈的手段，给用户造成损失。

（4）企业缺乏终端相关的安全制度和安全技术

虽然移动终端已经存储了大量的公司机密信息，但是很少有公司将移动终端的安全问题纳入公司 IT 安全的考虑范围，相关的安全制度和安全技术也应用很少。现有的信息安全机制往往仅考虑了公司的 PC，针对便携式移动设备的安全制度和安全技术还相对缺乏。

2. 服务网络安全威胁

在服务网络内的攻击可以分为以下几类。

（1）非授权访问数据

攻击者在服务网络内窃听用户数据、信令数据或控制数据，非授权访问存储在系统网络单元内的数据，甚至可以进行被动或主动流量分析。

（2）对数据完整性的威胁

攻击者可以修改、插入、重传或删除合法用户的数据或信令数据；还可以假冒通信的某一方对通信的数据进行修改，甚至可以修改存储在网络单元中的数据。

（3）DoS 攻击

攻击者通过从物理上或协议上干扰用户数据、信令数据或控制数据在网络中的正常传输，来实现网络中的 DoS 攻击；还可以通过假冒某一网络单元阻止合法用户的业务数据、信令信息或控制数据，从而使合法用户无法接收到正常的网络服务。

（4）否认

用户可能对业务数据来源或对接收到的其他用户的数据进行否认；网络单元否认发出信令或控制数据；网络单元否认接收到其他网络单元发出的信令或控制数据。

（5）非授权访问

非授权访问包括三种情况：攻击者可能模仿合法用户使用网络服务；合法用户滥用其权限以获得对非授权服务的访问；服务网络滥用其权限以获取对非授权服务的访问。

3. 无线链路安全威胁

移动通信终端和服务用户网络的无线接口可能受到以下攻击威胁。

（1）窃听

非法用户截获移动台和基站、网络间交换的信息，分析并窃取信令、语音、数据等业务及用户与网络的身份。

（2）假冒

非法用户截获某个合法用户或网络足够多的信息时，就可以假冒他们对网络和用户进行欺骗，以达到某种非法的目的。

（3）重放

非法用户截获某次通信中用户和网络之间的全面交换信息。需要时，在某个时候将其重新发送以达到某种欺骗的目的。

8.1.3　移动电子商务的安全原则

通过前面讨论可知，移动商务面临的挑战之一就是安全问题。和传统电子商务一样，为了保证移动电子商务的正常运作，移动电子商务系统必须遵循以下安全原则。

（1）身份认证（authentication）

移动电子商务系统应该能够通过密码、标识或数字认证等来对用户的身份标识进行认证，从而确保这一身份标识的确代表了合法的用户。

（2）访问控制（access control）

通过授权等安全机制来保证有合适权限的用户才能访问相应的数据、应用和系统，使用相应的功能。

（3）数据完整性（integrity）

移动电子商务简化了电子贸易过程，减少了人为干预，同时也带来维护贸易各方商业信息的完整性、统一性的问题。由于数据输入时的意外差错或欺诈行为，可能导致贸易各方信息的差异。此外，数据传输过程中信息的丢失、信息重复或信息传送的次序差异也会导致贸易各方信息的不同。贸易各方信息的完整性将影响到贸易各方的交易和经营策略，保持贸易各方信息的完整性是移动电子商务应用的基础。因此，要预防对信息的随意生成、修改和删除，同时要防止数据传送过程中信息的丢失和重复并保证信息传送次序的统一。

（4）不可否认性（non-repudiation）

鉴别移动电子商务可能直接关系到贸易双方的商业交易，如何确定要进行交易的贸易方正是进行交易所期望的贸易方这一问题则是保证移动电子商务顺利进行的关键。在传统的纸面交易中，贸易双方通过在交易合同、契约或贸易单据等书面文件上手写签名或印章来鉴别贸易伙伴，确定合同、契约、单据的可靠性并预防抵赖行为的发生。这就是人们常说的“白纸黑字”。在无纸化的移动电子商务方式下，则是通过数字签名等手段来保证交易各参与方对整个交易过程中的指令和活动不得抵赖。

（5）数据机密性（confidentiality）

移动电子商务作为一种贸易手段，其信息直接代表着个人、企业的商业机密。传统的纸面贸易都是通过邮寄封装的信件或通过可靠的通信渠道发送商业报文来达到保守机密的目的。移动电子商务是建立在一个较为开放的网络环境下的（尤其是 Internet 等更为开放的网络），维护商业机密是移动电子商务全面推广应用的重要保障。因此，要通过一些加密安全机制来保证数据在交易过程中不被未经授权的人员所非法窃取。

为了实现这些安全原则，移动商务中采用了多种安全协议和标准，本章将对这些安全技术做相应的介绍。

8.1.4　移动电子商务的安全体系结构

移动电子商务的安全体系结构是对移动电子商务应用系统的抽象描述，有助于人们对移动商务整体安全架构的认识。移动电子商务系统的安全体系结构如图 8-1 所示。

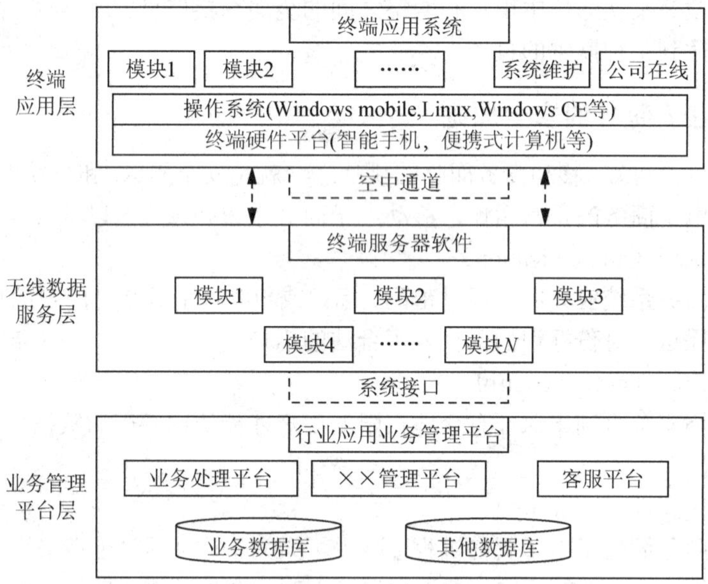

图 8-1　移动电子商务系统的安全体系结构

从该体系结构不难发现，移动电子商务应用系统可以分为四层：无线终端应用层，无线数据服务层（一般指企业端服务器），业务管理平台层（一般指企业端业务管理平台和数据库，如政府城市管理中心的业务管理平台及数据库），另外还包括一个常常被用户忽略的空中无线通道层。

（1）无线终端应用层

无线终端应用层一般包括三个子层，行业应用功能模块（应用软件），一般支持流行的 B/S 结构和 C/S 结构访问方式；移动终端操作系统；移动终端硬件平台。从体系结构上看，无线终端应用层基本就是一台浓缩了的计算机。

（2）空中通道

空中通道主要指当前中国移动的 GPRS 网络和中国联通的 CDMA（code division multiple access，码分多址）1X 网络的分组域；从全球 3G 的三大主流标准来看，GPRS 的演进趋势是 WCDMA，需要进一步分组化，增强 GGSN 与 SGSN 的对分组业务的承载能力；而 CDMA 1X 到 CDMA 2000 的演进趋势则有两条路径可选，即 EV-DV 与 EV-DO，至于如何选择，国内主流运营商态度尚未明确。但目前来看，1X 的分组技术对数据支持能力更强一些。

（3）无线数据服务层

无线数据服务层是支持无线终端对后台业务管理平台的数据库系统的代理访问，它相对独立于无线终端应用层，各个服务模块提供标准的功能调用接口，可以将终端对数据的操作标准化，保证数据的安全，同时便于自身的功能升级。

（4）业务管理平台层

业务管理平台层是行业应用中根据业务管理的需要建设的后台指挥管理平台（一般带有自己的数据库系统），如城管监察系统与移动终端之间的在线互动管理平台。

8.2　移动电子商务与手机病毒

在移动电子商务领域，最便利、最广泛的移动终端就是手机了。使用笔记本式计算机等移动终端与普通计算机系统面临的安全威胁相同，因此下面重点分析针对手机终端新出现的一些安全隐患（主要是病毒）及相应的防护措施。

手机短信的诞生，掀起了一场通信革命，“拇指经济”拯救了不少危难之中的 IT 企业。然而，短信也如电子邮件一样吸引了病毒的传播。第一个造成危害的病毒 Timdomea 于 2001 年 6 月诞生于西班牙，这个病毒实际上是通过电子邮件散发的，它具有双重危害，不但可以像普通的电子邮件病毒那样，给地址簿中的电子邮箱发送带病毒的电子邮件，还具有利用短信服务器传送短信的功能发送大量垃圾短信。手机病毒已成为目前手机面临的最严重的安全问题。本节将讨论手机病毒及其防护的一些基础知识。

8.2.1　手机病毒种类及症状

1）通过蓝牙（bluetooth）无线设备传播的病毒，如卡比尔、Lasco.A 等病毒。其中，卡比尔（Cabir）是一种网络蠕虫病毒，它可以感染运行 Symbian 操作系统的手机。手机中了该病毒后，使用蓝牙无线功能会对邻近的其他存在漏洞的手机进行扫描，在发现漏洞手机后，病毒就会复制自己并发送到该手机上。Lasco.A 病毒与蠕虫病毒一样，通过蓝牙无线传播到其他手机上，当用户点击病毒文件后，病毒随即被激活。

2）针对移动通讯商的手机病毒，如蚊子木马等病毒。该病毒隐藏于手机游戏“打蚊子”的破解版中。虽然该病毒不会窃取或破坏用户资料，但是它会自动拨号，向所在地为英国的号码发送大量文本信息，结果导致用户的信息费剧增。

3）针对手机 BUG 的病毒，如移动黑客等病毒。移动黑客病毒通过带有病毒程序的短信传播，只要用户查看带有病毒的短信，手机随即自动关闭。

4）利用短信或彩信进行攻击，典型的例子就是出现针对西门子手机的 Mobile.SMSDOS 病毒。该病毒可以利用短信或彩信进行传播，造成手机内部程序出错，从而导致手机不能正常工作。

8.2.2　手机病毒的原理

手机病毒和计算机病毒一样是一种计算机程序，只不过它是以手机为感染对象，以手机网络和计算机网络为平台，通过病毒短信等形式，对手机进行攻击，从而造成手机异常。不过，手机病毒必须具备两个基本的条件才能传播和发作：首先，移动服务商要提供数据传输功能；其次，要求手机使用的是动态操作系统，也就是支持 Java 等高级程序写入功能。现在凡是具有商务及下载等功能的手机都满足上面的条件，这些智能型手机就相当于一部小型计算机，因此会有受到病毒攻击的可能，而普通手机（非上网）则少有感染的机会。

手机病毒具有同计算机病毒类似的特点：①手机病毒也是由计算机程序编写而成的。②同样具有传播功能，可利用发送普通短信、彩信，上网浏览信息，下载软件、铃声等方式，实现网络到手机的传播（有些病毒可以在手机之间传播）。③具有类似计算机病毒的危害后果，包括“软”危害（如死机、关机、删除存储的资料、向外发送垃圾邮件、拨打电话等）和“硬”危害（损毁 SIM 卡、芯片等硬件）。④在攻击手段上，手机病毒也与计算机病毒相似，主要通过垃圾信息、系统漏洞和技术手段进行攻击。随着手机网络功能的增强，会引入各种脚本的支持，因而不久的将来肯定会出现技术先进的脚本病毒。

目前，手机病毒仍处于比较初始的阶段。由于手机芯片程序没有统一的规范，甚至同一品牌的不同型号手机也使用不同的芯片程序，因此，现在的手机病毒大多只能针对某个品牌或某个型号的手机进行攻击，难以出现能够全面流行的手机病毒。另外，手机的内存较小，操作系统的运算能力有限，病毒不可能具有完善、强大的功能。

8.2.3 手机病毒的攻击途径

总的来说，手机病毒有以下三种攻击方式。

1）直接攻击手机本身，使手机无法提供服务。这种手机病毒是最初的形式，也是目前手机病毒的主要攻击方式。主要以“病毒短信”的方式攻击手机，使手机无法提供某方面的服务。

2）攻击 WAP 服务器使 WAP 手机无法接收正常信息。WAP 的目的是使小型手机设备如手机等可以方便地接入 Internet，完成一些简单的网络浏览、操作功能。而手机的 WAP 功能需要专门的 WAP 服务器来支持，一旦有人发现 WAP 服务器的安全漏洞，并对其进行攻击，手机将无法接收到正常的网络信息。

3）攻击和控制网关，向手机发送垃圾信息。网关是网络与网络之间的联系纽带，利用网关漏洞同样可以对整个手机网络造成影响，使手机的所有服务都不能正常工作。

经过以上分析可以看出，第一种攻击是病毒对手机本身进行直接攻击，后两种攻击是手机病毒对网络的攻击。目前手机病毒主要以对手机直接攻击为主，其他两种攻击方式的手机病毒还未出现。但随着新一代手机网络的兴起，手机的网络功能将会越来越强，而能进行后两种攻击的手机病毒也将会越来越普遍。另外，如 PDA 这样的掌上设备，随着移动平台的逐渐统一（目前各厂商一般都采用各自的芯片及操作系统），对便携式系统进行攻击的病毒也将会出现。当此类病毒真的到来后，将会对人们产生更加深刻的影响，因为病毒可以随时在空中进行无线传播，随时对网络中的设备进行攻击。

8.2.4 手机病毒的防范措施

就目前而言，对于普通手机用户来说尚无法进行杀毒，因此要养成良好的手机使用习惯，并加强手机使用的安全防范意识。在手机病毒的防护方面努力做到：①使用手机上网功能时，尽量从正规网站上下载信息；②如果收到含有病毒的短信或邮件时，应立即删除；③如果键盘被锁死，可以取下电池后开机再删除，如果仍无法删除，可以尝试将手机卡换到另一种型号的手机上删除；④如果病毒一直占据内存，无法进行清除，可以将手机拿到厂商维修部重写芯片程序。另外，手机病毒总是热衷于一些有较多漏洞或缺陷的手机型号，购买时应避免购买这样的手机。

使用带防火墙功能的手机新产品也是一种较好的选择。目前较流行的具有“来电防火墙”和“私密防火墙”双重保险功能的手机，有效地解决了手机对用户造成的个人信息外泄和外界干扰问题。“来电防火墙”通俗地讲就是不想接听的电话打不进来，避免干扰。同时该手机防火墙还可以设置“不想接听”和“只想接听”的电话，让用户享有接听电话的自主权，而不必担心受干扰。“私密防火墙”则是在安全设置菜单中增加了“保护功能”项，用户可同时或逐一对短消息、电话簿、通话记录进行加密。一旦启动此项功能，只有在正确输入密码后才能查看短消息、电话簿、通话记录中的内容，有效地防止了个人信息被他人随意浏览。这项功能实现了手机技术上的一大飞跃。

8.3　移动电子商务安全协议和标准

移动 Internet 应用和无线数据通信技术的发展，为移动电子商务的发展奠定了坚实的基础。目前，推动移动电子商务发展的安全协议和标准主要包括以下几种。

1. WAP

WAP 是开展移动电子商务的核心技术之一。通过 WAP，手机可以随时随地、方便快捷地接入 Internet，真正实现不受时间和地域约束的移动电子商务。WAP 提供了一套开放、统一的技术平台，用户使用移动设备很容易访问和获取以统一的内容格式表示的 Internet 或 Intranet 信息和各种服务。目前，许多电信公司已经推出了多种 WAP 产品，包括 WAP 网关、应用开发工具和 WAP 手机，向用户提供网上资讯、机票订购、流动银行、游戏、购物等服务。

2. 蓝牙

蓝牙是由爱立信、IBM、诺基亚、英特尔和东芝共同推出的一项短程无线电技术标准，旨在取消有线连接，实现数字设备间的无线互联，使大多数常见的计算机和通信设备之间可方便地进行通信。蓝牙作为一种低成本、低功率、小范围的无线通信技术，可以使移动电话、个人计算机、个人数字助理、便携式计算机、打印机及其他计算机设备在短距离内不需线缆即可进行通信。

3. 移动定位系统

基于位置的业务是移动电子商务的主要应用领域之一，移动定位系统（GPS）能够向旅游者和外出办公的公司员工提供当地新闻、旅游、天气及旅馆等信息。这项技术将为本地旅游业、商店和餐馆业的发展带来巨大的商机。

4. 第三代（3G）移动通信系统

移动通信系统发展到第三代之后将为人们提供速率高达 2Mb/s 的宽带多媒体业务，支持高质量的话音、分组数据、多媒体和多用户速率通信，这将彻底改变人们的通信和生活方式。第三代（3G）移动通信系统，将手机变为集语音、图像、数据传输等诸多应用于一体的未来通信终端，这将进一步促进全方位的移动电子商务的实现和广泛开展。

下面对这些移动电子商务相关的安全协议和标准向大家进行详细介绍。

8.3.1　WAP

WAP 是 WAP 论坛为无线设备定义应用体制和网络协议而发布的标准应用协议，是数字移动电话、Internet 或其他个人数字助理（如 PDA）、计算机应用之间进行通信的开放性全球标准。通过 WAP 技术，就可以将 Internet 的大量信息及各种各样的业务引入移动电话中。无论处在何时、何地，只要用户需要信息，就可以打开 WAP 手机，去享受无穷无尽的网上信息和网上资源。

WAP 定义了一系列将互联网内容过滤和转化为适用移动通信的标准，使内容可以更容易地在移动终端上显示，使得利用手机就可以接入因特网并使用因特网上的各种应用。与传统的 WWW 通信相比，WAP 也采用 C/S 方式，但 WAP 模型多了一个 WAP 网关。客户机通过 WAP 网关然后再与资源 WAP 服务器通信。WAP 的典型通信模型如图 8-2 所示。

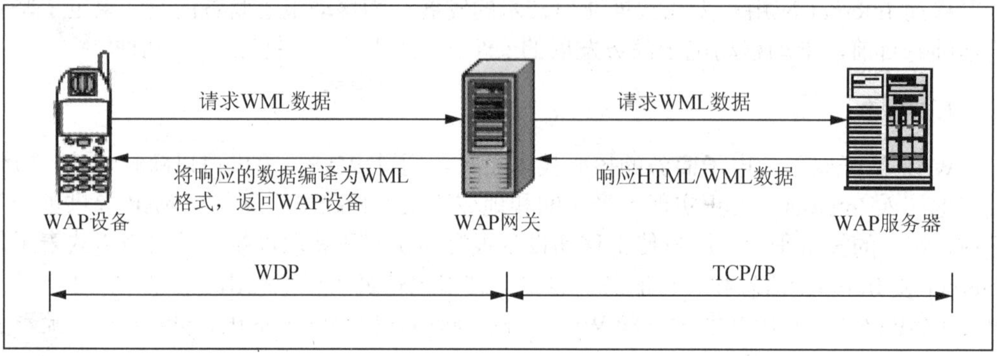

图 8-2　基于客户-服务器的 WAP 通信模型

其中，WAP 服务器和 WAP 网关是 C/S 通信模型中服务器端的一部分。无线 WAP 设备（如移动电话、PDA 等）是通信模型中客户领域的一部分。WAP 服务器存储 WAP 可读的文件，这些服务器也可以为其他通信协议存储和支持其他不同格式的文件，如通过 HTTP 可读的 HTML 文件。WAP 网关通常是一台充当代理服务器的计算机，它驻留在 WAP 服务器和无线 WAP 设备之间。WAP 网关通常会接收来自无线 WAP 设备（通常是支持 WAP 的手机）的请求，然后转换传输的请求，并将其转发给宿主 Internet 内容的合适的 WAP 服务器。然后，WAP 服务器通常将请求的 WML（wireless markup language，无线标记语言）文档发回给 WAP 网关来进行响应。WAP 网关随后分析和检查 WML 页面，以确保正确性及与 WAP 标准的兼容性，并将该文档（或页面）发回给无线 WAP 设备。

另外，WAP 体系结构为移动通信设备的应用开发提供了一种可伸缩、可扩展的环境。它采用类似于 TCP/IP 协议栈的分层设计思想，但进行了修改和优化，以适合无线通信环境。其中的每一层协议均定义有标准的接口，可被上层协议调用，亦可被其他的服务和应用直接访问。WAP 的体系结构如图 8-3 所示。

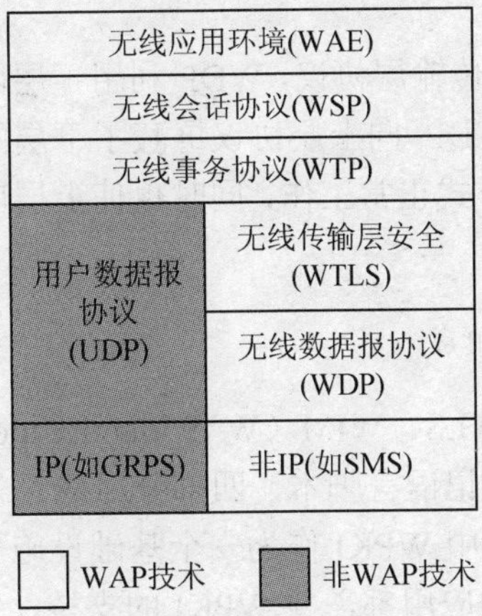

图 8-3　WAP 体系结构

1. WAP 协议栈各层子协议

WAP 由一系列的子协议组成，用来标准化无线通信设备之间的信息传递和共享。它用于无线 Internet 访问，包括收发邮件、访问 WAP 网站及商务应用等。WAP 将移动网络和 Internet 紧密地联系起来，提供一种与网络类型、运营商和终端设备独立的移动新增值业务。

（1）WAE 协议

WAE（wireless application environment，无线应用环境）协议是基于 Web 和移动电话技术而建立的一种通用应用环境，其基本目的是构建一个可共同操作的环境，支持在不同无线通信网络上方便高效地开发和运行应用服务。

（2）WSP

WSP（wireless session protocol，无线会话协议）采用统一的接口给应用层的 WAE 协议提供两种类型的服务：基于 WTP（wireless transaction protocol，无线事务协议）的面向连接服务和基于 WDP（wireless datagram protocol，无线数字报协议）的无连接服务。目前，WSP 包含适合浏览器应用的服务（WSP/Browsing）。 WSPB 允许通过 WAP 代理实现 WAP 客户机与标准 HTTP 服务器的连接。

（3）WTP

WTP 提供一种轻量级的、面向事务处理的服务，专门优化并适用于移动终端的设计。

（4）WTLS 协议

WAP 体系结构中值得注意的是增加了一个安全层。它吸取了 TCP / IP 体系结构中没有安全机制从而给网络通信带来极大威胁的教训，专门设立了一个安全层对通信加以安全保护。

WTLS（wireless transport layer security，无线传输层安全）协议是一个基于传输层安全（transport layer security，TLS）协议的安全协议。WTLS 协议经过优化，适用于无线通信较窄的带宽，并在 WDP 基础上向上提供安全的传输服务。

（5）WDP

作为WAP体系结构中的传输层协议，WDP利用下层网络载体为上层协议提供一致的服务和透明的数据传输。WDP向上层协议屏蔽了下层网络的细节，从而使上层的协议可以用与下层网络无关的方式正常工作，同时也使上层应用可以在不同的网络平台间移植。

2. WAP安全架构模型的组成

WAP安全架构模型由WTLS、WIM（WAP identity module，WAP身份标识模块）、WPKI和WMLScript（无线标记语言脚本）四部分组成。各个部分在实现无线网络应用的安全中起着不同的作用，其中WPKI作为安全基础设施平台，是安全协议能有效实行的基础，一切基于身份验证的应用都需要WPKI的支持，它可与WTLS协议、TCP/IP、WMLScript相互结合，实现身份认证、私有密钥签名等功能。网络安全协议平台包括WTLS协议及有线环境下的安全协议TLS、SSL和TCP/IP。安全参与实体作为底层安全协议的实际应用者，相互之间的关系也由底层的安全协议决定。当该安全架构应用于实际移动电子商务时，这些安全参与实体间的关系即体现为交易方（移动终端、Web服务器）和其他受信任方（WAP网关、代理和无线CA）。

（1）WTLS协议

WTLS协议将Internet的安全扩展到了无线环境，对于SSL协议在Internet上所实现的安全在无线环境中给予了实现。WTLS协议定义了与工业标准TLS协议非常相似的安全协议。与TLS协议相似，它支持面向数据报和面向连接的传输层服务。WTLS协议提供了数据完整性、机密性和不可否认性等安全功能，它既可以作为WAP协议栈中的安全传输层协议，也可以独立于WAP，应用于无线终端之间的安全通信。WTLS协议作为WAP协议栈中的重要组成部分，充分考虑到了移动网络的复杂性和移动设备的诸多限制，适合应用在大多数无线通信设备中。

另外，由于移动网络中的数据速率比Internet中低得多，WTLS协议对TLS握手协议进行了必要的改造和优化。WTLS协议还定义了动态密钥更新，这样加密密钥就可以在已经建立的安全连接中进行交换。这个特征是很有用的，因为它避免了握手的系统开销。

基于安全性的要求，WTLS协议能够提供以下安全服务：使用交换的公共密钥建立安全通信信道，使用对称算法加密/解密数据，检查数据完整性；还可以交换服务器数字证书和客户数字证书，完成对服务器的鉴别和对恶意的用户冒充的抗击。

（2）WIM

WIM是WAP中一个独立的安全模块。它用来存储和处理用于用户标识和身份认证的信息，其主要功能是将安全功能从移动终端设备转移到抗损害设备中。为了获得最佳安全性能，必须将安全功能的某些部分用具有防篡改设备来完成，使得攻击者无法获取敏感信息。WIM本身不是一个特定的设备，只是定义了某个设备应该遵循的标准，其实际的应用可以用移动SIM卡或其他CPU卡来实现。

WIM是WAP定义的用于完成WTLS协议和应用层安全功能的防篡改设备。概括起来，WIM主要解决以下两个基本的安全问题。

1）在 WAP 网关服务器和移动终端之间实行 WTLS 协议。WTLS 协议从某种意义上等同于如今 Internet 上的 SSL 协议，它提供双方身份验证和信息校验。WIM 通过保存在智能卡中的密码学算法来执行这些任务。

2）通过数字证书签名和反抵赖技术来保证应用层的安全。PKI 提供了一个高可信度的构架来发放和管理数字证书。

（3）WPKI

WPK 是将互联网电子商务中 PKI 安全机制引入无线网络环境中的一套遵循既定标准的密钥及数字证书管理平台体系，用来管理在移动网络环境中使用的公开密钥和数字证书，有效建立安全和值得信赖的无线网络环境。

WAP PKI 利用 WAP 网关作为桥梁，将安全服务分为两部分：①在内容服务器与 WAP 网关之间采用 TLS 协议来实现有线环境下的安全服务；②在 WAP 网关与无线用户之间采用 WTLS 协议实现无线环境下的安全服务，重点放在无线用户与 WAP 网关之间相互的身份认证，以及无线用户与内容服务器之间通过数字签名实现保密通信。

（4）WMLScript

WMLScript 是一种能够提供编程功能的语言，它属于 WAP 的应用层，可以用在基于 WAP 的应用开发之中。它是类似于 JavaScript 的新型脚本语言，能够支持窄带通信和瘦客户端。WMLScriptSign 作为该脚本语言的一部分，提供了在应用层获取数字签名的功能。它可以用于移动电子商务在线支付的过程中，用户对自己的购物清单确认无误后，使用自己的私有密钥对该清单数字签名，授权在线商店有权在交易完成后从用户的银行账户划转相应金额的款项。

3. WAP 的应用

无线网络和移动终端在数据传输方面一直存在局限。无线网络因带宽有限，需要对数据进行压缩，反应时间较长，移动终端处理能力弱，功率、存储容量和显示屏都较小。WAP 就是为了克服这些局限，针对无线环境的特性提出的新协议。

常见的 WAP 应用是使用具有 WAP 功能的移动终端，直接连接 Internet 收发电子邮件，浏览交通状况、气象信息、娱乐资讯，或者与智能网结合访问计费、修改个人数据等。WAP 最有潜力的应用是与电子商务结合，实现移动中的电子商务。例如，随时参与证券交易，使用移动网上银行业务，在移动中实现网上购物。在将来，用户可能只需携带一部具有 WAP 功能的移动电话，就可以实现打电话、付账、买车票、管理个人工作安排等。

WAP 将改善当前许多已有的电子商务应用，并使一系列创新的增值业务成为可能。比如，WAP 与 STK（SIM tool kit，用户识别应用发展工具）结合的 WIM 卡将 WAP 应用的便利与 STK 的端到端的安全性有机结合，使移动电子商务较之有线网的电子商务更方便、更安全，因此移动电子银行、移动证券交易、移动电子订票等 WAP 应用将得到广泛关注和发展。

8.3.2　蓝牙技术

蓝牙技术是一种无线数据与语音通信开放性全球规范，它是以低成本的近距离无线连接为基础，为固定与移动设备通信环境建立一个特别连接的短程无线电技术。蓝牙技术在推出时就瞄准了无线局域网的通信，在 10～100 米的空间内所有支持该技术的移动或非移动设备可以方便地建立网络联系、进行音频通信或直接通过手机进行 Internet 冲浪。其应用范围相当广泛，可以应用于局域网络中各类数据及语音设备，如 PC、拨号网络、笔记本式计算机、打印机、传真机、数码相机、移动电话和高品质耳机等，使用无线的方式将它们连成一个微微网（Piconet），多个 Piconet 之间也可以互联形成分布式网络（Scatternet），从而方便快速地实现各类设备之间随时随地通信。

1. 蓝牙的协议结构

蓝牙技术协议结构分为三大部分：底层硬件模块、中间协议层和高层应用。

（1）底层硬件模块

底层硬件部分包括无线跳频（radio frequency，RF）、基带（baseband，BB）和链路管理（link manager，LM）。RF 层通过 2.4GHz 无须授权的 ISM（industrial，scientific and medical，工业、科学和医用）频段的微波，实现数据位流的过滤和传输，本层协议主要定义了蓝牙收发器在此频带正常工作所需满足的要求。BB 负责跳频，以及蓝牙数据和信息帧的传输。LM 负责连接的建立和拆除，以及链路安全和控制。

（2）中间协议层

中间协议层包括逻辑链路控制和适应协议（logical link control and adaptation protocol，L2CAP）、服务发现协议（service discovery protocol，SDP）、串口仿真协议（RFCOMM）和电话通信协议（telephony control protocol，TCS）。L2CAP 具有完成数据拆装、控制服务质量和复用协议的功能，该层协议是其他各层协议实现的基础。SDP 为上层应用程序提供一种机制来发现网络中可用的服务及其特性。RFCOMM 具有仿真 9 针 RS232 串口的功能。TCS 则提供蓝牙设备间话音和数据的呼叫控制指令。

在 BB 和 LM 上与 L2CAP 之间还有一个主机控制接口（host controller interface，HCI）。HCI 是蓝牙协议中软硬件之间的接口，它提供了一个调用下层基带规范、链路管理协议、状态和控制寄存器等硬件的统一命令接口。蓝牙设备之间进行通信时，HCI 以上的协议软件实体在主机上运行，而 HCI 以下的功能由蓝牙设备来完成，二者之间通过一个对两端透明的传输层进行交互。

（3）高层应用

各种高层应用框架是蓝牙协议栈的最上部。其中较典型的有拨号网络（dial-up networking）、耳机（headset）、局域网访问（LAN access）、文件传输（file transfer）等，它们分别对应一种应用模式。各种应用程序可以通过各自对应的应用模式实现无线通信。拨号网络应用可通过仿真串口访问 Piconet，数据设备也可由此接入传统的局域网；用户可以通过协议栈中的音频（audio）层在手机和耳机中实现音频流的无线传输；多台 PC 或笔记本式计算机之间不需要任何连线，即可快速、灵活地进行文件传输和共享信息，多台设备也可由此实现同步操作。随着手机功能的不断增强，手机无线遥控也将成为蓝牙技术的主要应用方向之一。

2. 蓝牙网络的安全体系

（1）安全模式

在蓝牙技术标准中定义了以下三种安全模式。

1）无安全要求。在这种模式下，蓝牙设备屏蔽链路级的安全功能，适于非敏感信息的数据库的访问。

2）强制业务级安全。提供业务级的安全机制，允许更多灵活的访问过程。例如，并行运行一些有不同安全要求的应用程序。在这种模式中，蓝牙设备在信道建立后启动安全性过程，也就是说它的安全过程在较高层协议进行。

3）强制链路级安全。提供链路级的安全机制，链路管理器对所有建立连接的应用程序，以一种公共的等级强制执行安全标准。在这种模式中，蓝牙设备在信道建立以前启动安全性过程，也就是说它的安全过程在较低层协议进行。

（2）链路级安全

蓝牙协议从链路层解决安全问题，所采用的安全手段是身份验证和加密。链路层安全的基本原理是两台通信设备之间使用共享的密钥。链路密钥是对应每一对设备单独存储的一些 128 位的随机数。在链路层中，蓝牙系统提供了认证、加密和密钥管理等功能，每一个用户都有一个 PIN，蓝牙设备中所用的 PIN 的长度可以在 1～16 个字节之间变化。通常 4 个字节的 PIN 已经可以满足一般应用，但是更高安全级别的应用将需要更长的 PIN。PIN 可以是蓝牙设备提供的一个固定码，也可以由用户任意指定，它会被一个 128 位链路密钥来进行单双向认证。一旦认证完毕，链路层会以不同长度的密钥来加密，其过程如图 8-4 所示。

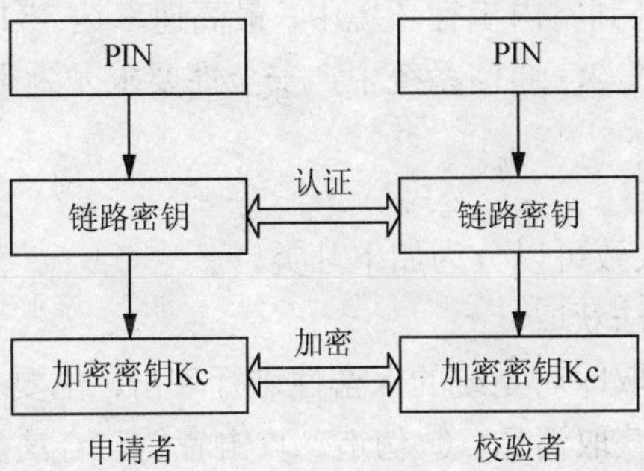

图 8-4　链路层加密过程

（3）密钥管理

蓝牙系统用于确保安全传输的密钥有几种，其中最重要的密钥是用于两个蓝牙设备之间鉴权的链路密钥。加密密钥可以由链路密钥推算出来，这将确保数据包的安全，而且每次传输都会重新生成。最后还有 PIN，用于设备之间互相识别。

蓝牙系统一共有四种可能存在的链路密钥，所有链路密钥都是 128 位的随机数，它们或者是临时的或者是半永久性的。

加密密钥由当前的链路密钥推算而来。每次需要加密密钥时它会自动更换。之所以将加密密钥与鉴权密钥分开，是因为可以使用较短的加密密钥而不减弱鉴权过程的安全性。

蓝牙安全码（通常称为 PIN），是一个由用户选择或固定的数字，长度可以为 16 个字节，通常采用四位十进制数。用户在需要时可以改变它，这样就增加了系统的安全性。另外，同时在两个设备输入 PIN 比其中一个使用固定的 PIN 要安全得多。事实上它是唯一可信的用于生成密钥的数据，典型情况是四位十进制 PIN 与其他变量结合生成链路密钥和加密密钥。

（4）加密算法

蓝牙系统加密算法为数据包中的净荷（即数据部分）加密，其核心部分是数据流密码机 E0，它包括净荷密钥生成器、密钥流生成器和加/解密模块。由于密钥长度从 8 位到 128 位不等，信息交互双方必须通过协商确定密钥长度。

（5）认证机制

认证采用口令—应答方式，在连接过程中，可能需要一次或两次认证，或者无须认证。认证对任何一个蓝牙系统都是重要的组成部分，它允许用户自行添加可信任的蓝牙设备。例如，只有用户自己的笔记本式计算机才可以通过用户自己的手机进行通信。

8.3.3　3G 系统的安全体系

对更大容量、更高传输速率需求的持续增长推动了第三代移动通信系统——3G 标准的制定。3G 是个人通信发展的新阶段，它引入 IP 技术，除了传统的语音业务外，还包括多媒体业务、数据业务及电子商务、电子贸易和互联网提供的多种信息业务，信息的传输既经过全开放的无线链路，同时也经过开放的全球有线网络。根据 ITU 的要求，3G 系统至少必须满足在以下三个环境中传输数据的速率要求：在快速移动环境中，最高速率达 144Kb/s；在室外到室内步行环境中，最高速率达 384Kb/s；在室内环境中，最高速率达 2Mb/s。因此，在 3G 通信系统中，安全性要求尤为重要。

1. 3G 系统的安全威胁

3G 系统的安全威胁大致可以分为如下几类。

（1）对敏感数据的非法获取

对敏感数据的非法获取即对系统的保密性进行攻击，主要包括：①侦听。攻击者对通信链路进行非法窃听，获取消息。②伪造。攻击者伪装合法身份，诱使用户或网络相信其身份合法，从而窃取系统信息。③流量分析。攻击者对链路中消息的时间、速率及目的地等信息进行分析，从而判断用户位置或了解重要的商业交易是否正在进行。④浏览。攻击者对敏感信息的存储位置进行搜索。⑤泄漏。攻击者利用合法接入进程获取敏感信息。⑥试探。攻击者通过向系统发送一个信号来观察系统反应。

（2）对敏感数据的非法操作

对敏感数据的非法操作即对消息的完整性进行攻击，主要包括对消息的篡改、插入、重放或删除。

（3）对网络服务的干扰或滥用

对网络服务的干扰或滥用导致系统 DoS 或系统服务质量的降低，主要包括：①干扰。攻击者通过阻塞用户业务、信令或控制数据使合法用户无法使用网络资源。②资源耗尽。攻击者通过使网络过载，从而导致用户无法使用服务。③服务滥用。攻击者通过滥用某些系统服务，从而获取好处，或者导致系统崩溃。

（4）否认

否认主要指用户或网络否认曾经发生的动作。

（5）对服务的非法访问

对服务的非法访问主要包括：①攻击者伪装成网络或用户实体，对系统服务进行非法访问。②用户或网络通过滥用访问权力非法获取未授权服务。

2. 3G 系统的安全原则

3G 系统是在第二代（2G）移动通信系统的基础上发展起来的，它将继承 2G 系统中的安全优点，克服 2G 系统的安全缺陷，同时针对 3G 系统的新特征，定义更加完善的安全特征与安全服务。因此，3G 系统安全设计必须遵循以下原则。

1）所有在 2G 系统中被证明是必须的和足够强的安全特性都应该被 3G 系统采用。

2）3G 系统应该改进 2G 系统中存在和潜在的安全缺陷。

3）针对 3G 系统新服务提供新的安全特性和安全服务。

3. 3G 系统的安全目标

基于以上安全原则，3G 系统安全应实现如下安全目标。

1）确保所有用户产生的或与用户相关的信息得到足够的保护，以防滥用或盗用。

2）确保归属网络与服务网络提供的资源与服务得到足够的保护，以防滥用或盗用。

3）确保标准安全特性全球兼容能力。

4）确保安全特性的标准化，保证不同服务网络间的漫游与全球互操作能力。

5）确保提供给用户与运营商的安全保护水平高于已有固定或移动网络。

6）确保 3G 系统安全特性和机制的实现具有扩展和增强能力，以对付新的威胁和服务。

4. 3G 系统的安全要求

（1）保证业务接入的需要

除紧急呼叫外，接入任何 3G 系统的业务都应需要一个有效的 USIM（universal subscriber identity module，全球用户身份模块），由网络决定紧急呼叫是否需要 USIM。应防止入侵者通过伪装成合法用户来越权接入 3G 业务。用户可以在业务开始、传送期间验证服务网络是合法的，以用户归属环境提供 3G 业务。

（2）保证业务提供的需要

对业务提供者可以在业务开始、传送期间验证用户的合法性，以防止入侵者通过伪装或误用权限来接入 3G 业务。应能检测和阻止欺诈性使用业务，当与安全有关的事件发生时可以向业务提供者报警并产生相应的记录。应防止使用特殊的 USIM 接入 3G 业务。对某些用户，服务网络提供的归属环境可以立即停止它所提供的所有业务。对服务网络，在无线接口上可以验证用户业务、信令数据和控制数据的发起者。通过逻辑手段限制业务的活动来阻止入侵者。对网络运营商，应加强基础网络的安全性。

（3）满足系统完整性的需要

应防止越权修改用户业务，防止越权修改某些信令数据和控制数据，特别是在无线网络接口上。防止将越权修改的与用户有关的数据下载或存储到终端/USIM 中。防止越权修改由提供者存储或处理的、和用户有关的数据。应保证可以检查应用和下载到终端/UICC（universal integrated circuit card，通用集成电路卡）中的数据的起源和完整性。

也应保证下载的应用和数据的保密性。应保证验证数据的由来、完整性及最新性，特别是无线接口上的密钥。应保证基础网络的安全性。

（4）保证个人数据的要求

应可以保证某些信令数据和控制数据、用户业务、用户身份数据、用户位置数据的保密性，特别是在无线接口上。应防止参与一个特定 3G 业务的用户位置数据不必要地泄漏给同一业务的其他参与者。用户可以检查它的业务及与呼叫有关的信息是否需要保密。应可以保证由提供者存储或处理的、和用户有关的数据的保密性。应可以保证由用户存储在终端或 USIM 中的、和用户有关的数据的保密性。

（5）对终端/USIM 的要求

应可以控制接入到一个 USIM，以便用户只能使用它来接入 3G 业务。可以控制获得 USIM 中的数据，如某些数据只有在授权的归属环境下才能获得。不能获得只在 USIM 中使用的数据，如验证密钥和算法。可以检测出是否是偷窃的终端。可以禁止某些终端接入 3G 业务。而改动终端的身份是很难的。

（6）合法的窃听要求

依照国家相关法律，3G 系统应该可以为执法机构提供检测和监听每一个呼叫和呼叫尝试、用户行为相关的呼叫和其他的服务。这可以通过相应设备或通过在服务网络或归属环境中设置接口来实现。

5. 3G 系统安全结构

3G 系统安全结构如图 8-5 所示。

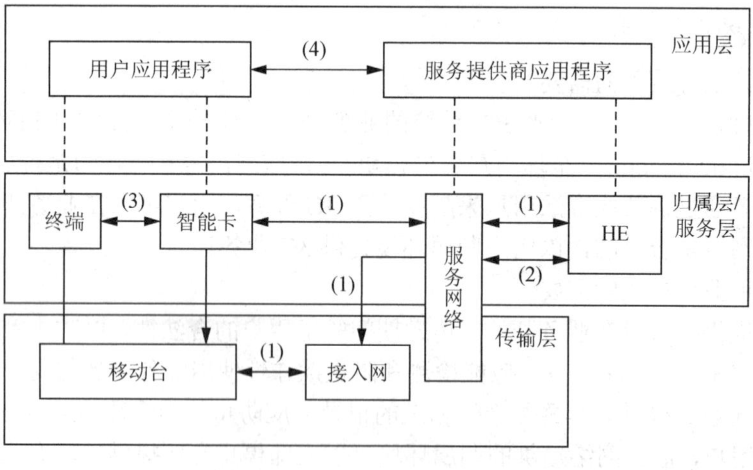

图 8-5　3G 系统安全结构

3G 系统安全结构分为三个层面，针对不同攻击类型分为以下五类。

1）网络接入安全。主要抗击对无线链路的攻击。包括用户身份保密、用户位置保密、用户行踪保密、实体身份认证、加密密钥分发、用户数据与信令数据的保密及消息认证。

2）核心网安全。主要保证核心网络实体间安全交换数据。包括网络实体间身份认证、数据加密、消息认证及对欺骗信息的收集。

3）用户安全。主要保证用户对移动台的安全接入。包括用户与智能卡间的认证、智能卡与终端间的认证及其链路的保护。

4）应用安全。主要保证用户与服务提供商间应用程序间安全交换信息。包括应用实体间的身份认证、应用数据重放攻击的检测、应用数据完整性保护、接收确认等。

5）安全特性可见性及可配置能力。主要指用户能获知安全特性是否在使用，以及服务提供商提供的服务是否需要以安全服务为基础。

6. 3G 系统安全算法

在 3G 系统的网络安全中，为实现系统安全功能，定义了 10 个安全算法 f_0～f_9。f_0 算法用于产生随机值，f_8 和 f_9 分别用来实现用户及信令数据保密（DC）和消息认证（DI），为标准算法；f_6 与 f_7 用于实现增强用户身份保密（EUIC）；密钥协商（AKA）由算法 f_1～f_5 实现，其中 f_1 算法用于产生消息认证码，f_2 算法用于在消息认证中计算期望响应值，f_3 用于产生加密密钥，f_4 用于产生消息完整性认证密钥，f_5 用于产生匿名密钥，f_6 用于对用户身份（IMUI）进行加密，f_7 用于对用户身份进行解密。AKA 算法为非标准化算法，由运营商与制造商确定。加密算法（f_8）和完整性算法（f_9）已经被 3G 工作组定为标准算法。f_8 和 f_9 算法的核心是 KASUMI 算法，f_8 算法用 KASUMI 算法产生密钥流来对数据进行加密，而 f_9 算法则通过 KASUMI 算法计算出信息的消息认证码。KASUMI 算法是一种采用 Feistel 网络结构的 8 轮迭代分组密码算法。输入输出均为 64 位，密钥为 128 位。在 KASUMI 算法中主要采用异或、移位和查表运算。KASUMI 算法已经被 3G 工作组证明是安全算法。

8.4　基于WPKI体系的安全实现技术

8.4.1　WPKI 概述

在传统的电子商务中，PKI 是遵循标准的密钥管理平台，能够为所有的有线网络应用透明地提供加密和数字签名等密码服务所必需的密钥和数字证书管理。PKI 的系统概念、安全操作流程、密钥、数字证书等同样也适用于解决移动电子商务交易的安全问题，但在应用 PKI 的同时要考虑到移动通信环境的特点，并据此对 PKI 技术进行适当的补充和优化改进。WPKI 技术满足移动电子商务安全的要求，即保密性、完整性、真实性、不可抵赖性，并采用了一些不同于有线 PKI 的管理机制，以适应移动电子商务的特点。从客户角度上说，他们依然能享受 PKI 式的安全服务，只是终端设备不同，其承载的载体是无线网络。

WPKI 并不是一个全新的 PKI 标准，它是传统的 PKI 技术应用于无线环境的优化扩展。它采用了优化的 ECC 和压缩的 X.509 数字证书。它同样采用数字证书管理公开密钥，通过第三方的可信任机构——CA 验证用户的身份，从而实现信息的安全传输。WPKI 对 PKI 系统的部分优化如下。

1）采用短期微型数字证书代替 SSL 服务器数字证书。WAP 协议构建中的网关起到了代理服务器的作用，主要实现了基于 WAP/WTLS 协议的无线环境与基于 HTTP/SSL 协议/TCP/IP 的有线环境之间的协议和格式转换。由于移动设备受到其资源限制，所以在携带 SSL 数字证书和实现 SSL 数字证书的颁发、核查、撤销等功能上比较困难。但是可以通过 WAP 网关的桥梁功能来实现 SSL 协议。在这个网关中实现短期微型证书与 SSL 服务器数字证书的转换，同时改进客户终端设备，使其能够使用短期微型数字证书。

2）采用短期数字证书来简化对 WAP 服务器和网关的认证。CA 定期向对移动终端颁发认证 WAP 服务器和网关的短期数字证书，在需要撤销对它们的认证时，不需要采用任何数字证书撤销行为，只要停止颁发下一张数字证书就可以了。如果客户定期没有收到一个当前有效的数字证书，也就停止同这个服务器继续对话。

3）移动客户身份认证。在电子商务应用中，移动客户经常需要向一个无线网关或一个应用服务器证明自己的身份。PKI 对于客户认证的支持方式基本上与下述（4）中对客户数字签名的支持相同。X.509 格式的数字证书存放在有线基础设施中，通过 WAP 网关实现客户认证。

4）交易的不可抵赖性。电子商务中通常采用数字签名的方法来支持交易的不可抵赖性或解决交易的事后纠纷。由于资源的限制，移动终端不可能存储或处理相应公开密钥的数字证书，因此，移动终端只持有自己的私有密钥和数字签名逻辑地址，而将数字证书以一定的存储方式存放在有线基础设施里。当用户的数字签名需要被确认时，应用服务器可以到有线基础设施里提取和使用。因此，应用服务器就不需分别处理两种不同的数字签名，而移动终端也不用顾虑该数字证书的大小。

5）无线环境中的加密算法。在有线互联网环境中，商业化的公开密钥加密技术主要都使用基于 RSA 算法的加密系统。在无线环境中，一种新的 ECC 算法具有很大的应用前景。由于移动终端的 CPU 计算能力、存储容量、电池寿命的限制，有线互联网中的 RSA 算法不能很好地满足其要求，而 ECC 算法可以完成同 RSA 算法一样的基本功能，而且由于 ECC 算法具有指数级复杂度，正好可以满足移动终端的特殊要求。

8.4.2 WPKI 体系结构

根据移动设备使用的协议不同，服务器认证所使用的安全协议体系也不同。目前移动设备使用的主要无线协议为 WAP 标准，而随着技术的发展，目前市场上也出现了一些可以使用 TCP/IP 的手机和 PDA，下面将就这两种不同的方式来对 WPKI 体系进行介绍。

（1）基于 WAP 的 WPKI 体系

由于手机和 PDA 等移动设备的特性所限，基于 WAP 的无线 Internet 在无线网络和有线网络连接的环节无法像传统电子商务一样使用 SSL 协议来保证安全性。WAP 应用环境中具有的安全问题：①只能支持连接和 UDP；②通信过程中较长（长达 10 秒）的往返时间；③动态的密钥刷新；④较低的带宽（低至 100b/s）、处理能力和存储空间。

为此，人们对 TLS/SSL 协议进行了修改，提出了 WTLS。WTLS 是在 SSL/TLS 的基础上发展出来的，SSL 和 WTLS 的主要区别在于传输层。SSL 依靠 TCP 保证传输的可靠性，如丢失分组和乱序分组的重传等。使用 WTLS 的 WAP 设备，不能使用 TCP 实现这些功能，因为 WAP 设备只能使用 UDP。

WTLS 服务器认证主要用于对服务器的身份进行确认，并为随后的通信提供一个加密通道。加密通道就是一种点到点的加密数据流，它是通过使用公开密钥对随机生成的会话密钥进行加密而形成的。随机生成的会话密钥可以安全地进行交换并应用于保证随后的安全通信。而 WTLS 客户端认证主要用于客户端向服务器申请身份验证，主要通过数字签名的方式来实现。客户身份的识别主要通过 WIM 卡中存放的私有密钥来进行认证。

传统的 SIM 工具箱（STK）可以用来支持通信服务、人机接口控制、菜单管理、应用程序控件和附件管理等功能，在移动商务安全方面的主要作用是它具有处理公开密钥的能力。在 WAP 1.2 中定义了一种支持 WAP 识别模块（WIM）的方法，利用 WIM 可以对移动客户进行身份认证，与 WTLS 结合，WIM 利用 WAP 提供了较强的身份验证功能。WIM 是一个具有抗破坏能力的芯片，可以储存于 WAP 设备或智能卡中。许多移动设备都有此类设备的插槽。WIM 卡可以存储一些关键的信息，如初始化网络连接或进行安全身份验证的私有密钥和公开密钥等。

而接入了有线网络以后，还是利用传统的 SSL 协议来保证安全，这样就形成了图 8-6 所示的 WPKI 体系。

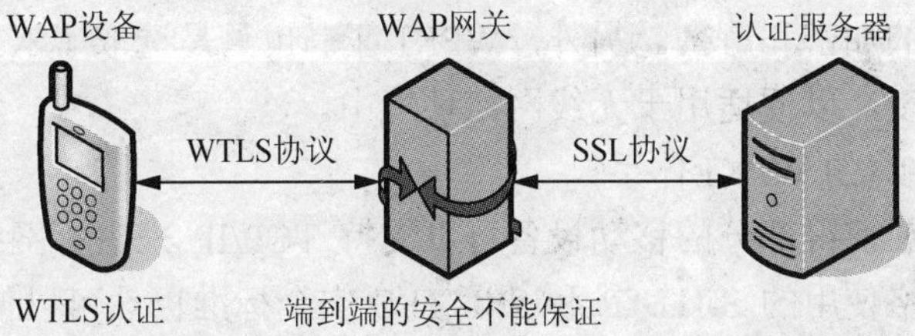

图 8-6　基于 WAP 协议的 WPKI 体系

与 PKI 体系类似，一个完整的 WPKI 体系由 CA、RA、证书目录数据库、WAP 网关和终端实体所组成，如图 8-7 所示。WPKI 和 PKI 的区别仅在于终端实体是 WAP 手机等移动设备，而 WAP 网关则是用于连接无线网络和有线网络的接口。

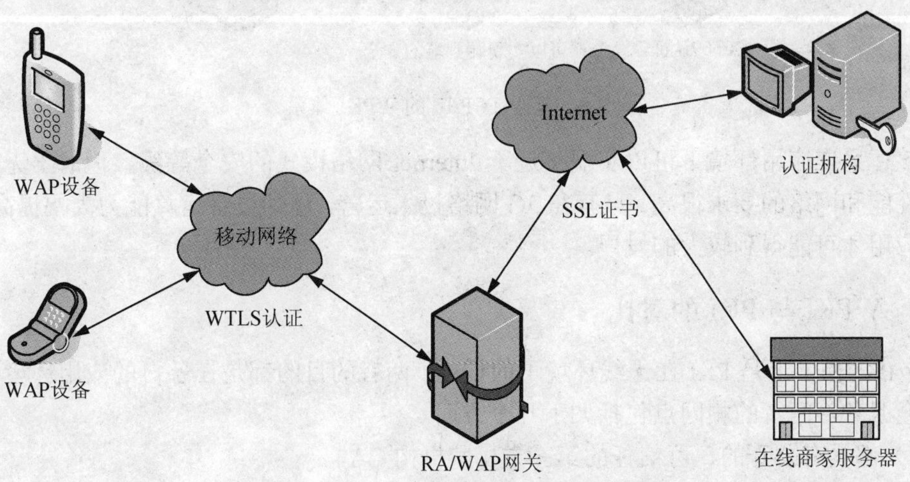

图 8-7　基于 WAP 协议的 WPKI 组成

下面简要说明各部分的功能。

1）WAP 设备。例如，含 WIM 智能卡的手机，它能够存储数字证书和用户密钥并能进行加密/解密运算。WIM 卡是在当前 SIM 卡上加入新的功能和增加了更大的存储空间。

2）CA。与 PKI 中的 CA 一样，主要执行数字证书的发放、更新、撤销和验证，其核心功能就是发放和管理数字证书。

3）RA。需要得到数字证书的用户需要在此注册来申请数字证书，由 RA 来校验申请者的信任状况，以及批准或拒绝数字证书的请求。

4）WAP 网关。WAP 网关主要用于连接无线网络和有线网络，一端通过无线网络接收 WAP 客户向 RA 发出的请求，另一端通过有线网络和 CA 进行交互。另外，WAP 网关还负责进行 WTLS 协议/WAP 和 SSL 协议/HTTP 的转换。

5）在线商家服务器。在线商家服务器用于向客户提供商品信息服务。

值得注意的是，传统 PKI 所采用的 ASN.1 标准相对于移动设备来说运算量太大。针对这种情况，目前市面上出现的移动设备则采用了 WML 和 WMLScript 函数，在加密算法上 WPKI 采用了优化的 ECC 算法，可以在不影响安全性能的情况下，使用较少的密码位数进行信息的加密和解密。另外，WPKI 证书也只是选取了 X.509 标准的部分内容并缩短了字节长度，以便适用于无线网络环境中。

（2）基于 TCP/IP 的 WPKI 体系

由于技术的发展使得部分的移动设备可以支持 TCP/IP 来进行网络通信，因此在这种情况下，有线网络使用的 S-HTTP 和 SSL/TLS 安全标准仍然可以使用。基于 TCP/IP 的 WPKI 体系如图 8-8 所示。

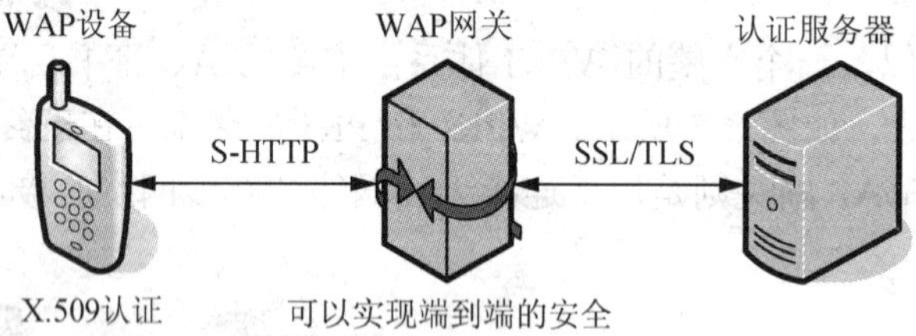

图 8-8 基于 TCP/IP 的 WPKI 体系

该体系在应用环境下可以实现接近于 Internet 网络模式的安全等级，但对于无线设备的性能和网络的要求很高。只有在 3G 网络投入运营，移动设备运算能力大幅提高时，这种应用才可能得到较大的发展。

8.4.3 WPKI 与 PKI 的对比

WPKI 基本上是 PKI 在无线环境下的扩展，两者的目的都是在各自的应用环境中提供安全服务，两者的相同点包括如下几个方面。

1）都具有公开的、可信任的第三方权威机构 CA。

2）都具有 RA。

3）每个实体占有一对密钥。

4）数字证书是公开密钥的载体，是密钥管理手段。

5）都具有身份认证、机密性和数据完整性的功能。

但是，由于无线环境下移动终端的能力和通信模式又使得两者不同。表 8-1 列出了 WPKI 和 PKI 在不同方面上的差别。

表 8-1　WPKI 与 PKI 的不同

项　目	WPKI	PKI
应用环境	无线网络	有线网络
数字证书	WTLS 数字证书、X.509 数字证书	X.509 数字证书
算法	ECC	RSA
安全连接协议	WTLS	SSL/TLS
数字证书撤销	短时网关证书	CRL, OCSP
本地数字证书保存	数字证书 URL	数字证书
CA 交叉认证	不支持	支持
弹性 CA	不支持	支持

8.4.4　WPKI 在移动商务中的应用

在移动商务中，如何实现在线、实时、安全的支付是技术实施的核心，尤其在移动环境下，需要准确地识别人员身份、判别账号真伪，并迅速、安全地实现资金转账处理。WPKI 技术在移动商务中有如下两个方面的应用。

（1）网上银行

用户可以用移动设备通过网上银行轻松实现电话费交纳、商场购物、交纳停车费、自动售货机买饮料、公交车付费、投注彩票等手机支付服务。如果在网上银行系统中采用了 WPKI 和数字证书认证技术，不法分子即使窃取了卡号和密码，也无法在网上银行交易中实现诈骗。从世界范围看，数字证书技术已经被广泛地应用在国内外网上银行系统中，至今尚未发现一例由于数字证书被攻破而使网上银行诈骗得逞的案件。网上银行的应用主要有如下两种。

1）无线电子支付：用户可以利用手机完成实时的支付，在付款过程中用户通过认证后输入相应的银行卡账号，支付系统会从远程账号上自动减掉这笔账目，主要处理交易完成之后回传给用户相应信息并加以确认。

2）无线电子转账：用户可以通过手机连接到银行，执行登录操作后进行转账交易。此时，银行的相应服务器必须确认用户的转账交易资料，它会要求用户端做电子签章的确认，也会发给用户一份电子收据。

（2）网上证券和网上缴税

同样，通过移动终端设备进行无线网上证券交易和网上缴税也给用户带来了极大便利，减少了操作时间，提高了办事效率，但是也面临着安全性和可靠性的问题。类似于网上银行系统的实现，采用 WPKI 体系作为安全技术框架，移动用户可以通过使用个人拥有的数字证书，使信息获得更有效的、端到端的安全保障。

8.5　移动支付系统安全

8.5.1　移动支付概述

移动支付（mobile payment）是使用移动设备通过无线方式完成支付行为的一种新型的支付方式。目前使用最广泛、最典型的移动支付方式是手机支付。手机可以代替各种银行卡成为个人的随身电子钱包，如用手机在商场购物、支付停车场的停车费等。手机支付不仅快捷，而且实现方便，所以用手机消费会逐渐成为用户和商家方便的选择。一些试点已经建设并在运行中。

近年来，中国移动和中国联通两大移动运营企业密切跟踪移动支付业务的发展趋势，并在试点的基础上相继推出了移动支付业务，应用模式日益走向成熟。从 2002 年开始，移动支付就已经成为移动增值业务中的一个亮点，2002 年 5 月，中国移动开始在浙江、上海、广东、福建等地进行的小额支付试点带动了相关兴趣方，尤其是以中国银联为主的金融机构对该业务的极大关注。2003 年，各地移动通信公司纷纷推出相应的移动支付业务，从年初湖南移动与中国银联长沙分公司推出的银行账户捆绑的手机支付业务，到 9 月北京移动通信公司推出名为“手机钱包”的手机支付业务，直到 12 月上海推出出租车上的银行移动 POS 机。另外，中国联通在大力推动 CDMA 业务的同时，也对移动支付业务寄予了厚望，与中国银联结成了战略伙伴。2005 年，上海移动通信有线责任公司与交通银行上海分行签署全面的合作协议，在上海率先推广了“手机钱包”业务，市民可以通过手机完成话费充值、买机票、投保、缴付公共事业费等。

8.5.2　移动支付模式

当前，移动支付的运作模式主要有三种类型：以移动运营商为运营主体的移动支付业务、以银行为运营主体的移动支付业务和以第三方服务提供商为运营主体的移动支付业务。

（1）以移动运营商为运营主体

当移动运营商作为移动支付平台的运营主体时，移动运营商会以用户的手机话费账户或专门的小额账户作为移动支付账户，用户所发生的移动支付交易费用全部从用户的话费账户或小额账户中扣减。因此，用户每月的手机话费和移动支付费用很难区分，而且通过这种方式进行的交易也仅限于 100 元以下的交易。

以移动运营商为运营主体的移动支付业务具有如下特点：直接与用户发生关系，不需要银行参与，技术实现简便；运营商需要承担部分金融机构的责任，如果发生大额交易将与国家金融政策发生抵触；无法对非话费类业务出具发票，税务处理复杂。

（2）以银行为运营主体

银行通过专线与移动通信网络实现互联，将银行账户与手机账户绑定，用户通过银行卡账户进行移动支付。银行为用户提供交易平台和付款途径，移动运营商只为银行和用户提供信息通道，不参与支付过程。当前我国大部分提供手机银行业务的银行（如招商银行、广发银行、工商银行等）都由自己运营移动支付平台。

以银行为运营主体的移动支付业务具有如下特点：各银行只能为本银行用户提供手机银行服务，移动支付业务在银行之间不能互联互通；各银行都要购置自己的设备并开发自己的系统，因而会造成较大的资源浪费；对终端设备的安全性要求很高，用户需要更换手机或 STK 卡。应当看到，每位用户正常情况下只拥有一部手机，但他可能同时拥有几个银行的账户。如果一部手机只能与一个银行账户相对应，那么用户无法享受其他银行的移动支付服务，这会在很大程度上限制移动支付业务的推广。

（3）以第三方服务提供商为运营主体

移动支付服务提供商（或移动支付平台运营商）是独立于银行和移动运营商的第三方经济实体，同时也是连接移动运营商、银行和商家的桥梁和纽带。通过第三方服务提供商，用户可以轻松实现跨平台的移动支付服务。例如，Paybox.net 是由 AG 与 IBM 公司合作开发的 WebSphere 平台，就是由独立的平台运营商运营的移动支付平台。

以第三方服务提供商为运营主体提供移动支付业务具有如下特点：银行、移动运营商、平台运营商及 SP 之间分工明确、责任到位；服务提供商发挥着“插转器”的作用，将银行、运营商等各利益群体之间错综复杂的关系简单化，将多对多的关系变为多对一的关系，从而大大提高了商务运作的效率；用户有了多种选择，只要加入平台中即可实现跨行之间的支付交易；服务提供商简化了其他环节之间的关系，但在无形中为自己增加了处理各种关系的负担；在市场推广能力、技术研发能力、资金运作能力等方面，都要求服务提供商具有很高的行业号召力。

8.5.3　移动支付的框架及流程

1. *移动支付的参与者*

在移动支付协议中，主要的参与者有四个：用户、商家、金融机构和支付网关。

1）用户（支付者）：买方。在移动商务环境中，支付者使用手机或者其他移动终端通过移动 Internet 与商家或支付网关进行交互。客户和商家的需求是推进移动支付系统生存及发展的主要动因。在移动支付中，支付者的最大特点就是他们拥有经认可的 CA 发行的数字证书。

2）商家：卖方。商家指具有货物或服务提供给支付者的组织。参与到移动支付系统中的商家，如商场、零售店或加油站等，通过减少支付的中间环节，降低经营、服务和管理成本，提高支付的效率，提高用户满意度。

3）金融机构：移动支付系统中的金融机构包括银行、信用卡发行商等组织，主要为移动支付平台建立一套完整、灵活的资金转账服务和安全体系，并管理 SIM 卡的银行账户，保证用户支付过程的顺利进行。金融机构是一个很关键的角色，它在一定程度上起到维护整个移动支付系统正常运作的重要作用。

4）支付网关：支付网关以金融机构代理的身份出现在移动商务环境中，实现核准和支付功能。支付网关还可以进一步划分成为移动支付系统和移动支付平台。

2. 移动支付的流程

假设用户和服务商都在金融机构拥有账户，那么其支付的一般流程如图 8-9 所示。

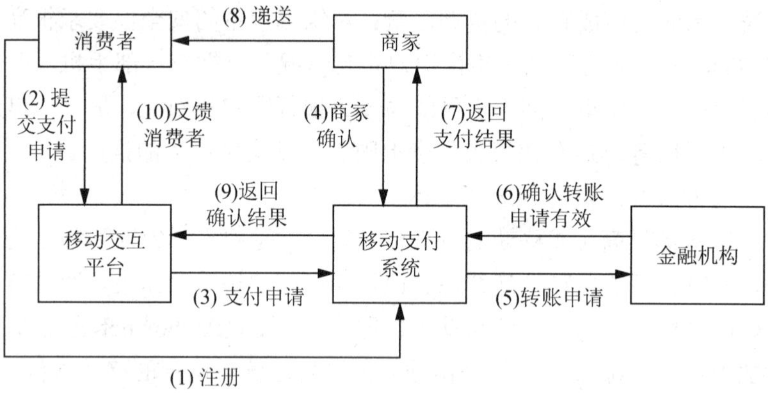

图 8-9　移动支付流程

图 8-9 中的移动支付流程各步骤如下。

1）注册：消费者先向移动支付提供商提出开户申请，才可以使用移动支付服务。

2）提交支付申请：开通移动支付服务以后，消费者可以通过短信或者其他移动手段提交自己的购物信息和支付申请到移动交互平台。

3）提交处理后的支付申请：移动交互平台首先根据服务号对消费者的支付申请进行分类，然后将把这些申请压缩成 CMPP（China mobile peer to peer，中国移动点对点协议）格式，最后把它们转交给移动支付系统。

4）商家确认：在收到 CMPP 格式的申请后，移动支付系统会向商家查询并验证一些细节问题，商家在此之后会给出相应的反馈。

5）转账申请：如果商家同意消费者的支付申请，系统就会处理消费者的申请，如验证行为的有效性、计算业务总额及向金融机构申请转账等。

6）确认转账申请的有效性：金融机构会对转账申请的合法性进行验证并给出系统反馈。

7）向商家返回支付结果：在收到金融机构的反馈之后，移动支付系统就会向商家发出转账成功的信息和递送货物的要求。

8）递送：商家把商品通过一定形式发送给消费者。

9）返回确认结果：在收到金融机构的反馈之后，移动支付系统立刻把这一反馈转发给移动交互平台。

10）反馈消费者：移动交互平台会把从移动支付系统那里得到的支付结果反馈给消费者。

以上所讨论的流程是一种消费者、商家、金融机构都能在支付网关的支持下进行移动支付的流程。如果在其中某一部分发生错误，整个流程就会停滞，并且系统会立刻向用户发出消息。随着移动技术的不断发展及移动运营成本的不断降低，这一流程还会得到完善。

8.5.4　移动支付系统安全解决方案

1. 移动支付系统的结构

移动支付业务是由移动运营商、移动应用服务提供商（mobile application service providers，MASP）和金融机构共同推出的、构建在移动运营支撑系统商上的一个移动数据增值业务应用。移动支付系统（mobile payment system，MPS）将为每个移动用户建立一个通过手机号码关联的支付账户，其功能相当于电子钱包，为移动用户提供了一个通过手机进行交易支付和身份认证的途径。用户通过拨打电话、发送短信或者使用WAP 功能接入移动支付系统，移动支付系统将此次交易的要求传送给 MASP，由 MASP 确定此次交易的金额，并通过移动支付系统通知用户，在用户确认后，付费方式可通过多种途径实现，如直接转入银行、用户电话账单，或者实时在专用预付账户上借记，这些都将由移动支付系统（或与用户和 MASP 开户银行的主机系统协作）来完成，如图 8-10 所示。

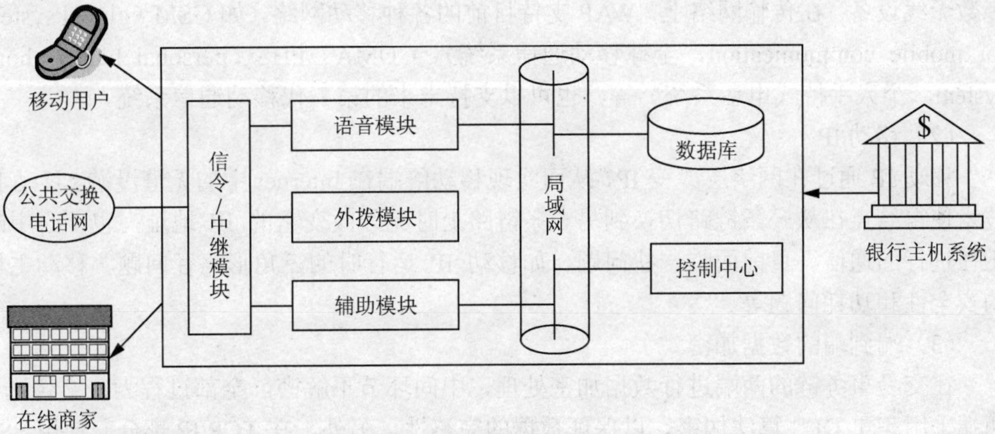

图 8-10　移动支付系统的结构

（1）移动支付系统的主要模块

1）信令/中继模块：处理与接入有关的通信建立工作，包括自动收号。

2）语音模块：处理与语音相关的工作，实现语音提示合成、相关数据的提取等。

3）辅助模块：处理系统电子邮件/传真的发送等。

4）控制中心：控制整个系统的正常工作，其中包括用户开户、销户、账户挂失、查询统计、手机消费、手机转账及对账等工作，同时负责完成与银行主机系统、商家打印终端的信息交互。

（2）移动支付系统的主要功能

在逻辑功能上，移动支付系统的主要功能如下。

1）安全服务：移动支付系统提供交易数据的认证、加密、数字签名和不可抵赖机制，为 ASP（application service providers，应用服务提供商）和移动用户之间提供端到端的安全保证。

2）账户管理：为移动支付系统用户和商户办理开户、销户、冻结、挂失等业务。

3）移动支付系统交易：保障移动支付系统用户完成手机支付、手机转账、手机交费。

4）查询对账：为移动支付系统用户和商户提供交易的查询、打印、对账等服务，并根据用户要求，每月定期以短消息、电子邮件或传真的方式提供用户所需的信息，如对账单等。

5）密码修改：支持移动支付系统用户通过电话、手机对交易和查询密码进行修改。

2. 移动支付系统的安全技术

目前，实现移动支付方式的主要安全技术有如下几种。

（1）WAP

WAP 提供了一套开放、统一的技术平台，用户可以通过移动设备的 WAP 功能接入移动支付系统或银行卡系统，发送有关交易数据或接收账单信息。WAP 提供的是一种应用开发和运行环境，能够支持当前最流行的嵌入式操作系统，它支持目前使用的绝大多数无线设备；在传输网络上，WAP 支持目前的各种移动网络，如 GSM（global system for mobile communication，全球移动通信系统）、CDMA、PHS（personal handy-phone system，个人手持式电话系统）等，也可以支持未来的第三代移动通信系统。

（2）移动 IP

移动 IP 通过在网络层改变 IP，从而实现移动终端在 Internet 中的无缝漫游。移动 IP 技术使得结点在从一条链路切换到另一条链路上时无须改变它的 IP 地址，也不必中断正在进行的通信。目前面临一些问题，如移动 IP 运行时的三角形路径问题、移动主机的安全性和功耗问题等。

（3）端到端的数据加密

在交易事务链的两端进行数据加密处理，中间环节不解密。全部过程为密文传送，两端采用三重 DES 算法加密，以保证数据的完整性。另外，在 TCP/IP 部分，使用 SSL 技术。

（4）STK 智能卡

可以采用 STK 技术，在 32K SIM 卡内嵌入三重 DES 和 RSA plug-in（插件），用以数据加密和数字签名。卡内还嵌有 SIM 浏览器，可通过标准接口访问 WML 格式的数据。

（5）WPKI 技术

MPS 系统还可采用 WPKI 技术，在设计中延续了 PKI 的系统架构、安全操作流程、数字证书管理等安全环节并进行了很多改进，通过 RSA 公开密钥算法实现身份验证和交易的不可抵赖性。

（6）蓝牙技术

蓝牙作为一种低成本、低功率、小范围内的无线通信技术，可以使移动电话、PC、PDA 及其他设备（如自动售货机）在短距离不需线缆即可进行通信。

3. 安全移动支付方式

在 2002 年 1 月，美国的惠普、朗讯、Oracle、Sun 公司和一些欧洲公司（如西门子）

结成了一个联盟 PayCircle，希望能为通过手机进行的支付业务设立行业标准。PayCirlce 希望在不安装任何新协议的条件下，基于现有标准来定义一个开放而且统一的移动支付安全接口，从而为全球移动用户提供一个安全移动支付的标准方式。

（1）电子现金支付协议

电子现金是以数字化形式存在的现金货币，具有多用途、灵活使用、匿名性、快速简便的特点，无须直接与银行连接便可使用，适用于小额交易。不同类型的数字货币都有其自己的协议，用于消费者、销售商和发行者之间交换金融申请。每个协议由后端服务器软件——电子现金支付系统和用户端的“钱包”软件执行。电子现金支付已经有三种典型的实用系统开始投入使用，即 Mondex、Netcash、Digicash。

（2）电子支票支付系统

电子支票支付系统一般是通过专用网络、设备、软件及一套完整的用户识别、标准报文、数据验证等规范化协议完成数据传输，从而控制其安全性。电子支票支付遵循金融服务技术联盟（Financial Services Technology Consortium，FSTC）提出的 BIP（Bank Internet Payment）标准（草案）。典型的电子支票系统有 E-check、NetBill、NetCheque 等。目前这种支付方式已经发展得较为完善，但如何将电子资金转账或网上银行服务方式应用到公共网络（如互联网或者移动电话网）上，仍处于实验阶段。

（3）微支付

微支付的特征是能够处理任意小量的钱，适用于 Internet 上“虚拟商品”的消费。目前有很多厂商在致力于发展别的协议以支持 SET 协议和 SSL 协议所不能支持的微支付协议，其中之一是微支付传输协议（micro payment transport protocol，MPTP）。目前有许多系统声明其是“微支付”，允许支付小于现有货币面额的数额，如 IBM 开发的 Micro Payments、Compaq 与 Digital 开发的 Millicent，CyberCoin 开发的 CyberCash 等。

8.6　移动商务安全的发展趋势

移动技术发展得如此迅速，使得人们很难及时解决这些新应用和功能中存在的安全问题。这里简要介绍移动商务技术的一些主要发展趋势，以使人们更好地应对将来可能出现的安全问题。

移动商务安全的发展趋势主要体现在生物特征识别、可佩戴移动设备、3G/4G 无线网络及无线网络应用服务等许多方面。这里仅从其功能特点上来探讨移动商务安全的发展方向。

（1）生物特征识别技术

生物特征识别技术将会越来越多地应用于确保设备的安全，因为这些功能不断增强的设备将会变成永远在线网络的网关。有了速度越来越快的移动设备，人们可以选用不同的生物特征识别技术来确保移动设备的安全。

从处理能力的角度来看，移动设备变得越来越强大，这就使得移动设备可以进行生物特征的校验。例如，利用生物特征识别技术，可以做到只有在所有者的手碰到手机时，才能激活手机。其他一些设备，如指纹激活的 RF 射频信号辐射标签可用于通信量较大的地方，这是一种快速、高效的安全手段。

生物特征识别设备将会和移动设备合并在一起。生物特征识别设备将成为保护设备访问，进而保护设备上数据的一种重要方式。此外，生物特征识别技术还可以保护在所处的网络中发挥网关作用的关键设备。促使人们越来越多地采用生物特征识别技术的一个关键因素是其价格成本不高。目前比较可行的生物特征识别技术主要有以下三种。

1）虹膜扫描：这种解决方案无需接触眼睛，简单且容易实现。

2）手形识别：这种解决方案实现起来成本较低，但速度不如虹膜扫描。

3）指纹识别：这是最便宜、最简单的一种解决方案，目前已经应用到部分移动设备中，如 IBM Thinkpad 的笔记本指纹识别技术中。

（2）可佩戴计算机

随着移动设备可移动性的不断增强，移动设备已经成为人们日常用品中的一个组成部分，如可佩戴计算机。可佩戴式计算机是一个专门根据人体的物理形状设计的微型计算机系统，它可以嵌入到衣服内部，也可以设计成容易夹持或者容易随身携带的其他形状。随着移动网络速度和标准化程度的不断提高，在这种情况下，移动设备所面临的安全风险越来越多。另外，尤其是因为这些设备需要参与动态的个人网络配置，而且在一定时期内需要多次与其他的个人网络交换数据，因此，这些新的移动设备需要使用个人防火墙、个人代理和内容过滤器等。

（3）3G/4G 无线网络

随着移动技术的发展，3G/4G 无线网络将允许用户有持续的网络连接能力而不像现在那样只有在需要的时候才能上无线因特网。这样的能力固然会给移动商务带来新的应用前景，如流媒体、视频会议、视频电话等应用成为可能，但同时由于带宽的增加和不间断连接也带来了更多的安全问题。例如，由于总是在线，为黑客提供了更为便利的入侵条件，这就要求未来的移动设备中需加载个人防火墙。同时，为了保证漫游用户的持续在线连接，提供移动商务服务的 Web 网站应采取更为严格的安全管理措施。

（4）无线应用服务提供商

为了满足许多公司对无线服务的需求，现在出现了许多无线应用服务提供商（wireless application service providers，WASP）。现在，大多数没有以无线技术为核心竞争力的公司都倾向于委托其他公司进行无线应用的开发。这样，安全就成了这些公司必须关注的一个主要问题，因为在采用了无线网络技术后，他们的一些关键数据，如 CRM、SFA（sales force automation，销售能力自动化）数据等都可以通过无线网络得到。因此，在选择 WASP 时应考虑的关键问题如下。

1）体系结构：大多数 WASP 都有自己的解决方案，为无线无缝访问传统的企业应用提供桥式解决方案。

2）安全机制：考虑无线网络设计商业应用的安全，包括物理安全和逻辑安全。

3）经济稳定性：无线接入网站，成本较低。

一般来讲，WASP 的安全问题与传统 ASP 的安全问题非常类似，可以采用下列安全措施解决：①强化物理安全，使得数据库和计算机系统不受非法的物理访问。利用生物特征识别技术可以做到这一点。②利用 SSL 3.0 或 ECC 算法加强对移动商务保护，以便确保无线交易的隐私和真实性。③定期审计，以便确保 WASP 能够通过 SAS 70 安全审计，SAS 70 能够为安全基础设施和管理过程提供出色的安全防护措施。

本 章 小 结

移动商务由于使用了无线通信技术，这就不可避免地带来了比传统有线电子商务更多的安全问题。本章首先对移动电子商务安全进行了概述，主要介绍了移动电子商务的安全威胁、移动电子商务的安全原则以及移动电子商务的安全体系结构；在此基础上，介绍了移动终端——手机的安全隐患及防范措施；并从移动电子商务安全技术协议和标准的角度，介绍了无线应用协议、蓝牙技术及 3G 系统的安全体系；同时，本章重点介绍了基于 WPKI 体系的安全实现技术，并对移动支付安全进行了介绍，包括移动支付模式、移动支付流程及移动支付系统安全解决方案。最后，本章讨论了移动电子商务安全的发展趋势。

本 章 习 题

1. 移动电子商务是在什么背景下产生的？移动电子商务与有线电子商务相比有何特点？
2. 简要分析移动商务面临的安全威胁，以及应遵循的安全原则。
3. 简述手机病毒种类、原理及相应的防范措施。
4. 什么是蓝牙技术？并简述蓝牙网络的安全体系。
5. 什么是 WPKI？它有什么作用？
6. 简述移动支付的三种运作模式。
7. 一个典型的移动支付系统有几个参与者？并简述其支付流程。
8. 以移动缴费系统为例，简述移动商务系统中在移动支付、移动交易及移动数据传输等方面中面临什么样的安全问题及其解决方法。
9. 通过本章的学习，你认为移动支付相比于一般电子支付具有哪些优势？更适合哪种类型的支付？

参 考 文 献

程龙，杨海兰. 2002. 电子商务安全. 北京：经济科学出版社.

代春艳，等. 2007. 电子商务信息安全技术. 武汉：武汉大学出版社.

冯晓玲. 2008. 电子商务安全. 北京：对外经济贸易大学出版社.

管有庆，等. 2009. 电子商务安全技术（第 2 版）. 北京：北京邮电大学出版社.

韩宝明，杜鹏，刘华. 2001. 电子商务安全与支付. 北京：人民邮电出版社.

胡伟雄. 2001. 电子商务安全与认证. 北京：高等教育出版社.

柯新生. 2004. 网络支付与结算. 北京：电子工业出版社.

劳帼龄. 2003. 电子商务. 北京：电子工业出版社.

劳帼龄. 2003. 电子商务安全与管理. 北京：高等教育出版社.

劳帼龄. 2005. 电子商务的安全技术. 北京：中国水利水电出版社.

雷信生，等. 2002. 电子商务安全技术. 北京：国防工业出版社.

梁晋，等. 2000. 电子商务核心技术：安全电子交易协议的理论与设计. 西安：西安电子科技大学出版社.

林彬生. 2002. 谈谈企业 PKI 基础设施. 软件世界，（2）.

刘建国，等. 2011. 电子商务安全管理与支付. 上海：立信会计出版社.

孟祥瑞. 2005. 网上支付与电子银行. 上海：华东理工大学出版社.

祁明. 2001. 电子商务安全与保密. 北京：高等教育出版社.

秦成德. 2012. 电子商务安全管理. 北京：机械工业出版社.

帅青红，匡松. 2001. 电子商务安全与 PKI 技术. 重庆：西南交通大学出版社.

唐德权，等. 2011. 电子商务安全. 武汉：华中科学技术大学出版社.

王宝会，王大印，范开菊. 2006. 计算机信息安全教程. 北京：电子工业出版社.

王丽芳. 2010. 电子商务安全. 北京：电子工业出版社.

武心莹，朱涛. 2000. 电子商务中的电子支付及安全性问题研究.计算机与现代化，（4）.

肖德琴，祁明，彭丽芳. 2003. 电子商务安全保密技术与应用. 武汉：华南理工大学出版社.

肖德琴，周权，等. 2009. 电子商务安全. 北京：高等教育出版社.

闫强，胡桃，吕廷杰. 2007. 电子商务安全管理. 北京：机械工业出版社.

杨坚争，等. 2011. 电子商务安全与电子支付（第 2 版）. 北京：机械工业出版社.

杨坚争，赵雯，杨立钒. 2007. 电子商务安全与电子支付. 北京：机械工业出版社.

俞立平. 2005. 电子商务认证. 北京：机械工业出版社.

袁雨飞，等. 2006. 移动商务. 北京：清华大学出版社.

张爱菊，等. 2006. 电子商务安全技术. 北京：清华大学出版社.

张常有. 2006. 网络安全体系结构. 成都：电子科技大学出版社.

张鉴. 2006. 基于 SET 协议的电子商务安全机制分析. 信息网络安全，（10）.

张宽海. 2004. 网上支付与结算与电子商务. 重庆：重庆大学出版社.

张李义，等. 2007. 电子商务系统设计理论与实例分析. 北京：科学出版社.

钟诚. 2004. 电子商务安全. 重庆：重庆大学出版社.

周付安，刘咏梅. 2011. 电子商务终端安全. 北京：经济科学出版社.

北京安软天地科技有限公司. http://www.scanywhere.com.

北京金信万凯信息技术有限公司. http://www.trustwork.com.cn.

北京数字证书认证有限公司. http://www.bjca.org.cn.

广东省电子商务认证有限公司. http://www.cnca.net.

上海市数字证书认证中心. http://www.sheca.com.

中国金融认证中心. http://www.cfca.com.cn.